Wirtschaft und Beruf direkt 9/10

URTEILEN UND HANDELN

Differenzierende Ausgabe Baden-Württemberg

Herausgegeben von: Joachim Bicheler
Markus Gloe

Erarbeitet von: Joachim Bicheler
Gordon Carmele
Bastian Gläßer
Markus Gloe
Astrid Loff
Harald Schmidt
Christophe Straub

westermann GRUPPE

© 2020 Bildungshaus Schulbuchverlage
Westermann Schroedel Diesterweg Schöningh Winklers GmbH, Braunschweig
www.westermann.de

Das Werk und seine Teile sind urheberrechtlich geschützt. Jede Nutzung in anderen als den gesetzlich zugelassenen Fällen bedarf der vorherigen schriftlichen Einwilligung des Verlages. Nähere Informationen zur vertraglich gestatteten Anzahl von Kopien finden Sie auf www.schulbuchkopie.de.
Für Verweise (Links) auf Internet-Adressen gilt folgender Haftungshinweis:
Trotz sorgfältiger inhaltlicher Kontrolle wird die Haftung für die Inhalte der externen Seiten ausgeschlossen. Für den Inhalt dieser externen Seiten sind ausschließlich deren Betreiber verantwortlich. Sollten Sie daher auf kostenpflichtige, illegale oder anstößige Inhalte treffen, so bedauern wir dies ausdrücklich und bitten Sie, uns umgehend per E-Mail davon in Kenntnis zu setzen, damit beim Nachdruck der Verweis gelöscht wird.

Druck A[1] / Jahr 2020
Alle Drucke der Serie A sind im Unterricht parallel verwendbar.

Umschlaggestaltung: Nora Krull, Bielefeld
Fotos: U1: © Shutterstock.com (Prostock-studio), U4: © Alamy Stock Foto (Illia Uriadrnikov)
Illustrationen: Gerhard Straeter, Essen
Druck und Bindung: Westermann Druck GmbH, Braunschweig

ISBN 978-3-14-**024177**-9

Inhaltsverzeichnis

Arbeitstechniken
Unterrichtsmethoden
Infotexte

KONSUM, VERSICHERUNGEN, AKTIEN – WICHTIGE ENTSCHEIDUNGEN TREFFEN

1. Ist der Kunde König? – Bürgerinnen und Bürger als Konsumenten 10
   Info 1: Nachhaltiger Konsum 13
   Info 2: Marktversagen 17

2. Ohne Moos nix los! – Bürgerinnen und Bürger als Geldanleger und Kreditnehmer 18
   Info 3: Finanzen online und Datenschutz 21
   Info 4: Schulden und das ökonomische Prinzip 24
   Info 5: DAX, Konjunktur, Wirtschaftskrise und Börsencrash 30

3. Rundrum sorglos!? – Bürgerinnen und Bürger als Versicherungsnehmer 31
   Info 6: Versicherungen 42

   Kompetenztraining 43
   Weiterdenken 45

AUF DEM WEG ZUM EIGENEN BERUF – CHANCEN IN DER ARBEITSWELT

1. Welche Wege stehen mir offen? – Möglichkeiten nach dem Schulabschluss 48
   Info 1: Möglichkeiten nach dem Schulabschluss 53

2. Wie geht es im Betrieb zu? Wer verdient wie viel? Fragen der Arbeitswelt 54
   Info 2: Rechte und Pflichten von Arbeitnehmerinnen und Arbeitnehmern 61
   Info 3: Wer bestimmt den Lohn? 71
   Info 4: Prekäre Beschäftigung und Arbeitslosigkeit 81
   Info 5: Beendigung von Arbeitsverhältnissen 85

3. Wer bestimmt im Unternehmen? – Unternehmensführung und Mitbestimmungsmöglichkeiten auf betrieblicher Ebene 86
   AT: Eine Betriebserkundung planen und durchführen 90
   AT: Expertenbefragung 96
   Info 6: Mitbestimmung im Betrieb 100

4. Traumziel Selbstständigkeit? – Gründung, Zielsetzungen und Verantwortung von Unternehmen 101
   AT: SWOT-Analyse 108
   Info 7: Gründung von Unternehmen 111

Info 8: Ziele und Verantwortung von Unternehmen 127

5. Selber tätig werden – Eine Schülerfirma/Schülergenossenschaft gründen 129
Info 9: Schülerfirma/Schülergenossenschaft 137

Kompetenztraining 138
Weiterdenken 142

WIE SOLL ES MIT UNSERER WIRTSCHAFT WEITERGEHEN? – NATIONALE UND INTERNATIONALE HERAUSFORDERUNGEN

1. Was ist uns am wichtigsten? – Wirtschaftspolitische Zielsetzungen in der sozialen Marktwirtschaft 146
Info 1: Entscheidungen treffen im Magischen Sechseck 152

2. Was dient dem Gemeinwohl und wie finanzieren wir es? – Der schwierige Spagat zwischen freier Wirtschaft und Sozialpolitik 153
UM: Ein Streitgespräch führen 156
Info 2: Der Bundeshaushalt und das deutsche Steuersystem 161
Info 3: Verteilung von Steuergeldern 167

3. Reiche, zahlt mehr Steuern – Die Frage nach einem gerechten Steuersystem 168
UM: Positionslinie 173
Info 4: Schwarzarbeit, Steuerhinterziehung und Steuerverschwendung 179

4. Ist unsere Wirtschaft gemeinsam stärker? – Erfolge und Probleme der Europäischen Union als Wirtschaftsmacht 180
Info 5: Der europäische Binnenmarkt 185
AT: Ein Strukturmodell erstellen 193
Info 6: Die Europäische Zentralbank 195

5. Total global? – Wirtschaftliche Chancen und Herausforderungen der Globalisierung 196
Info 7: Dimensionen der Globalisierung 201
Info 8: Globale Verantwortung 207

Kompetenztraining 208
Weiterdenken 211

Arbeitstechniken 212
Unterrichtsmethoden 216
Glossar 221
Register 226
Bildquellen 228

Liebe Schülerin, lieber Schüler,

Viele Situationen in unserem Leben haben mit ökonomischen, d.h. wirtschaftlichen Zusammenhängen zu tun. Diese müssen wir erkennen, bewältigen und gestalten, um unsere Interessen in einer sich verändernden Welt selbstbestimmt und selbstbewusst vertreten können. Auch du handelst bereits in vielen ökonomischen Lebenssituationen, z. B. beim Einkaufen mit deinem Taschengeld, beim Ferienjob oder bei der Verwendung eines bestimmten Handys. Außerdem stehen mit deiner Berufs- oder Studienwahl bald wegweisende Entscheidungen für dein Leben an.

Dieses Buch wird dir helfen, zu lernen, wie du Situationen, Probleme und Konflikte aus deiner Lebenswelt oder aus der „großen Wirtschafts- und Arbeitswelt" verstehen und dir dazu ein eigenes Urteil bilden kannst.

Damit du dich schnell zurechtfindest, möchten wir dir vorstellen, wie du mit diesem Buch arbeiten kannst:

Wenn du durch die Seiten blätterst, fallen dir vielleicht zuerst die umfangreichen **Aufgabenvorschläge** auf. Hier werden dir viele Angebote gemacht, du musst jedoch nicht immer alle Aufgaben erledigen. Bei „Einsteigen" findest du Vorschläge, die dich mit den Materialien vertraut machen. Unter „Weiterarbeiten" geht es zumeist darum, dass du Fälle oder Probleme analysierst und dich selbst zu Fragestellungen positionierst. Bei „Vertiefen" reichen die Aufgabenvorschläge oft über das Material an sich hinaus und erfordern eigenes Nachdenken. Unterhalb der Aufgaben findest du, mit ▲▲▲ gekennzeichnet, drei unterschiedliche Lernwege durch das Material – von leicht bis anspruchsvoll. So kannst du zusammen mit deiner Lehrerin/deinem Lehrer gezielt den für dich passenden Weg auswählen.

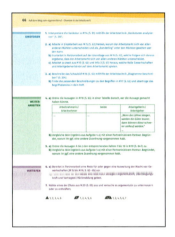

Aufgaben, die mit einem 🅿 gekennzeichnet sind, sollen in eurem Berufswahlportfolio gesammelt werden.

Jedes Kapitel beginnt mit einer **Auftakt-Doppelseite**: Ein kurzer Text und Bilder regen an, über das Thema des Kapitels nachzudenken.

Dann kommen **Materialseiten**: Das können Geschichten, Bilder, Zeitungsartikel, Karikaturen, Schaubilder, Gesetzestexte, aber auch mal ein Gedicht o. Ä. sein. Sie helfen dir, das Thema von verschiedenen Seiten zu durchleuchten.

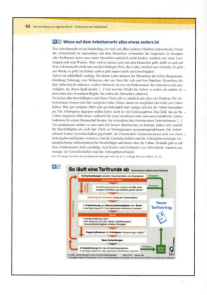

PERLEN IM NETZ In der Randspalte findest du immer wieder sogenannte **Perlen im Netz**. Das sind Hinweise auf Internetseiten, die weitere Informationen zum Thema beinhalten. Sie können mithilfe eines QR-Code-Readers (z. B. auf dem Smartphone), der über den abgedruckten QR-Code gehalten wird, ganz einfach abgerufen werden. Alternativ gelangst du zu den Links, indem du den jeweils angegebenen Webcode (z. B. mit einem Notebook) in die Suchmaske unter der folgenden Adresse eingibst: www.schoeningh-schulbuch.de/webcode.

An einigen Stellen findest du im Anschluss an die Aufgabenvorschläge **Arbeitstechniken** oder **Unterrichtsmethoden**: Dort erhältst du immer erst eine genaue Beschreibung, wie du die einzelnen Schritte bzw. Phasen umsetzen kannst. Zu jeder Arbeitstechnik ist außerdem *kursiv* ein konkretes Beispiel angeführt, das dir ganz genau zeigt, wie du sie praktisch umsetzen kannst.

Die ockerfarben hinterlegten Abschnitte sind **Informationstexte**: Sie fassen das Wichtigste zusammen, sodass du dir schnell noch einmal einen Überblick zu einem Thema verschaffen kannst. Sie können z. B. auch vor einer Klassenarbeit sehr nützlich sein. In diesen Texten sind wichtige Begriffe fett hervorgehoben. Wenn sie zusätzlich mit einem → markiert sind, werden sie im **Glossar** (S. 213–217) erklärt.

Im Anschluss an die Materialseiten eines Kapitels findest du sogenannte **Kompetenzseiten**: Sie helfen dir beim Vertiefen deines Wissens, beim Training von Analysieren, Urteilen und Handeln sowie beim Festigen der Arbeitstechniken.

Den Abschluss eines Kapitels bildet die Rubrik „**Weiterdenken**": Sie enthält Vorschläge für interessante Projekte, die du zusammen mit deiner Klasse durchführen kannst, um noch tiefer in das Thema einzutauchen.

Viel Freude beim Stöbern und beim Lernen wünschen dir die Autoren von *Wirtschaft und Beruf direkt*

Konsum, Versicherungen, Aktien –

Die Bürgerinnen und Bürger treffen als Konsumentinnen und Konsumenten tagtäglich wirtschaftliche Entscheidungen und beeinflussen damit auch das wirtschaftliche Handeln von Unternehmen. Aufgrund dieses Zusammenhangs ist es wichtig, dass Verbraucherinnen und Verbraucher ihr Konsumverhalten entsprechend reflektieren, d. h. über ihr Konsumverhalten nachdenken: Was bedenkst du beim Einkaufen? Nach welchen Kriterien triffst du deine Konsumentscheidungen? Was ist dir wichtig? Welche Folgen haben deine Entscheidungen für die Gesellschaft? Was ist für die Gesellschaft wichtig? Was ist für die Zukunft unseres Planeten von Bedeutung?

Des Weiteren können Bürgerinnen und Bürger auch Entscheidungen treffen, wie sie ihr Geld anlegen. Neben Sparbuch, Termin- und Festgeld oder Bausparverträgen werden Aktien und andere Anlageformen an der Börse gehandelt. Doch wie funktioniert die Geldanlage an der Börse? Und sind Aktien Vermögensanlagen, die deinen eigenen Gewichtungen im magischen Dreieck der Vermögensanlage von Sicherheit, Ertrag (Rendite) und Verfügbarkeit (Liquidität) entsprechen?

Genauso sollten die Bürgerinnen und Bürger auch Urteile darüber fällen, welche Versicherungen in ihrer jeweiligen Lebenslage notwendig sind bzw. welche sie nicht benötigen. Welche Versicherungen sind möglicherweise schon in deinem Alter oder deiner Lebenssituation sinnvoll? Und welche Versicherungen wirst du als Erwachsene bzw. Erwachsener brauchen?

Wichtige Entscheidungen treffen

1. Ist der Kunde König? – Bürgerinnen und Bürger als Konsumenten

Die Macht des Verbrauchers

Das Ökonomische Prinzip geht davon aus, dass Menschen bei ihrem wirtschaftlichen Handeln den größtmöglichen Nutzen oder den größtmöglichen Gewinn anstreben. Funktioniert nach diesem Prinzip ein nachhaltiger Konsum?
Im April 2015 wartete das Nachrichtenmagazin „Der Spiegel" mit dem Titel „Kaufen, um die Welt zu retten" auf. Können wir denn mit unseren Konsumentscheidungen, d. h. mit der Entscheidung, was du für ein Produkt kaufst und wo du es kaufst, wirklich etwas bewegen? Oder ist das nicht nur ein Tropfen auf den heißen Stein? Welche Konsumentin/welcher Konsument willst du sein?

M 1 Ei-Kennzeichnung

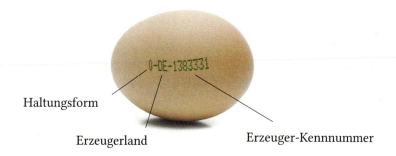

M 2 Bio-Eier, Freilandeier, Bodenhaltung – welche Eier soll ich kaufen?

[...] Deutsche essen durchschnittlich knapp 220 Eier pro Jahr und Kopf, insgesamt etwa 15 000 000 000 (15 Milliarden) Stück. Zu Ostern essen wir besonders viele – Zeit also, sich über die Qualität, Herkunft und Entstehung der Eier Gedanken zu machen. [...]
Immerhin: In Deutschland kommen die meisten Eier aus heimischer Produktion, etwa 75 Prozent. Aus Bio- oder wenigstens Freiland-Haltung stammen indes längst nicht alle, wie beim Ei(n)kauf jeder selbst am Eier-Code erkennen kann. [...]
Seit 2004 haben Eier eine einheitliche Kennzeichnung. Die führende Ziffer des Eiercodes informiert dabei über eine der vier Haltungsformen:
0 = Ökologische Erzeugung („Bio-Eier")
1 = Freilandhaltung („Freilandeier")
2 = Bodenhaltung
3 = Käfighaltung
Das Kürzel des Produktionslandes zeigt, aus welchem EU-Land das Ei kommt:
DE = Deutschland [...]

Wer kauft eigentlich noch Käfigeier?

Wir alle – ohne es zu wissen. Zwar findet man im direkten Handel kaum noch Käfigeier. Doch einer Packung Eiernudeln sieht man nicht an, was für Käfigeier darin verrührt wurden. Der Trick: Mit der Verarbeitung des Eis entfällt die Pflicht zur Kennzeichnung. Verarbeitete Lebensmittel aus dem Supermarkt können daher Käfigeier enthalten. Eine Ausnahme sind industrielle Lebensmittel mit Bio-Siegel, denn die müssen Bio-Eier verwenden. [...]

Was kosten Bio-Eier & Freilandeier?

Bio-Eier (Code 0) kosten beim Bio-Händler pro Stück 40 bis 50 Cent, bei gehobenen Supermärkten zwischen 30 und 40 Cent, beim Discounter teils nur 23 Cent. Eier aus „normaler" Freilandhaltung (Code 1) kosten zwischen 20 und 30 Cent, Eier aus Bodenhaltung bereits nur noch 10 bis 20 Cent [...]. Echte Bio-Eier können also teuer sein. [...]

Bio beim Ei: Alles bloß Etikettenschwindel?

Es gibt Etikettenschwindel, den du als Konsument selbst erkennen kannst: Auf der Eier-Schachtel sind deutsche (Bio-)Eier ausgelobt, innen drin zeigt der Eier-Code aber, dass es sich um Importeier handelt. Auch umgekehrt gibt es das. Es kann sich dabei um Schwindel handeln, aber auch um versehen oder um bereits bedruckte Kartons, die man verwendet statt sie wegzuwerfen. [...]

Es ist leider nicht so, dass Eierkuchen oder andere Gerichte mit Bio-Eiern besser schmecken. Auch finden es einige Verbraucher seltsam, dass das Eigelb der Bio-Eier oft blasser ist als bei normalen – das liegt aber daran, dass man Mais oder gleich Farbstoffe an die Nicht-Bio-Hühner verfüttert. [...]

AUS: Homepage von utopia.de, online; https://utopia.de/ratgeber/kaufberatung-ei-bio-freiland-eier/ [zuletzt: 17.06.2019]

M 3 Die Macht des Verbrauchers

„Wir leben in einer Welt, in der alles voneinander abhängig ist. Einzelhandelsunternehmen haben eine besondere Verantwortung für soziales und ökologisches Handeln, das allen nutzt. Unverantwortliches Handeln fällt immer auf sie selbst und viele andere Menschen leidvoll zurück. Soziales und ökologisches Engagement zeugt deswegen von Mitgefühl und Verantwortung für Mensch, Tier und Umwelt."
Wolfgang F. Ross, Verbraucher

Mit dieser Meinung ist Wolfgang F. Ross nicht allein. Deshalb setzen er und viele andere Verbraucher ihre Macht für mehr Nachhaltigkeit ein. Tag für Tag tragen Menschen mit (Kauf-)Entscheidungen dazu bei, dass Menschenrechte geachtet, Ressourcen geschont oder das Klima geschützt werden oder eben nicht. Verbraucher können mit ihren Konsum- und Lebensgewohnheiten das Warenangebot und dadurch den Markt nachhaltig beeinflussen. Beispiele aus der Vergangenheit zeigen, wie Verbraucher Macht durch ihre Kaufentscheidung ausüben können. So haben biologisch angebaute Lebensmittel durch die steigende Nachfrage den Sprung vom Nischendasein im Naturkostladen in den Supermarkt und sogar zum Discounter geschafft. Nachhaltig einkaufen bedeutet zum einen, verantwortungsvoll darauf zu achten, dass ökologisch und sozial unbedenkliche Produkte im Einkaufswagen landen. Und nachhaltiger Konsum liegt im Trend. Bio- und Fair-Trade-Produkte stehen immer häufiger auf dem Einkaufszettel und auch bei Möbeln, Textilien, Elektrogeräten etc. wird immer öfter darauf geachtet, dass sie umwelt- und sozialverträglich produziert wurden sowie energiesparend genutzt und umwelt- und sozialverträglich entsorgt werden können.
Wenn es um Produkte geht, bieten zertifizierte Labels wie der Blaue Engel und das FairTrade- oder Bio-Siegel eine gute Orientierung. [...]

Auf der anderen Seite bedeutet nachhaltig einkaufen jedoch auch, bei Unternehmen einzukaufen, die ihre gesellschaftliche Verantwortung wahrnehmen – die ihre Mitarbeiter angemessen behandeln, auf Energieeffizienz achten oder darauf, dass ihre Produkte umwelt- und sozialverträglich hergestellt wurden. An diesem Punkt wird es für Verbraucher schon schwieriger, ein umfassendes Bild zu bekommen. Was hinter den Kulissen von Unternehmen passiert, ist für viele Kunden ein Buch mit sieben Siegeln. […]

Aus: Homepage von oeko-fair.de, online: http://www.oeko-fair.de/csr/die-macht-des-verbrauchers2 [zuletzt: 17.06.2019]

M 4 Kriterien eines nachhaltigen Konsums

Soziales	Ökologie	Ökonomie
Keine gesundheitsschädigenden Arbeits- und Produktionsbedingungen	Ressourcenschonender Anbau	Stabile Mindestpreise (u. a. gegenüber Lieferanten)
Keine Kinderarbeit	Keine umweltschädlichen Substanzen	Langfristige Handelsbeziehungen
Mitbestimmung der Arbeitnehmerschaft	Förderung kontrolliert biologischen Anbaus	Fairtrade-Prämie
Keine Diskriminierung	Verbot genetisch veränderter Organismen	„gerechte" Entlohnung der Beschäftigten
Meinungs- und Versammlungsfreiheit	Wiederinstandsetzung der Natur (z. B. Aufforstung)	Wahrung eines Corporate-Governance-Kodex (z. B. Korruptionsverbot)

Aus: Engartner, Tim: Umwelt- und Sozialsiegel. Wie informativ und glaubwürdig sind sie? Zur Aufhebung von Informationssymmetrien beim ethischen Konsum von Waren. In: Retzmann, Thomas/Grammes, Tilmann (Hrsg.): Warenethik in der ökonomischen und politischen Bildung, Schwalbach/Ts., S. 21–39, hier: S. 24

EINSTEIGEN

1. a) Überprüfe mithilfe von M1 (S. 10) und M2 (S. 10 f.), aus welcher Haltungsform sowie aus welchem Land die Eier in eurem Kühlschrank zu Hause stammen. Frage deine Eltern auch, was sie für die Eier bezahlt haben.
   b) Vergleicht die Ergebnisse in eurer Klasse und erstellt dazu ein Diagramm.

2. a) Arbeite aus M2 (S. 10 f.) die Antwort des Autors auf die Frage heraus, wer freiwillig Eier aus Käfighaltung isst.
   b) Welche Argumente sprechen dafür, nur noch Bio-Eier zu konsumieren, welche dafür, Eier aus anderen Haltungsformen zu kaufen? Lege eine Tabelle an, in der du die jeweiligen Argumente notierst.

3. a) Stelle den Wirtschaftskreislauf zur Wiederholung (siehe Info 1, S. 13 f.) in eigenen Worten dar.
   b) Arbeite die Machtverhältnisse im Wirtschaftskreislauf heraus.

WEITER-ARBEITEN

4. Entscheide, ob das Kaufen von Bio-Eiern einem nachhaltigen Konsum (siehe Info 1, S. 13 f.) entspricht.

5. a) Arbeitet in Partnerarbeit aus M3 (S. 11 f.) die Möglichkeiten heraus, die einer Verbraucherin/einem Verbraucher zur Verfügung stehen, um Einfluss zu nehmen.
   b) Prüft, welche dieser Möglichkeiten ihr selbst nutzt und welche nicht. Begründet eure Entscheidung.

6. a) Führt in Kleingruppen eine Umfrage in eurer Schule durch, welche Werte bei einer Konsumentscheidung wichtig sind.
   b) Vergleicht diese mit den Kriterien für nachhaltigen Konsum in M 4 (S. 12). Was stellt ihr fest.

7. Sucht in einer Kleingruppe ein Produkt eurer Wahl. Stellt mithilfe der Arbeitstechnik „Informationen im Internet recherchieren" (S. 214 f.) Informationen zu den einzelnen Kriterien aus M 4 (S. 12) zusammen.

VERTIEFEN

▲ 1, 2, 3, 5   ▲▽ 1, 2, 3, 4, 6   ▲▽▲ 1, 2, 5, 6, 7

Nachhaltiger Konsum

Info 1

Unsere Wirtschaft funktioniert nur durch den → **Konsum**, d. h. den Kauf von Waren und Dienstleistungen. Dies wird im sogenannten → **Wirtschaftskreislauf** abgebildet.
Dazu müssen immer wieder (neue) Interessen, → **Bedürfnisse** und Wünsche geweckt werden. Mit jeder Konsumentscheidung entscheidet die Konsumentin/der Konsument aber auch darüber, welche Energie bzw. welche Stoffe für die Produktion des entsprechenden Konsumguts verbraucht werden müssen.
Auf der anderen Seite ist aber auch klar, dass unser augenblicklich hoher Ressourcenverbrauch sowohl gegenüber künftigen Generationen als auch im Hinblick auf eine gerechte globale Verteilung bei einer stetig steigenden Weltbevölkerung auf Dauer nicht tragbar ist. Die Ressourcen unserer Erde sind begrenzt.

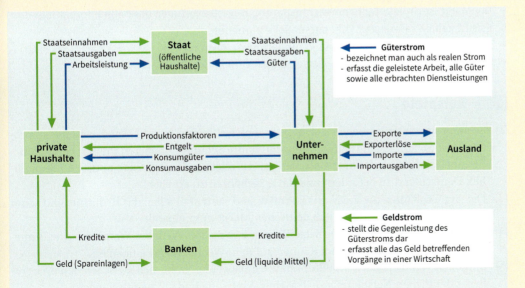

Deshalb gibt es viele Appelle an die Bürgerinnen und Bürger, ihren Konsum nachhaltig zu gestalten. So sollten Umwelt- und soziale Aspekte beim Kauf und der Nutzung von Produkten und Dienstleistungen berücksichtigt werden. So sollten Bürgerinnen und Bürger z. B. umweltfreundliche, regionale und fair gehandelte Produkte kaufen und zudem nur wirklich benötigte Produkte anschaffen. Kritiker warnen aber davor, dass nicht alle Handlungsanweisungen, die auf den ersten Blick nachhaltig erscheinen, auch zwingend nachhaltig sind. So müssen regionale Produkte nicht zwingend nachhaltiger sein als Importware. Regionale Äpfel, die im Kühlhaus über Monate gelagert werden, um auch ein halbes Jahr später noch knackig und frisch zu sein, weisen nicht zwingend eine besser Nachhaltigkeitsbilanz auf als importierte Äpfel. Es ist also erforderlich bei jeder Konsumentscheidung bewusst hinzuschauen.

→ **Nachhaltiger Konsum** hat aber auch Einfluss auf eine nachhaltige Produktion. Die Bürgerinnen und Bürger können auf unterschiedliche Art und Weise Einfluss nehmen. So können sie Konsumbeziehung zu den Unternehmen aufrecht erhalten oder abbrechen, sie können sich direkt mit Briefen und Emails an die entsprechenden Unternehmen wenden, sie können aber auch öffentlich protestieren oder sogar andere Bürgerinnen und Bürger zum Boykott bestimmter Unternehmen und deren Produkte aufrufen.

Marktversagen

In einer Marktwirtschaft handeln alle Marktteilnehmerinnen und -teilnehmer miteinander. Jeder Käufer und Verkäufer versucht dabei, den für sich möglichst nützlichsten Handel abzuschließen. So werden die Güter effizient, d. h. dass alle den größten Nutzen daraus ziehen, verteilt. Dies passiert aber nur unter der Annahme des Modells vom vollkommenen Markt, das Folgendes voraussetzt:
- Unter den Marktteilnehmern besteht vollkommene Konkurrenz, d. h. es gibt viele Anbieter und viele Nachfrager.
- Alle Produkte sind gleichartig, d. h. in genormter Qualität.
- Der Markt ist für alle Teilnehmer transparent, d. h. alle verfügen über alle Informationen.
- Es gibt keine Präferenzen, d. h. persönliche Vorlieben.
- Alle Marktteilnehmer handeln auf Veränderungen unverzüglich.

Was passiert aber, wenn diese Voraussetzungen verletzt werden?

M 5 Beispiele

(1) Schuhproduzenten sprechen sich ab, nur eine bestimmte Anzahl Wanderschuhe zu produzieren. So können die Schuhproduzenten ihre Schuhe zu höheren Preisen verkaufen.
(2) Bis zum Jahr 2008 hatte die Deutsche Post das alleinige Recht, Briefe in der Bundesrepublik Deutschland zu befördern und dafür Gebühren zu erheben.
(3) Die vier Großkonzerne E.ON, RWE, EnBW und Vattenfall teilen das Bedürfnis und somit die Nachfrage an Strom auf dem deutschen Markt untereinander auf.
(4) Auf dem Wochenmarkt bieten viele Bauern ihre selbst erzeugten Waren an. Alle Bürgerinnen und Bürger dieser Stadt können auf dem Wochenmarkt einkaufen.
(5) Millionen von deutschen Mobilfunknutzern haben die Wahl, sich zwischen den drei großen, öffentlichen Netzbetreibern T-Mobile, Vodafone und O2 zu entscheiden.

M 6 Preisbildung in verschiedenen Marktformen

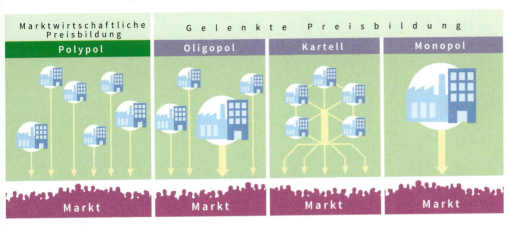

M 7 Marktversagen bei öffentlichen Gütern

Familie Schäffler ist an die Nordseeküste gezogen. Im Museum erfahren sie über die schweren Flutkatastrophen, die es in ihrem neuen Dorf in der Vergangenheit gegeben hat. Damit dies nicht mehr passiert, kommen sie auf die Idee, wie an anderen Stellen der Küste, einen hohen Deich zu bauen. Dieser Deich soll im Fall einer Flut das Wasser von ihrem neuen Dorf fernhalten. Sie machen sich an die Arbeit. Die ganze Familie packt mit an. Weil so ein Deichbau nicht ganz billig ist und auch die anderen Dorfbewohner von dem neuen Deich profitieren werden, bitten sie die Dorfbewohner, sich an den Kosten des Deichbaus zu beteiligen. Einige kommen der Aufforderung gerne nach. Andere dagegen sehen es gar nicht ein und wollen sich nicht beteiligen. Aber auch diese Leute können nicht davon ausgeschlossen werden, im Falle eines Hochwassers von dem Deich zu profitieren.

M 8 Definition „Öffentliche Güter"

öffentliche Güter: […] alle wirtschaftlichen Güter, die bei der Nutzung durch eine Person gleichzeitig von einer anderen Person genutzt werden können (z. B. Straßenbeleuchtung, äußere Sicherheit). Von der Nutzung öffentlicher Güter können Einzelne nicht ausgeschlossen werden. So können z. B. Bürger, die nicht bereit sind, für die Landesverteidigung Geld zu bezahlen, von der Nutzung dieses öffentlichen Gutes nicht ausgeschlossen werden. In diesem Fall muss der Staat für das Güterangebot sorgen und dieses Angebot durch öffentliche Abgaben finanzieren.

Aus: Duden Wirtschaft von A bis Z: Grundlagenwissen für Schule und Studium, Beruf und Alltag. 6. Aufl. Mannheim: Bibliographisches Institut 2016. Lizenzausgabe Bonn: Bundeszentrale für politische Bildung 2016 http://www.bpb.de/nachschlagen/lexika/lexikon-der-wirtschaft/20244/oeffentliche-gueter [zuletzt: 18.06.2019]

PERLEN IM NETZ

https://www.youtube.com/watch?v=WputcCwgx3c

In einem kurzen Film von schulfilme-im-netz.de werden der Zusammenhang von Marktversagen, öffentlichen Gütern und externen Effekten erklärt.

M 9 Externe Effekte und asymmetrische Information

(1) Eine große Fabrik verursacht bei der Produktion ihrer Produkte sowohl eine große Menge Abwasser als auch eine Menge Rauch. Den Rauch bläst die Fabrik durch ihre Schornsteine in die Luft und das Abwasser leitet sie ungefiltert in den angrenzenden Fluss.

(2) Familie Varoufakis renoviert ihr altes Haus komplett. Damit tragen sie einen wesentlichen Anteil daran, dass das Dorfbild deutlich schöner ist.

(3) Klaus kauft sich bei Ebay ein gebrauchtes Handy. Auf dem Bild sieht es richtig gut erhalten aus. Als er es auspackt, merkt er, dass der Akku sehr schnell leer ist.

16 Konsum, Versicherungen, Aktien – Wichtige Entscheidungen treffen

(4) Herr Schwarzer hat an seinem Garagenvordach einen großen Scheinwerfer angebracht. Dieser Scheinwerfer beleuchtet nicht nur seine eigene Einfahrt, sondern auch die Einfahrt des Nachbarn.
(5) Frau Schultz hat sich ein neues großes Auto gekauft. Es verbraucht aber auch besonders viel Sprit und die Abgase sind auch nicht sauber.
(6) Herr Griesehopp hat sich einen alten Oldtimer gekauft. Bei der ersten Wochenendfahrt gibt der Oldtimer nach 100 m den Geist auf.
(7) Die Bienen von Imkerin Braunmiller befruchten die Blüten auf einer Obstplantage eines benachbarten Bauern Eiperle.

EINSTEIGEN

1. Erkläre zur Wiederholung einer Partnerin/einem Partner den Zusammenhang von Angebot, Nachfrage und Preis.

2. a) Ordne zur Vertiefung der Begriffe Polypol, Oligopol, Kartell und Monopol die Beispiele aus M 5 (S. 14) den unterschiedlichen Möglichkeiten der Preisbildung in den Marktformen (M 6, S. 15) zu.
   b) Erläutere die Möglichkeiten des Verbrauchers in den unterschiedlichen Marktformen am Beispiel von M 6 (S. 15) und Info 2 (S. 17).

3. Recherchiere zur Wiederholung mithilfe der Arbeitstechnik „Informationen im Internet recherchieren" (S. 214 f.), welche Maßnahmen der Staat gegen Marktversagen bei Wettbewerbsbeschränkungen ergreift.

4. Führt zu M 7 (S. 15) in Gruppen in einem Rollenspiel ein Gespräch zwischen
   – Familie Schäffler,
   – Dorfbewohnern, die sich beteiligen,
   – und Dorfbewohnern, die sich nicht beteiligen,
   durch (siehe Unterrichtsmethode „Rollenspiel", S. 220).

WEITER-ARBEITEN

5. Überprüfe mithilfe von M 8 (S. 15), ob es sich beim Deich aus M 7 (S. 15) um ein öffentliches Gut handelt. Begründe deine Entscheidung.

6. Begründet in Zweierteams mithilfe von Info 2 (S. 17), ob es sich bei den Beispielen in M 9 (S. 15 f.) um positive externe Effekte, negative externe Effekte oder Marktversagen bei asymmetrischer Information handelt.

VERTIEFEN

7. Überprüfe mithilfe von Info 2 (S. 17), ob in dem jeweiligen Beispiel von M 9 (S. 15 f.) ein Einschreiten des Staates notwendig ist. In welcher Form sollte der Staat deiner Ansicht nach ggf. tätig werden? Begründe deine Einschätzung.

▲ 1, 2, 3, 4, 5, 6   1, 2, 4, 5, 6   2, 4, 5, 6, 7

Marktversagen

Info 2

Auch der Markt bzw. der Wettbewerb entscheidet über den Preis von Produkten. Die → **Preisbildung** wird durch Angebot und Nachfrage bestimmt. Voraussetzung für einen funktionierenden Wettbewerb ist aber, dass viele Anbieter miteinander konkurrieren und die Nachfrager sich zwischen diesen Anbietern frei entscheiden können. Diese → **Marktform** wird **Polypol** genannt. So treffen beispielsweise auf dem Wohnungsmarkt viele Anbieter (Vermieter) auf viele Nachfrager (Mieter). Bei einem Polypol wird der Preis durch den Markt bestimmt; der Anbieter kann ihn fast nicht beeinflussen.

Das Schaubild zeigt das sogenannte „Preis-Mengen-Diagramm": Wenn das Angebot der Nachfrage entspricht, besteht ein sogenanntes Marktgleichgewicht. Den Preis im Marktgleichgewicht, bei dem alle zufrieden sind, nennt man **Gleichgewichtspreis**.

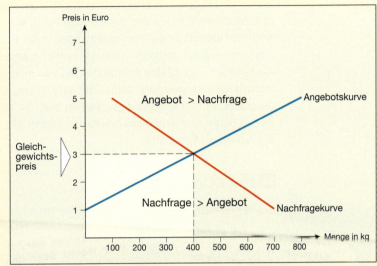

Beim **Oligopol** dagegen teilen wenige Anbieter einen Markt unter sich auf. Ein Angebotsoligopol liegt zum Beispiel dann vor, wenn nur drei Anbieter Füllfederhalter herstellen und vermarkten. Sprechen die Unternehmen sich dann auch noch ab, wie sie zum Beispiel die Preise gestalten, spricht man von einem **Kartell**. Gibt es nur einen einzigen Anbieter spricht man von einem **Monopol**. Weil hier kein Wettbewerb besteht und eine Preisbildung durch Angebot und Nachfrage nicht stattfindet, wird versucht die Entstehung von Monopolen zu verhindern. Sowohl bei einem Kartell als auch bei einem Monopol kommt es zu → **Marktversagen** aufgrund von Wettbewerbsbeschränkungen.

Es gibt aber noch weitere Formen von Marktversagen. Bei **externen Effekten** unterscheidet man zwischen positiven und negativen externen Effekten. Von negativen externen Effekten spricht man dann, wenn die Marktteilnehmer für die negativen Folgen ihres Handelns nicht aufkommen müssen. Dann verändern sie ihr Handeln nicht. Dagegen profitieren bei positiven externen Effekten andere, obwohl sie nichts dafür bezahlen müssen.

Wenn man einen gebrauchten Gegenstand kauft, weiß man nie, in welchem Zustand dieser Gegenstand wirklich ist und damit auch nicht, welchen Wert er tatsächlich noch hat. Dieses Unwissen will der Verkäufer ausnutzen und einen möglichst hohen Preis erzielen. Man wird dann den Gegenstand gar nicht oder zu einem zu hohen Preis kaufen. Man spricht hier von Marktversagen bei **asymmetrischer Information**.

Der Staat kann Maßnahmen gegen das Marktversagen eingreifen. Zum einen kann er z. B. ein Gesetz einführen, welches Kartelle und Monopole verbietet, oder ein Gesetz, das das Kopieren von Erfindungen für eine bestimmte Zeit verbietet. Zudem kann er den Verursachern von negativen externen Effekten durch Steuern dazu zwingen, die negativen Effekte ins Marktgeschehen miteinzubeziehen, d. h. dass die Kosten für die Umweltverschmutzung z. B. zu den Produktionskosten hinzugerechnet werden.

2. Ohne Moos nix los! – Bürgerinnen und Bürger als Geldanleger und Kreditnehmer

Online-Banking und -Shopping

Online einzukaufen ist eine Alternative zum Einkauf im Laden. Bezahlt werden kann mit den verschiedenen Formen des Online-Banking (z. B. Banküberweisung oder über dazwischen geschaltete Vermittler wie PayPal, Paydirekt o. Ä.). Dabei gibst du nicht nur deine Bankdaten im Internet bekannt, sondern auch persönliche Angaben. Du bist nicht alleine, weil Millionen Käuferinnen und Käufer, Informationen von sich zur Verfügung stellen. So entstehen große Informationsmengen (Big Data) über Interessen, die viele Menschen gemeinsam haben. Die Geschäfte und Dienstleistungsunternehmen, die diese Daten nutzen, machen den Handel mit diesen Daten zu einem immer größeren Wirtschaftszweig, dem Big Data Business. Auch du bist ein Teil dieses Geschäfts …

M 10 Bar vs. unbar

M 11 Martin

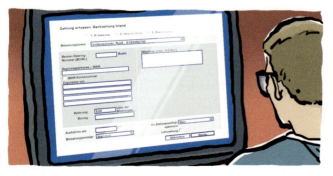

Martin bestellt manchmal über das Internet T-Shirts eines Markenlabels und lädt zahlungspflichtige Computerspiele und Musik herunter. Damit geht er Kaufverträge ein.
Er nutzt zum Bezahlen das Bankkonto seiner Mutter. In den nächsten Tagen erscheint ständig Werbung für ähnliche Produkte auf seinem Bildschirm.

M12 Martins Mutter

Martins Mutter hat im Internet mehrfach Suchanfragen zur Zuckerkrankheit Diabetes gestartet, weil ihr Vater seit Kurzem an Altersdiabetes leidet. Inzwischen hat sie für ihn ein Blutzuckermessgerät und Spritzen gekauft. Für eine Freundin hat sie ein Inhalationsgerät im Internet bestellt, weil diese so starken Husten hat. Einer Kollegin hat sie Kniebandagen zum Geburtstag geschenkt und für einen Freund, der in den Urlaub nach Kenia geflogen ist, hat sie Magen-Darm-Medikamente besorgt.

Kontoauszug vom 02.08.2018			
Auszug-Nr. 8 Seite 2	Angelika Joseph	zu Ihren Lasten	zu Ihren Gunsten
Angaben zu den Umsätzen	Datum		
	04.07.2018		
Drogerie Seifen-Platz *Blutzuckermessgerät MediZini*		– 9,90 Euro	
TeleMobil/Juni		– 27,56 Euro	
	07.07.2018		
BLIXA-Versicherungs AG *Erstattung*			+ 822,00 Euro
	11.07.2018		
APO-net *Inhalationsgerät AirCraft*		– 70,50 Euro	
	13.07.2018		
APO-net *Orthofix Kniefit*		– 39,90 Euro	
	20.07.2018		
ProPharma *Gastrocomp Komplex*		– 11,95 Euro	

M13 Cyber-Kriminalität

Hacker plündern 20 000 Girokonten
In Großbritannien hat sich gerade einer der spektakulärsten Online-Bankraube ereignet. Der Chef der betroffenen Bank macht eine ehrliche Aussage.
Es ist einer der spektakulärsten Online-Bankraube bisher, den die englische Tesco-Bank nun melden musste: Demnach wurden über das Wochenende 40 000 Girokonten von Kriminellen geentert, bei etwa der Hälfte davon sollen die Täter Geld illegal an fremde Konten überwiesen haben. Um weiteren Schaden zu verhindern, schaltete die Bank an diesem Montag ihr Online-Banking vorübergehend komplett ab.
Wie viel Geld insgesamt entwendet worden ist, teilte die Bank nicht mit. Der Vorstandsvorsitzende des Geldhauses, das zu der Supermarktkette Tesco gehört, Benny Higgins äußerte gegenüber der BBC, er sei sehr hoffnungsvoll, dass allen betroffenen Kunden das verschwundene Geld innerhalb von 24 Stunden zurückerstattet werde. [...]
Der Vorfall wird nun von britischen Behörden untersucht. Higgins sagte weiter, die Tesco-Bank investiere massiv in Sicherheitsvorkehrungen – in der „modernen Welt" sei es aber unmöglich, sich komplett zu wappnen. Dass bei einem einzelnen Institut gleich mehrere Tausend Konten angezapft werden, ist ungewöhnlich.
Das Bundeskriminalamt berichtet für Deutschland im Schnitt von 5000 Fällen im Jahr, bei denen Bankräuber Online-Konten leer räumen. Das geschieht aber in der Regel durch das Abfischen von Zugangsdaten der einzelnen Nutzer. Dass nun so viele Konten eines Instituts gekapert wurden, spricht für eine Sicherheitslücke bei der Bank selbst.
Am vorigen Donnerstag hatte es bei der deutschen Targobank eine Softwarepanne gegeben, in deren Zuge viele Kunden über fehlerhafte Abbuchungen geklagt hatten. Das Düsseldorfer Institut hatte daraufhin ebenfalls kurzzeitig ihr gesamtes Onlinebanking abgestellt.

Die Bank hatte allerdings versichert, dass sie keinen Hinweis auf eine Hacker-Attacke gefunden habe. Der Fehler habe in einer fehlerhaften internen Datenübertragung gelegen.

Aus: FAZ.NET vom 07.11.2016 von Tim Kanning © Alle Rechte vorbehalten. Frankfurter Allgemeine Zeitung GmbH, Frankfurt. Zur Verfügung gestellt vom Frankfurter Allgemeine Archiv, online: http://www.faz.net/aktuell/wirtschaft/cyber-kriminalitaet-hacker-pluendern-20–000-girokonten-14517023.html [zuletzt: 18.06.2019]

EINSTEIGEN

1. a) Beschreibe die Karikatur in M 10 (S. 17) mithilfe der Arbeitstechnik „Karikaturen analysieren" (S. 215).
   b) Erläutert in Zweierteams, worauf der Gast in M 10 (S. 18) mit der Erwähnung von Überziehungszinsen hinweisen könnte. Vergleicht eure Ergebnisse im Plenum.
   c) Erstelle gemeinsam mit einer Partnerin oder einem Partner eine Liste der Informationen, die das Restaurant in M 10 (S. 18) von dem Gast, der unbar bezahlt, erhält, und die es vom bar zahlenden Gast nicht hat.

2. In Info 3 (S. 21) wird Online-Banking beschrieben. Erstelle ein Flussdiagramm, welches den Prozess abbildet.

3. a) Erstelle eine Liste der Daten (Name, Anschrift, usw.), die Martin (M 11, S. 18) eingeben muss, um eine Bestellung für ein T-Shirt abschicken zu können. Denke dabei daran, was das verkaufende Unternehmen alles interessieren könnte.
   b) Diskutiert zu zweit, welche Probleme sich daraus ergeben können, dass Martin zum Einkaufen das Konto seiner Mutter benutzt.

4. Benenne die in M 13 (S. 19 f.) erwähnten Arten von kriminellen Angriffen auf Banken.

WEITERARBEITEN

5. Erörtert gemeinsam, auf welche Weise Unternehmen, die eine Einkaufswebseite wie die in M 11 (S. 18) schalten, die eingegebenen Daten nutzen könnten. Findet mehrere Nutzungsarten und bewertet, ob ihr sie für Kunden sinnvoll oder hilfreich haltet.

6. Versetze dich in die Situation einer oder eines Angestellten einer Kranken- oder Lebensversicherung, die bzw. der Zugriff auf die Informationen zu den Suchanfragen und Einkäufen von Martins Mutter in M 12 (S. 19) hätte. Lege schriftlich dar, welche (möglicherweise irreführenden) Rückschlüsse du ziehen würdest und welche Konsequenzen das für ihre Versicherungspolicen, d. h. eine Urkunde über einen zwischen Versicherer und Versicherten erfolgreich zustande gekommenen Versicherungsvertrag haben könnte.

7. In M 13 (S. 19 f.) ist die Rede von Datenklau, man spricht auch von Phishing.
   a) Erläutere einer Partnerin oder einem Partner in deinen eigenen Worten, wie ein solcher Angriff stattfinden kann.
   b) Überlegt gemeinsam, welche Sicherheitsmaßnahmen man ergreifen kann, um sich vor Angriffen auf die Datensicherheit allgemein und speziell beim Banking zu schützen.

VERTIEFEN

8. Erörtere mit einer Partnerin/einem Partner, wer mehr Verantwortung für die Verwendung der erhobenen Daten von Kunden wie Martin und seiner Mutter (M 11 und M 12, S. 18 f.) trägt: Die Nutzerinnen und Nutzer von Online-Apps oder die Firmen, die ein Interesse an der Verwendung der Daten haben? Findet Argumente für und gegen beide Auffassungen.

9. In Info 3 (S. 21) wird erklärt, dass Datenschutz sowohl in den Bundesländern, als auch auf nationaler Ebene und auch auf Ebene der EU angestrebt wird. Arbeite mithilfe der Arbeitstechnik „Informationen im Internet recherchieren" (S. 214f.) heraus, auf welchen rechtlichen Grundlagen die persönlichen Daten der Menschen in Deutschland und der EU geschützt werden. Erstelle hierzu ein Plakat.

▲ 1a, 1c, 2, 3, 4, 6, 8   ▲▼ 1a, 1b, 2, 3, 5, 6, 7, 8, 9   ▲▼▲ 1a, 2, 3, 5, 6, 7, 8, 9

Finanzen online und Datenschutz

Info 3

Um Bankgeschäfte online zu tätigen, müssen sich Kunden zunächst einmal bei ihrer Bank dafür anmelden. Dies erfolgt meist mittels Benutzernamen und Passwörtern. Um dann z. B. Kontovorgänge einzusehen oder Überweisungen zu tätigen, kommen verschiedene Verfahren zum Einsatz. Kundinnen und Kunden verwenden Chipkarten an einem eigenen Kartenlesegerät oder Kombinationen aus PIN (persönliche Identifikationsnummer) und TAN (Transaktionsnummer), um ihre Aufträge in der Banking-Software lokal zu verarbeiten. Von ihrem Computer oder mobilen Endgeräten werden die Aufträge verschlüsselt an den Bank-Server gesendet. Dort werden die Aufträge entschlüsselt und die Autorisierungen der Kunden kontrolliert, bevor ein Auftrag schließlich ausgeführt wird. So werden beim Online-Banking werden Passwörter und → **Identitätsdaten** eingegeben. Jeder, der diese Daten kennt, kann mit ihnen auf ein oder mehrere Konten zugreifen. Käuferinnen und Käufer geben im Internet nicht nur ihre Bankverbindungen preis, sondern auch weitere persönliche Daten wie Größe, Alter, Kaufvorlieben, Adresse, Telefonnummer, Email usw. Auf diese Weise entstehen große Datenmengen, und die Verbraucherinnen und Verbraucher werden zu „gläsernen" Kunden. Unternehmen und Datenhändler können die aus den Daten gewonnenen Informationen nutzen, um beispielsweise gezielte Werbung unaufgefordert an die Käuferinnen und Käufer zu schicken, diese Informationen weiter zu verkaufen oder auch ihre Produktentwicklung an den Kundenwünschen zu orientieren.

Auch beim Online-Banking kommt es zu automatisierter Datenverarbeitung. Sie bringt fast unbegrenzte Möglichkeiten mit sich, Informationen zu speichern – sowohl über Geldmittel als auch über Geldverwendungen. Darin liegt eine Gefahr für die Privatsphäre jedes Einzelnen, weil staatliche Behörden und Wirtschaftsunternehmen teilweise ohne Wissen der Betroffenen auf immer mehr persönliche Daten zurückgreifen können. Um sich vor → **Hacking**, → **Phishing** (dem Diebstahl von Zugangsdaten) und → **Cyber-Kriminalität** (Kriminalität im Internet) zu schützen, findet ein Geschwindigkeitswettkampf zwischen den Banken, die versuchen, die Konten zu schützen, und Kriminellen statt, die versuchen, trotzdem mithilfe der Zugangsdaten in die Konten einzudringen und Geld auf andere Konten zu überweisen. Nicht nur die Banken müssen die Konten vor unbefugten Zugriffen schützen; auch Kunden haben die Pflicht, ihre Zugangsdaten zu schützen. Gehen sie zu unvorsichtig mit ihren Daten um, müssen die Banken nicht für den Verlust von Geld haften. Für den Schutz der Privatsphäre hat das Bundesverfassungsgericht 1983 das „Recht auf → **informationelle Selbstbestimmung**" präzisiert: Grundsätzlich können Bürgerinnen und Bürger selbst bestimmen, wann und in welchem Umfang sie persönliche Lebenssachverhalte preisgeben möchten. Ein Problem entsteht jedoch dann, wenn Privatpersonen und Unternehmen zugleich von ihrem Recht auf → **Datenschutz** verweisen. Ihre Rechte stehen sich gleichberechtigt gegenüber. Hieraus kann eine Pflicht des Staates entstehen, um beide Parteien zu schützen. Dafür gibt es das Bundesdatenschutzgesetz (BDSG) sowie datenschutzrechtliche Regelungen auf der Ebene der einzelnen Länder. In der Europäischen Union schützt u. a. Artikel 8 der → **Charta der Grundrechte der EU** die Daten.

Kredite, Überschuldung und der Schutz der Verbraucher

Es gibt Lebenssituationen, in denen die eigenen finanziellen Mittel nicht ausreichen, um gesteckte Ziele zu erreichen. Dann kann ein Kredit oder ein Kauf „auf Pump" sinnvoll erscheinen. Doch Menschen unterschätzen oft die Risiken, die mit dem Leihen oder Investieren von Geld verbunden sind. Es gibt staatliche Regelungen zum Schutz der Bürgerinnen und Bürger. Über den Sinn und die Wirksamkeit dieser Regelungen kann man unterschiedlicher Meinung sein.

M 14 Kredite: Wann und wofür?

Svenja (17 Jahre): Endlich die große Freiheit! Zum Start meiner Ausbildung ziehe ich aus und richte mir meine erste eigene Wohnung ein. Für die neuen Möbel und Geräte brauche ich eine Menge Geld. Ein Kredit?

Mareike (25 Jahre): Unsere Hochzeit steht an! Für das große Fest und die anschließende Hochzeitsreise brauchen wir eine ordentliche Finanzspritze. Da könnte uns ein Kredit helfen ...

Tobias (32 Jahre): Wir wollen uns vergrößern! Damit wir als vierköpfige Familie nicht länger in einer kleinen Mietwohnung leben müssen, haben wir beschlossen, ein Haus zu kaufen oder selbst zu bauen. Klar kostet das ... Ist es an der Zeit für einen Kredit?

Samira (44 Jahre): Unsere Kinder haben sich beide für ein Studium entschieden. Jetzt gilt es, ihre Wohnungen, den Unterhalt, die Gebühren und all das zu finanzieren ... Vielleicht hilft uns ein Kredit?

Jochen (69 Jahre): Nochmal die große Freiheit genießen! Endlich sind wir im Rentenalter angekommen. Nicht üppig, was uns die Rentenkasse zahlt; aber meine Frau und ich möchten uns einen Traum erfüllen: Einmal um die ganze Welt! Dafür könnten wir einen Kredit aufnehmen ...

M 15 Gründe für Überschuldung

Hauptauslöser der Überschuldung im Jahr 2018 bei beratenden Schuldnern

Hauptauslöser	Anteil der beratenen Schuldner in Prozent		
	gesamt	unter 25 Jahren	ab 65 Jahre
Arbeitslosigkeit	20,0	19,1	8,6
Trennung, Scheidung, Tod der Partnerin/des Partners	13,1	4,1	14,4
Krankheit, Sucht, Unfall	15,8	10,9	15,3
unwirtschaftliche Haushaltsführung	12,9	26,8	8,4
gescheiterte Selbstständigkeit	8,5	1,6	12,9
längerfristig niedriges Einkommen	8,3	11,7	11,7
Sonstiges	21,4	25,8	28,7

Zahlen nach: DESTATIS, Beratene Personen nach Gläubigerart und Alter im Jahr 2018, Pressemitteilung Nr. 199 vom 28. Mai 2019, online: https://www.destatis.de/DE/Presse/Pressemitteilungen/2019/05/PD19_199_635.html;jsessionid=EDF9080F049CB92145A18EAF9609E883.internet722 [zuletzt: 07.02.2020]

M 16 Bei wem haben die Menschen Schulden?

Gläubiger bei beratenden Schuldnern im Jahr 2018

Gläubiger	Anteil der beratenen Schuldner in Prozent		
	gesamt	unter 25 Jahren	ab 65 Jahre
Kreditinstitute	50,9	27,5	62,9
Versandhandel	26,3	32,8	17,1
Inkassobüros	26,5	24,5	22,6
öffentliche Gläubiger (einschließlich Finanzamt)	59,4	53,6	38,5
Energieunternehmen	26,0	23,5	15,1
Telekommunikationsunternehmen	49,1	64,9	25,3
Vermieter	21,3	19,0	13,5
Gewerbetreibende	36,0	42,4	22,2

Zahlen nach: DESTATIS, Beratene Personen nach Gläubigerart und Alter im Jahr 2018, Pressemitteilung Nr. 199 vom 28. Mai 2019, online: https://www.destatis.de/DE/Presse/Pressemitteilungen/2019/05/PD19_199_635.html;jsessionid=EDF9080F049CB92145A18EAF9609E883.internet722 [zuletzt: 07.02.2020]

M 17 Noch einmal Martin

Martin ist sauer und beschwert sich bei seiner Freundin Thea:
Martin: Das ist mein Untergang! Heute habe ich meine nagelneue 3D-Gaming-Brille zurückschicken müssen. Die habe ich gerade erst online günstig gekauft.
Thea: Mal wieder mit dem Account deiner Mutter, nicht wahr?
Martin: Ja, und dann hat sie den Kauf einfach rückgängig gemacht: Widerrufsrecht! So ein Mist.
Thea: Oder eine sehr gute Einrichtung. Je nachdem, wie man es betrachtet. Jedenfalls bewahrt es uns davor, unüberlegte Einkäufe behalten zu müssen. Und bei deinen Einkaufsgewohnheiten bewahrt es deine Mutter wahrscheinlich vor der Privatinsolvenz.

EINSTEIGEN

1. In M 14 (S. 22) werden unterschiedliche Situationen beschrieben, in denen ein Kredit aufgenommen werden könnte. Benenne die unterschiedlichen Kreditarten, welche dafür in Anspruch genommen werden würden.

2. In M 15 (S. 22) und M 16 (S. 23) werden Gründe für Überschuldung und die Gläubigerarten dargestellt. Nenne wesentliche Unterschiede, welche dir in den verschiedenen Altersgruppen auffallen.

3. In M 17 (S. 23) scheinen unterschiedliche Mechanismen bzw. Vorschriften zum Schutz der Verbraucherinnen und Verbraucher auf. Benenne diese Schutzmechanismen.

WEITERARBEITEN

4. Erläutere die Gründe, welche für oder gegen die Aufnahme von Krediten in den in M 14 (S. 22) geschilderten Lebenssituationen sprechen.

5. Versetze dich in die Rolle eines Bankangestellten, der über die Kreditvergabe an die Kundin aus M 14 (S. 22) zu entscheiden hat. Erläutere und begründe deine Kriterien für eine Kreditvergabe in den einzelnen Fällen. Berücksichtige dabei auch die Informationen aus M 15 (S. 22), M 16 (S. 23) und M 17 (S. 23).

6. Arbeite heraus, welche bedeutenden Unterschiede sich bei der in M 15 (S. 22) und M 16 (S. 23) dargestellten Verschuldung zwischen den Gruppen der jungen und der älteren Schuldner im Vergleich zum Gesamtdurchschnitt feststellen lassen.

VERTIEFEN

7. In M 14 (S. 22) werden unterschiedliche Anlässe für die Kreditaufnahme genannt. Entwickelt zu zweit weitere Szenarien, in denen Menschen unterschiedlichen Lebensalters Schulden aufnehmen könnten und begründet, warum ihr persönlich zu- oder abraten würdet.

8. Die Menschen haben bei sehr unterschiedlichen Gläubigern Schulden, was in M 16 (S. 23) deutlich wird. Entwickelt gemeinsam Lösungsvorschläge, wie der Staat eingreifen könnte oder sollte, um bei bestimmten Gläubigerarten Schulden zu verhindern oder zu reduzieren. Vergleicht eure Vorschläge im Plenum.

▲ 1, 2, 3, 4, 7   ▲▼ 1, 3, 4, 5, 6, 7   ▲▼▲ 3, 4, 5, 6, 7, 8

Info 4 — Schulden und das ökonomische Prinzip

Die Annahme, dass Wirtschaftssubjekte (das sind Verbraucherinnen/Verbraucher, Unternehmerinnen/Unternehmer, Staaten, Institutionen; also letzten Endes immer Menschen) aufgrund der Knappheit der Güter bei ihrem wirtschaftlichen Handeln die eingesetzten Mittel mit dem Ergebnis ins Verhältnis setzen und nach ihren persönlichen Präferenzen (d.h. Vorlieben) zweckrational eine Nutzenmaximierung (private Haushalte) beziehungsweise Gewinnmaximierung (Unternehmen) anstreben, nennt man das **ökonomische Prinzip**. Dieses ökonomische Prinzip kennt drei Ausprägungen:

- Das **Minimalprinzip** wird verfolgt, wenn eine Handlung darauf ausgerichtet ist, ein Ziel mit dem geringstmögliche Aufwand zu erreichen.
- Das **Maximalprinzip** bezeichnet Handlungen die darauf abzielen, mit gegebenen Mitteln die größtmögliche Wirkung zu erzielen.
- Das **Extremumprinzip** bezeichnet Handlungen, die bei variablem Aufwand und Ergebnis das Verhältnis zwischen den beiden optimieren.

Diese Annahmen basieren auf dem Modell des Homo oeconomicus, eines seinen Eigennutz optimierenden rationalen Menschen. Menschen verfolgen wirtschaftliche Ziele, deren Erreichung ihnen mitunter nur unter Aufnahme von Schulden möglich scheint. Also leihen sich Menschen in der einen oder anderen Form Geld, um ihre Wünsche zu erfüllen. Mittels Kauf auf Raten, Abschluss von Verträgen, die langfristig zu Zahlungen verpflichten oder auch durch Kredite in verschiedenen Varianten (z. B. Hypotheken-, Dispositions- oder Konsumkredit) nehmen Verbraucherinnen und Verbraucher Schulden auf. Jede Form von Verschuldung birgt Risiken bis hin zur Zahlungsunfähigkeit oder Überschuldung. Von staatlicher Seite wird versucht, die Risiken einzudämmen, um die Bürgerinnen und Bürger zu schützen.

Börse, Aktien und der Schutz der Anleger

Die Börse ist ein organisierter Markt, an dem vieles gehandelt wird, das man nicht auf dem Großmarkt kaufen kann, z. B. Unternehmensanteile (Aktien), Gold, Getreide oder Rohstoffe. Die meisten Anleger hoffen auf steigende Preise, einige wetten dagegen. Würdest du mitwetten?

M18 Gespräch mit einem Börsenmakler

Tobi: Hallo, Herr Fischer. Super, dass Sie sich Zeit für mich nehmen. Die ist bei Ihnen ja immer sehr knapp.
Herr Fischer: Klar, da hast du recht, Tobi, wir handeln schnell, oft in Sekundenbruchteilen. Dabei helfen uns Computer, die in vielen Fällen den Handel nach unseren Vorgaben erledigen.
Tobi: Das klingt ja schon mal sehr spannend. Aber zuerst möchte ich wissen, woher die Börse eigentlich ihren Namen hat.
Herr Fischer: Oh, da musst du weit in die Vergangenheit zurück schauen. Das Wort „Börse" bezeichnet ja von alters her unseren Geldbeutel. Das lateinische Wort „bursa" bezeichnete eine Ledertasche oder ein Geldsäckchen, in dem die Menschen ihre Münzen mit sich trugen. Wenn wir aber auf die Börse als Einrichtung zum Handel schauen, dann erinnert der Name an eine Händlerfamilie aus Holland, die im heute belgischen Brügge regelmäßig Zusammenkünfte wohlhabender Kaufmannsfamilien in ihrem Haus organisierte. Diese Familie hieß „van der Beurse". Man ging zu ihnen, um Geschäftsabsprachen zu treffen, und mit der Zeit wurde ihr Name zur Bezeichnung für ein Gebäude, in dem gehandelt wurde.
Tobi: Ich verstehe. Und was wird an der Börse gehandelt?
Herr Fischer: Neben der Wertpapierbörse, an der Aktien und Wertpapiere gehandelt werden, gibt es auch sogenannte Warenbörsen, bei der konkrete Waren gehandelt werden. Das sind meist landwirtschaftliche Güter wie zum Beispiel Getreide. Auch Edelsteine oder Kaffee werden an spezialisierten Börsen gehandelt. Darüber hinaus gibt es Terminbörsen. Dort werden zum Beispiel Warentermingeschäfte abgewickelt. Eine besondere Form ist die Devisenbörse, bei der mit internationalen Währungen gehandelt wird. Die Preise richten sich nach Angebot und Nachfrage: Wenn eine Aktie oder eine andere Handelsware von sehr vielen nachgefragt wird, steigt der Preis. Zudem gibt es verschiedene börsenähnliche Märkte …
Tobi: Oh, stopp! Das ist ja eine ganze Menge. Ich komme schon gar nicht mehr mit. Wer handelt denn eigentlich an der Börse und wie passiert das?
Herr Fischer: Der ursprüngliche Börsenhandel findet von Person zu Person statt. Es wird verhandelt und Geschäfte werden per Gespräch abgewickelt. Da das alles in einem Raum stattfindet, nennt man das Präsenzbörse oder auch Parketthandel. Wie ich aber schon sagte, werden heute viele Börsengeschäfte per Computer abgewickelt. Bei diesen Computerbörsen, wie zum Beispiel im Handelssystem „Xetra", übernimmt ein spezielles Computerprogramm den Aufgabenbereich des Maklers. Teilweise sitzen auch die Makler selber vor dem Rechner, um Ein- oder Verkäufe der Güter zu tätigen. Um an einer Börse als Makler zu arbeiten, braucht man eine entsprechende Berufsausbildung und praktische Erfahrung im Umgang mit Finanzen. Nicht jeder hat freien Zugang zum Börsenhandel …
Tobi: Puh, das waren viele Informationen. Die muss ich erstmal verdauen. Vielen Dank, Herr Fischer!

M19 Aktien bedeuten Kapital für Unternehmen

Martin: Hallo, Frank, wie laufen deine Geschäfte?
Frank: Sehr gut, danke. Ich brauche im Moment mehr Geld für mein Unternehmen, weil ich noch eine neue Produktionshalle aufbauen möchte. Ich will aber keinen Bankkredit aufnehmen.
Martin: Du könntest mit deinem Unternehmen an die Börse gehen, Anteile, also Aktien, verkaufen und so den finanziellen Spielraum erweitern.
Frank: Ich möchte aber nicht die Entscheidungsfreiheit abgeben und Anteilseigner am Unternehmen beteiligen.
Martin: Dann könntest du statt Aktien und damit Anteilen ja auch einfach Schuldverschreibungen, also Unternehmensanleihen, herausgeben. So leihst du dir das Geld der Anleger und zahlst es mit Zinsen zurück.

M20 Verlauf des Deutschen Aktienindex DAX 30 von 1959 bis 2018

Der Dax fasst die Aktienwerte der 30 größten deutschen börsennotierten Unternehmen zusammen.

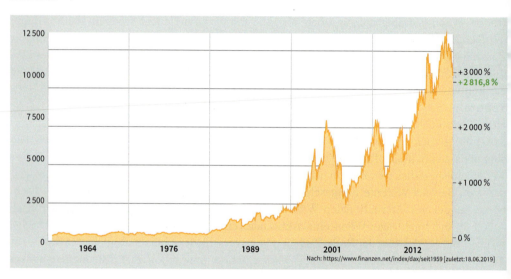

Nach: https://www.finanzen.net/index/dax/seit1959 [zuletzt:18.06.2019]

M21 Geldanlage

Thomas: Ich kaufe jetzt Aktien, dann mache ich ein Vermögen!
Jasmin: Oder aber du wirst arm wie eine Kirchenmaus. Bei einer Aktie kannst du alles verlieren, wenn das Unternehmen pleitegeht. Auf der Bank sind deine Ersparnisse bis 100 000 Euro wenigstens geschützt.
Thomas: Ja, aber auf meinem Sparkonto bekomme ich fast keine Zinsen.
Jasmin: Stimmt, aber eine höhere Rendite heißt immer auch höheres Risiko. Du kannst nicht Sicherheit und hohe Gewinne gleichzeitig haben. In manchen Branchen lässt sich viel Geld verdienen. Allerdings stellt sich die Frage, ob du das mit deinem Gewissen vereinbaren kannst.
Thomas: Ich sehe schon, dass das eine heikle Angelegenheit ist. Dennoch möchte ich gern mehr als auf dem Sparbuch ...
Jasmin: Wenn du einen Mittelweg gehen möchtest, könntest du auch Anteile an einem Aktienfond erwerben, also an einem Bündel vieler verschiedener Aktien, damit die Verluste nicht so groß sind, falls es einem Unternehmen nicht gut geht.

M 22

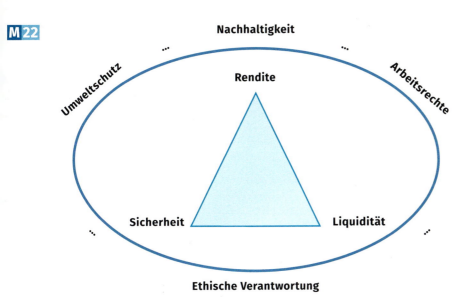

M 23 Kleinanlegerschutz

[...] Die Firma PROKON hatte in den Jahren 2005 bis 2013 Schuldverschreibungen an Objektgesellschaften (Windpark, Bio-Masse etc.) verkauft. Mehr als 75 000 Anleger erwarben diese Genussrechte. Das Emissionsvolumen erreichte circa 1,4 Mrd. €. Mittels einer Mischung aus aggressiver Werbung, geschickter Vermarktung und unzureichenden Informationen wurde bei den Anlegern der Eindruck geweckt, sie könnten überdurchschnittlich hohe Renditen ohne Risiko erreichen und zugleich im Bedarfsfall jederzeit aus der Anlage aussteigen. [...]
Auf den Antrag des Unternehmens hat das Amtsgericht Itzehoe am 1. Mai 2014 das Insolvenzverfahren eröffnet. [...]
Nicht nur im Fall PROKON, sondern auch bei anderen Anlagen wie im Fall der mit Immobilien handelnden S & K, erlitten Anleger durch Investitionen in Vermögensanlagen erhebliche Vermögenseinbußen. Dabei investierten die Anleger in Produkte, die nur einer eingeschränkten Aufsicht durch die Bundesaufsicht für Finanzen unterlagen. Die Anleger wurden u. a. mit einer hohen Rendite für die Überlassung von Geldern geworben. Dabei lagen die in Aussicht gestellten Renditen deutlich über dem für sichere Vermögensanlagen üblichen Niveau.
Die eingetretenen Vermögensschäden beruhen insbesondere auf der fehlerhaften Annahme der Anleger, diese hohen Renditen könnten ohne erhöhtes Risiko erreicht werden. Auch wurde die Möglichkeit einer kurzfristigen Rückzahlung der Anlagen zugesichert. Dieses Geschäftsmodell konnte nur so lange fortgeführt werden, wie immer neue Anleger bereit waren, Gelder zu investieren und so den kurzfristigen Abzug von Vermögensanlagen auszugleichen. [...]
Im Hinblick darauf stellten am 22. Mai 2014 die Bundesminister Dr. Wolfgang Schäuble und Heiko Maas der Öffentlichkeit ein Maßnahmenpaket zur Verbesserung des Schutzes von Kleinanlegern vor. Durch die neuen Regelungen des Kleinanlegerschutzgesetzes sollen sich Anleger künftig vor dem Erwerb risikobehafteter Vermögensanlagen besser und wirksamer informieren können. Parallel dazu werden die Anforderung an die Anbieter und Vermittler solcher Vermögensanlagen verschärft. Sie müssen mehr und bessere Informationen in ihren Prospekten veröffentlichen und sind bei Fehlverhalten verstärkten Sanktionen bis hin zum Vermarktungsverbot der betroffenen Vermögensanlage ausgesetzt. [...]

Aus: Informationstext des Bundesfinanzministeriums: „Kleinanlegerschutz sorgt für mehr Transparenz", online: Website des Bundesfinanzministerium, online: http://www.bundesfinanzministerium.de/Content/DE/Monatsberichte/2015/08/Inhalte/Kapitel-3-Analysen/3-3-kleinanlegerschutzgesetz.html [zuletzt: 28.12.2018]

M24 Anlegerschutz ausgeweitet

BGH verschärft Aufklärungspflichten bei Geldanlagen Künftig müssen Banken ungefragt über sämtliche Provisionen Auskunft geben/"Flächendeckendes Transparenzgebot" Banken müssen ihre Kunden vom 1. August an ungefragt über alle Provisionen aufklären, die sie selbst für den Verkauf von Kapitalanlagen erhalten – sonst haften sie. [...]

Aus: F.A.Z. vom 15.07.2014 von Joachim Jahn © Alle Rechte vorbehalten. Frankfurter Allgemeine Zeitung GmbH, Frankfurt. Zur Verfügung gestellt vom Frankfurter Allgemeine Archiv, online: http://www.genios.de/presse-archiv/artikel/FAZ/20140715/bgh-verschaerft-aufklaerungspflicht/FR1201407154323664.html [zuletzt: 08.09.2017]

M25 Schutz auf dem Finanzmarkt

Thomas: Das war ziemlich enttäuschend bei der Bank gestern!
Jasmin: Ah, du warst dort, um dich in Sachen Geldanlage beraten zu lassen?
Thomas: Ja, und außer etlichen Beratungsprotokollen habe ich nichts unterschrieben. Die machen mir keine großen Hoffnungen auf üppige Gewinne. „Konservative Anlagestrategie", „Risikostreuung" und nervige Bürokratie, das ist alles, was ich davon mitgenommen habe.
Jasmin: Das sind die Erfahrungen, die viele Kunden machen, nachdem die Anlegerschutzvor-schriften verschärft wurden. Inzwischen haben sogar die Banken selbst begonnen, sich aus der Beratung von Kleinanlegern zurück zu ziehen, weil die Kosten dafür so immens angestiegen sind. Und jetzt investieren viele aus Verunsicherung heraus lieber in niedrig verzinsliche Sparanlagen anstatt in Fonds oder Derivate.
Thomas: Na, dann wende ich mich vielleicht doch an einen freien Finanzberater. Ich habe gehört, dass die sich nicht an die strengen Regeln der Banken halten müssen.
Jasmin: Das stimmt. Aber pass nur auf, dass der dir nicht ein windiges Geschäft aufschwatzt ...

M26 Schutz auf dem Finanzmarkt?

Die Verbraucherzentrale Nordrhein-Westfalen schlägt Alarm: Jedes Jahr gehen rund 30 Milliarden Euro durch risikoreiche Anlagen auf dem Grauen Markt verloren.

Das ganze Geld ist futsch!
Wie rund 54000 andere Anleger hatte auch Gerit S. auf das große Geld gehofft und investierte sein Gespartes in den Containerkonzern P&R. Sein freier Finanzberater versprach hohe Renditen, was er ihm verschwieg war das hohe Risiko ... Jetzt ist P&R pleite.

Kleinanlegern droht der Totalverlust
270 Mio. Euro sammelte der Brennstoffhersteller German Pellets bei rund 17000 Kleinanlegern ein. Doch nach der rasanten Expansion ging das Unternehmen 2016 in die Insolvenz.

2. Ohne Moos nix los! – Bürgerinnen und Bürger als Geldanleger und Kreditnehmer

EINSTEIGEN

1. Liste anhand von M 18 (S. 25) auf, was an Börsen gehandelt wird.

2. Erläutere anhand von M 18 (S. 25) einer Partnerin oder einem Partner mit eigenen Worten, wie die Preise an Börsen zustande kommen. Formuliert dazu Beispiele.

WEITERARBEITEN

3. Erstelle anhand von M 19 (S. 26) eine Tabelle, in der du verschiedene Möglichkeiten auflistest, wie ein Unternehmen an zusätzliches Geld kommen kann. Füge in zwei weiteren Spalten Vor- und Nachteile hinzu.

4. Analysiere den Verlauf des Deutschen Aktienindex anhand von M 20 (S. 26) mithilfe der Arbeitstechnik „Diagramme beschreiben" (S. 212).

5. Geldanleger wie Thomas in M 21 (S. 26) müssen entscheiden, wie sie ihr Kapital investieren. Dabei stehen verschiedene Wünsche im Widerspruch zueinander. Erläutere, zwischen welchen Zielen Thomas abwägen muss. Denke dabei an das magische Dreieck der Vermögensanlage und die Bedenken, die Jasmin äußert.

6. a) Erläutert zu zweit auf der Grundlage von M 24 (S. 28), warum Kleinanleger besonderen Schutz brauchen.
   b) In M 25 (S. 28) klingt Kritik an den Schutzvorschriften an. Und in M 26 (S. 28) wird deutlich, dass Investitionen von Anlegern immer wieder verloren gehen. Beschreibt und erläutert anhand des Beispiels Thomas Anlageabsichten die Bedeutung des Anlegerschutzes.

VERTIEFEN

7. M 23 und M 24 (S. 27 f.) beziehen sich auf den Schutz von Anlegern und die Informationspflicht von Firmen, die Geldanalagemöglichkeiten anbieten. Notiere die einzelnen Pflichten und erkundige dich bei deinen Eltern oder Verwandten, ob sie die Erfahrung gemacht haben, dass diese Pflichten eingehalten werden.

8. In M 20 (S. 26) und Info 5 (S. 30) ist die Rede vom DAX. Recherchiere, welche Firmen den DAX bilden und markiere auf der Liste, welche der Unternehmen du kennst.

9. Die in Info 5 (S. 30) beschriebene wirtschaftliche Entwicklung und die Bewertung der größten Unternehmen liefen in der Vergangenheit oftmals parallel. Im Diagramm M 20 (S. 26) lassen sich Konjunkturschwankungen erkennen. Bildet Zweierteams, um zu recherchieren, welche Ereignisse diese wirtschaftlichen Schwankungen bedingt haben.

10. Die Schlagzeilen in M 26 (S. 28) weisen auf Pleiten und Anlageverluste hin. Recherchiert nach aktuellen Beispielen und erläutert anhand dieser, ob der Anlegerschutz wirksam war bzw. ist.

▲ 1, 2, 3, 4, 5, 6a ▲▼ 2, 3, 4, 5, 6, 6a, 6b, 7, 8, 10 ▲▼▲ 2, 3, 5, 6a, 6b, 7, 8, 9, 10

Info 5 — DAX, Konjunktur, Wirtschaftskrise und Börsencrash

Außer dem Handel, der den Käuferinnen und Käufern die Möglichkeit zur Geldanlage bietet und zu Gewinnen oder Verlusten führen kann, dient die → **Börse** dazu, Unternehmen die Möglichkeit zu geben, Kapital zu bekommen, indem sie Anteile an ihrem Unternehmen anbieten. Der Preis für diese Aktien wird bestimmt von Angebot und Nachfrage, also den Kauf- und Verkaufsaufträgen. Die Anlegerinnen und Anleger spekulieren in der Regel auf steigende Preise der Unternehmensanteile. So können sie Gewinne machen, aber auch Geld verlieren. Andere Anlegerinnen und Anleger spekulieren dagegen auf fallende Kurse, um Gewinne zu erzielen. Aktionäre bewegen sich bei ihrer Entscheidung immer im → **magischen Dreieck** der Vermögensanlagen und tragen eine moralische Verantwortung für ihre Entscheidung. Börsennotierte Unternehmen sind gesetzlich dazu verpflichtet, regelmäßig Auskünfte zu ihrer Geschäftslage zu geben.

Die 30 größten deutschen Unternehmen, deren Anteile an der Börse gehandelt werden, werden im → **DAX**, dem Deutschen Aktienindex, aufgelistet. Im M-DAX stehen die wichtigsten mittelständischen Unternehmen, im Tec-DAX die wichtigsten Technologieunternehmen aus Deutschland.

Aktienfonds sind Bündel von Aktien, die von einer Bank gemanagt werden. Die Bank entscheidet also, von welchen Unternehmen mehr Aktien hinzugefügt oder welche Anteile reduziert werden. Dafür erhebt die Bank, die diesen Fonds führt, nicht nur eine Gebühr für das Depot, also das Konto mit dem die Wertpapierkäufe und Verkäufe durchgeführt werden, sondern erhebt für jeden Anteil an diesem Fonds, der gekauft wird, Gebühren. Eine andere Möglichkeit des Wertpapierhandels an der Börse sind Aktienbündel als ETFs (Exchange Traded Funds) zu kaufen, die nicht von Investmentbankerinnen oder Investmentbankern gemanagt werden, sondern einmal aufgelegt und dann nicht mehr verändert werden. Für sie entfällt die Fonds-Gebühr, die bei vielen Banken bis zu 5 % beträgt.

Am Verlauf des DAX oder ähnlicher Indizes anderer Länder, z. B. des amerikanischen Dow Jones, kann man auf einen Blick konjunkturelle Entwicklungen ablesen. Wenn es viel Nachfrage nach Anteilen der gelisteten Unternehmen gibt, steigen deren Preise und der Indexwert nimmt zu; versuchen viele Investoren die Aktien dieser Unternehmen loszuwerden, werden sie daraufhin billiger und der Index fällt. Auf- und Abwärtsbewegungen der Indizes sind Hinweise auf die Entwicklung der Konjunktur, also des Wirtschaftswachstums.

Die → **Konjunktur** verläuft zyklisch. Nach jedem Aufschwung kommt ein Abschwung, danach wieder ein Aufschwung, aber dieser Verlauf dauert unter Umständen viele Jahre. Während der Finanzkrise von 2009 fiel der DAX auf einen Bruchteil seines Wertes ab.

Zu den Anlegern an den Börsen gehören auch Banken. Viele von ihnen waren von den Wertverlusten stark betroffen, so dass ihnen eine Pleite drohte. In dieser Situation hat die Bundesregierung verkündet, dass in Deutschland die Bankeinlagen der Menschen bis 100 000 Euro sicher seien – der Staat springt ein, falls eine Bank pleitegeht und Konkurs anmelden muss.

3. Rundum sorglos!? – Bürgerinnen und Bürger als Versicherungsnehmer

Brauche ich das? Beurteilung von Risiken, Zuständigkeiten und Versicherungen

Jeder hat das schon einmal gehört: „Das ist kein Problem, das bezahlt meine Versicherung!" Das klingt ja praktisch! Warum also nicht jede erdenkliche Versicherung abschließen? Welche brauche ich wirklich? Wer ist zuständig – der Staat, die Allgemeinheit oder man selber?

M27 Versicherung für junge Menschen: „Damit habe ich nicht gerechnet"

[…]

Das Problem: „Ich bin Pianist und hatte einen Unfall beim Fußballspielen, bei dem im Zeigefinger ein Stück vom Knochen abgesplittert ist. Zum Glück kann ich jetzt wieder Klavier spielen. Trotzdem wurde mir bewusst, wie schnell man als Pianist berufsunfähig werden kann. Kann ich meine Hände versichern lassen?"
Felix R., 26, studiert Film Komposition an der Hochschule für Film und Fernsehen in Potsdam-Babelsberg

Der gute Rat: „Gerade musste ich miterleben, wie sich ein Pianist mit der Heckenschere den Finger abgesäbelt hat, und rate Berufsmusikern daher, eine Unfallversicherung mit ‚erhöhter Gliedertaxe' abzuschließen. Bestimmte Körperteile – bei Bläsern der Mund, bei Pianisten die Hände – können dann mit bis zu 250 000 Euro abgesichert werden. Je nachdem, wie stark ihre Funktionsfähigkeit beeinträchtigt ist, wird im Schadensfall ein sehr viel höherer Prozentsatz dieser Summe ausgezahlt als bei einem ‚Normalsterblichen'. Vorab muss ich klären, wie es um den Gesundheitszustand des Musikers bestellt ist: Schwerstpflegebedürftige sowie Personen mit Geistes- und Bewusstseinsstörungen etwa könnten wir nicht unfallversichern. Ablehnen muss ich auch Leute mit hohem Risikopotenzial: zum Beispiel solche, die an Motorradrennen teilnehmen. Klassische Sportarten wie Fußball dürfte derjenige aber weiter ausüben. Bei einem Studenten frage ich auch nach, ob er wirklich vorhat, sein Haupteinkommen aus der Musik zu beziehen."
Thomas S., 32, ist Underwriter Kunst- und Musikinstrumenten-Versicherungen bei der Mannheimer Versicherung

[…]

Aus: Katja Bosse: „Ach, du Scheiße", ZEIT Campus 3/2010, online: http://www.zeit.de/campus/2010/03/student-katastrophe-versicherung/seite-2 [zuletzt: 19.06.2019]

M28 Umfrage: Welche Versicherungen besitzen Sie?

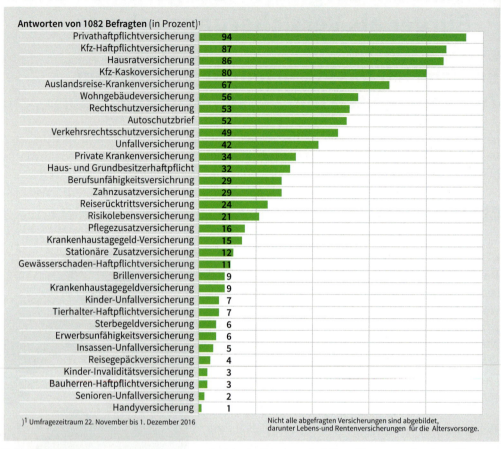

Nach: Stiftung Warentest, Befragung der Nutzer von test.de, der Homepage der Stiftung Warentest online: https://www.test.de/Versicherungen-Optimaler-Risikoschutz-1162242-/ [zuletzt: 18.06.2019]

M29 Gefahren und Solidarität

Die Angst, Hab und Gut zu verlieren, ist so alt wie die Menschheit selbst. Die alten Kelten hatten Angst davor, dass ihnen der Himmel auf den Kopf fallen könnte und trugen deshalb Helme. Die Römer fürchteten den Zorn der Götter und trugen ihnen zu Ehren Statuen mit in die Schlachten. Doch es gab nicht nur solche Ängste, über die wir heute eher schmunzeln. Ernteausfälle, Schiffsunglücke oder Feuerkatastrophen sind Beispiele für Ereignisse, die ganze Familien teilweise ganze Landstriche mit dem Tod bedrohten oder in den wirtschaftlichen Untergang führen konnten. Schon immer machten sich die Menschen Gedanken drüber, wie man solche Gefahren verringern konnte und wie den Betroffenen zu helfen war. Auf dem Gebiet des heutigen Deutschlands gab es seit dem Mittelalter erste Vorläufer moderner Versicherungen.

Kaufleute schlossen sich zusammen und gaben sich gegenseitig ein Versprechen: Wenn einer von ihnen durch Raub oder Unfall seine Ware verliert, so werden alle anderen ihm diesen Schaden wieder gutmachen. So war jeder Einzelne vor dem wirtschaftlichen Ruin geschützt. Diese Idee machte Schule und wurde auch auf andere Lebensbereiche übertragen. Zunächst entwickelten sich sogenannte „Brandkassen", die nach demselben Prinzip funktionierten. Viele Hausbesitzer bezahlten einen geringen Betrag in eine Kasse, aus der den Betroffenen von Feuerkatastrophen beim Wiederaufbau ihrer Häuser geholfen werden konnte.

3. Rundum sorglos!? – Bürgerinnen und Bürger als Versicherungsnehmer

EINSTEIGEN

1. Lies den Text M 27 (S. 31) und notiert in Partnerarbeit Stichworte, welche Folgen eine lebenslange Arbeitsunfähigkeit für euch in den verschiedenen Bereichen eures Lebens (z. B. Berufswahl, Beziehungen, Familie, Hobby, Freunde) hätte.

2. Beschreibe die Grafik M 28 (S. 32) mithilfe der Arbeitstechnik „Diagramme beschreiben" (S. 212).

3. Recherchiert und erörtert in arbeitsteiligen Gruppen, vor welchen Gefahren die Versicherungen in M 28 (S. 32) schützen sollen. Tauscht euch mit den anderen Gruppen aus.

4. a) Erkundigt euch bei euren Eltern, welche Versicherungen sie haben. Vergleicht die Ergebnisse mit der Übersicht M 28 (S. 32).
   b) Wähle mindestens fünf Versicherungsprodukte aus M 28 (S. 32) aus. Begründe, was für oder gegen die Entscheidung für diese Versicherungsprodukte spricht.

WEITER-ARBEITEN

5. Lies Info 6 (S. 42) und erstelle eine Liste der Kennzeichen einer Versicherung. Gehe dabei besonders auf die Rolle der Vertragspartner ein. Berücksichtige dabei, dass Versicherungsvertreter letztlich Verkäufer einer Versicherung ist und der Versicherungsnehmer sein Kunde.

VERTIEFEN

6. Früher sind Versicherungen entstanden, um Menschen vor dem wirtschaftlichen Ruin zu schützen (M 29, S. 32). Trifft das auf die Versicherungen der heutigen Zeit ebenfalls zu? Vergleiche die Beispiele aus M 29 (S. 32) mit den Ergebnissen aus den Aufgaben 1 und 2.

▲ 1, 2, 3, 4, 5   ▲▼ 1, 2, 3, 5   ▲▼▲ 1, 2, 3, 5, 6

Haftpflichtversicherungen für individuelle Risiken

Kurz nicht aufgepasst schon ist etwas passiert! Das kommt vor, auch wenn es keine Absicht war. Wer einen Schaden anrichtet, muss ihn bezahlten. Was aber, wenn man soviel Geld nicht hat?

M 30 Haftpflichtversicherung

Nico: Ach du Schreck! Ich bin gegen dein Notebook gestolpert und es ist herunter gefallen. Schau bitte schnell nach, ob es noch funktioniert.

Verona: O je, nein, es geht nicht mehr. Es hat vor einem Jahr 1000,– € gekostet. Die musst du mir wiedergeben, ich brauche ja jetzt ein neues!

M 31 BGB §823: Schadensersatzpflicht

§823 BGB (1) Wer vorsätzlich oder fahrlässig das Leben, den Körper, die Gesundheit, die Freiheit, das Eigentum oder ein sonstiges Recht eines anderen widerrechtlich verletzt, ist dem anderen zum Ersatz des daraus entstehenden Schadens verpflichtet.

Aus: Bürgerliches Gesetzbuch in der Fassung der Bekanntmachung vom 2. Januar 2002 (BGBl. I S. 42, 2909; 2003 I S. 738), zuletzt geändert durch Artikel 4d des Gesetzes vom 18.12.2018, online: https://www.gesetze-im-internet.de/bgb/__823.html [zuletzt: 29.12.2018]

M32 Zeitwert und Wiederbeschaffungswert in der Haftpflicht

Die Haftpflichtversicherungen zahlen bei Sachschäden in den meisten Fällen lediglich den Zeitwert und nicht den Neuwert. Der Zeitwert beschreibt den aktuellen Wert einer Sache und ist demnach der Neuwert abzüglich des Wertverlustes (Wertminderung durch Gebrauch und den Faktor Zeit). Der Geschädigte erhält damit die Möglichkeit, sich auf Gebrauchtmarkt gleichwertigen Ersatz zu beschaffen. In der Regel ist der Zeitwert als Entschädigung auch ausreichend, da ein zusätzlicher kostenintensiver Wiederbeschaffungsaufwand fehlt. Zeitwert plus Wiederbeschaffungsaufwand entsprechen dann dem sogenannten Wiederbeschaffungswert. [...]

Aus: Homepage haftpflichtwissen.de von unknownspoul.media, online: http://www.haftpflicht-wissen.de/zahlt-die-haftpflicht-neuwert-oder-zeitwert.html [zuletzt: 18.06.2019]

EINSTEIGEN

1. Lies die Situation M 30 (S. 33) und die Rechtslage aus M 31 (S. 33). Begründe, in welcher Höhe du die Haftung für gerecht halten würdest.

2. Versucht auf Grundlage der Informationen aus M 32 (S. 34) im Internet zu recherchieren, wie hoch der Restwert des Notebooks (M 30, S. 33) sein könnte.

WEITERARBEITEN

3. a) Hole Angebote für zwei Haftpflichtversicherungen aus dem Internet ein und vergleiche, welchen Preis und welchen Umfang die Angebote haben.
   b) Begründe was für oder gegen die Entscheidung für ein solches Versicherungsprodukt spricht.

▲ 1, 2, 3   ▲▽ 1, 2, 3   ▲▽▲ 1, 2, 3

Wer kalkuliert die Versicherungen?

Im Versicherungsfall müssen Versicherungen Geld an die Versicherten auszahlen. Wie kalkulieren Versicherungen, damit sie ihrer Aufgabe auch nachkommen können? Und kann man eigentlich alles versichern?

M33 Studienfahrt

Jana: Mama, ich bin im Organisationsteam für die Studienfahrt. Wir sind 120 Schülerinnen und Schüler in unserem Jahrgang. Es wird für jeden 300,– € kosten. Das trägt dann genau die Kosten, die wir haben werden.

Mutter: Und was ist, wenn jemand krank wird?

Jana: Unser Lehrer hat gesagt, dass in den letzten Jahren durchschnittlich vier Personen krank geworden und nicht mitgefahren sind. Die müssen dann auch nicht bezahlen, denn sie können ja nichts dafür.

Mutter: Ihr müsst aber trotzdem die ganzen Kosten aufbringen, richtig? Wie wollt ihr das machen?

M34 Unfälle mit dem Motorrad

Im Jahr 2017 gab es auf deutschen Straßen 41 870 Verkehrsunfälle, an denen Motoräder, Mopeds oder Mofas beteiligt waren. Dabei verunglückten insgesamt 42 993 der Zweiradfahrer, bzw. deren Beifahrer, 642 davon wurden getötet, 12 501 Personen wurden schwer und 29 850 leicht verletzt. Neben dieser traurigen Bilanz entstanden auch beträchtliche Sachschäden, die zum größten Teil über die Versicherungen abgewickelt wurden.

Zahlen nach: Statistischen Bundesamt: Verkehrsunfälle Kraftrad- und Fahrradunfälle im Straßenverkehr 2017, S. 10 und 13, online: https://www.destatis.de/DE/Themen/Gesellschaft-Umwelt/Verkehrsunfaelle/Publikationen/Downloads-Verkehrsunfaelle/unfaelle-zweirad-5462408177004.pdf?__blob=publicationFile&v=4 [zuletzt: 20.06.2019]

M35 Elementarschäden durch Unwetter

Kretschmann fordert Versicherungspflicht

Die Wucht der Naturgewalten hat auch das Dorf Braunsbach in Baden-Württemberg schmerzlich gespürt, die Schäden sind immens hoch. Ministerpräsident Kretschmann pocht auf eine Pflicht zur Elementarschadenversicherung.

Winfried Kretschmann macht sich für eine Pflichtversicherung gegen Elementarschäden stark.

Stuttgart – Nach den Überschwemmungen in Baden-Württemberg hat Ministerpräsident Winfried Kretschmann (Grüne) eine Versicherungspflicht gegen Elementarschäden gefordert. Eine entsprechende Initiative habe er in der Ministerpräsidentenkonferenz schon einmal eingebracht. „Ich finde, dass diese Unwetterereignisse das noch mal stützen", sagte er am Dienstag in Stuttgart. Solche extremen Wetterlagen könne es überall geben, und ihre Zahl werde zunehmen, sagte Kretschmann und bezog sich auf Klimaforscher. In der Ministerpräsidentenkonferenz gebe es einen Konsens für die Pflichtversicherung, man sei aber wegen europarechtlicher Vorbehalte nicht weitergekommen. „Ich bin der Meinung, dass wir es durchsetzen müssen und nicht in so elementaren Fragen europarechtlich ausgebootet werden", sagte Kretschmann. Bei Unwettern in Baden-Württemberg wurden vor gut einer Woche zahlreiche Häuser überschwemmt. [...]
Der Gesamtverband der Deutschen Versicherungswirtschaft (GDV) hält jedoch nichts von der Forderung. „Die Erfahrung zeigt, dass durch eine Pflichtversicherung der Anreiz für Eigenvorsorge und Prävention verloren geht", sagt GDV-Präsident Alexander Erdland. „Wenn jeder Schaden in jedem Fall ersetzt wird, bleiben staatlicher und individueller Hochwasserschutz auf der Strecke. Die Folge: Schäden nehmen zu, Versicherungsbeiträge steigen." [...]

Aus: red/lsw: Kretschmann fordert Versicherungspflicht, in. Stuttgarter-Zeitung.de, vom 07.06.2016, online: http://www.stuttgarter-zeitung.de/inhalt.nach-den-unwettern-kretschmann-fordert-versicherungspflicht-gegen-elementarschaeden.b1ba7f92-47a0-473e-92ad-19bea122d989.html [zuletzt: 29.12.2018]

M36 Risiko Atomkraft – Die teuerste Haftpflichtpolice der Welt

Finanzmathematiker haben erstmals errechnet, wie teuer eine Haftpflichtpolice für ein Atomkraftwerk wäre – 72 Milliarden Euro jährlich. Praktisch sind die Meiler also nicht zu versichern. Es sei denn, der Strompreis kletterte auf das Zwanzigfache.

Berlin – Eine komplette Versicherung der Risiken der Atomkraft ließe die Strompreise einer Studie zufolge explodieren. Nach Berechnungen von Versicherungsmathematikern könnten die zu zahlenden Prämien den Strompreis auf mehr als das Vierzigfache steigen lassen.

„Die Kernenergie ist aber letztlich nicht versicherbar", sagte der Versicherungsexperte Markus Rosenbaum am Mittwoch in Berlin. Wollte eine Versicherung für ein AKW ausreichende Prämien innerhalb von 50 Jahren, beispielsweise der Restlaufzeit eines Meilers, aufbauen, müsse sie pro Jahr 72 Milliarden Euro für die Haftpflicht verlangen.

Der Bundesverband Erneuerbare Energien (BEE) hatte die „Versicherungsforen Leipzig" noch vor der Reaktorkatastrophe von Fukushima mit den Berechnungen beauftragt. „Die wahren Kosten der Atomkraft werden ausgeblendet und im Falle eines schweren Unfalls auf die Allgemeinheit abgewälzt", sagte BEE-Geschäftsführer Björn Klusmann.

Derzeit ist die Haftpflicht nach Angaben der „Deutschen Kernreaktor Versicherungsgemeinschaft" auf knapp 250 Millionen Euro begrenzt. Die Versicherungsprämien für die 17 deutschen AKW lägen dafür jährlich unter 20 Millionen Euro. Weitere bis zu 2,25 Milliarden Euro stellten die vier AKW-Betreiber bei einem Unfall im Rahmen einer gegenseitigen Absicherung zur Verfügung. Für Schäden darüber hinaus muss der Verursacher mit eigenem Kapital komplett haften. […]

Klusmann wies aber darauf hin, dass der japanische Betreiber Tepco inzwischen um Staatshilfe gebeten hat, da er die Lasten nicht finanzieren könne. Letztlich müssten die Kosten dann also von allen Bürgern getragen werden. Analysten schätzen die Entschädigungszahlungen für das Reaktorunglück inzwischen auf 86 Milliarden Euro – exklusive mögliche Spätfolgen. Die „Versicherungsforen Leipzig", ein Dienstleister für die Versicherungskonzerne, berechnete den Maximalschaden eines Unfalls der höchsten Kategorie auf mehr als sechs Billionen Euro. Sollten dafür beispielsweise Prämien für 17 noch zehn Jahre laufende AKW aufgebaut werden, würde das rechnerisch den Strompreis auf fast vier Euro pro Kilowattstunde treiben. Derzeit kostet sie rund 20 Cent.

Die Studie belege erstmals die jahrelange Marktverzerrung zugunsten der Kernenergie und zulasten der Konkurrenz, sagte Uwe Leprich von der Hochschule für Technik und Wirtschaft Saarbrücken. „Die Studie zeigt zudem, dass bei einer ordnungspolitisch angebrachten volkswirtschaftlichen Betrachtung die Kernenergie nicht konkurrenzfähig ist."

Aus: manager-magazin.de, 11.05.2011, mit Material von Reuters und dapd, online: http://www.manager-magazin.de/finanzen/versicherungen/a-761954-druck.html [zuletzt: 20.06.2019]

EINSTEIGEN

1. Lies den Dialog in M 33 (S. 34). Berechne den Beitrag pro Person, um für diese krankheitsbedingten Ausfälle vorzusorgen.

2. Es könnte sein, dass die Annahme aus M 33 (S. 34), dass vier Schülerinnen und Schüler ausfallen, falsch ist – entweder zu gering geschätzt oder zu hoch. Überlege, welche Wirkungen dies auf die Kalkulation hätte.

WEITER-ARBEITEN

3. Motorrad-, Motoroller- und Mofafahrer stellen ein hohes Risiko im Straßenverkehr dar (M 34, S. 35). Gehe von folgender Annahme aus: Bei 1000 Motorrädern, Mofas, Motorrollern kam es in den letzten Jahren durchschnittlich 30mal zu einem Sachschaden. Die Sachschäden haben im Durchschnitt 700,– € gekostet. Berechne auf Basis dieser Angaben, wie hoch der Risikobeitrag für die Moped-, Mofa- und Rollerfahrer sein müsste, damit die Versicherung wirtschaftlich arbeiten kann.

4. Die Katastrophe von Braunsbach hat die Frage aufgeworfen, ob Gebäudeeigentümer verpflichtet sein sollten, ihre Gebäude gegen bestimmte Gefahren zu versichern, z. B. gegen Unwetter (M 35, S. 35). Begründe was für oder gegen die Entscheidung für solche Versicherungsprodukte spricht.

5. M 36 (S. 35 f.) zeigt ein Beispiel für ein extremes Risiko, das man praktisch nicht versichern kann. Könnt ihr euch andere Beispiele vorstellen? Notiert zu zweit Beispiele.

VERTIEFEN

6. In Info 6 (S. 42) gibt es den Begriff „Äquivalenzprinzip". Fertige eine Skizze an, die dieses Prinzip abbildet.

▲ 1, 4, 5   ▼ 1, 2, 3, 4, 5   ▲▼▲ 1, 3, 4, 5, 6

Krankheit, Alter, Armut – Lebensrisiken und Schutz

Es gibt besondere Fälle, für die unser gesellschaftliches Selbstverständnis ist, dass solidarischer Schutz bestehen soll, d. h. dass eine Bürgerin oder ein Bürger nicht allein für sich verantwortlich ist. Der Staat möchte uns mit einer gesetzlichen Krankenversicherung, der Arbeitslosenversicherungen und einer staatlichen Rentenversicherung vor unverschuldeten existenziellen Problemen schützen.

M 37 Wen unterstützt der Sozialstaat?

Hans-Peter K., 63 Jahre alt: Bis kurz vor seinem 60. Geburtstag hatte er als LKW-Fahrer in einem Baustofflager gearbeitet – bis die Firma pleite war und er seinen Job verlor. Um staatliche Unterstützung zu bekommen, musste er viele Formulare ausfüllen. Inzwischen hat er über 60 Bewerbungen geschrieben und lauter Absagen bekommen. „So alte Typen wie mich will keiner, vor allem nicht auf dem Bau." In zwei Jahren geht Hans-Peter K. in Rente, dann will er endlich wieder mal einen kleinen Urlaub machen.

Fabiola G. macht seit September eine Ausbildung zur Industriemechanikerin. Bei ihrer ersten Lohnabrechnung fällt ihr auf, dass einige Versicherungsbeiträge direkt abgezogen werden – zum Beispiel für die Kranken-, Renten- und Pflegeversicherung. Ihr Chef erklärt ihr, dass diese Versicherungen Pflicht sind und der Arbeitgeber die Sozialversicherungsbeiträge mit einigen Ausnahmen zur Hälfte bezahlt.

Helga B. ist Rentnerin. Seit ihrer Ausbildung zur Lageristin war sie knapp vierzig Jahre bei einem Lebensmittelgroßhändler beschäftigt. Obwohl sie immer ihre Beiträge eingezahlt hat, reicht die Rente nur knapp, um den Lebensunterhalt zu bestreiten. Gerade die Miete kann sie davon bezahlen und das, was sie zum Leben braucht. Aber ihren Enkeln mal hier etwas zustecken und mal da ein Eis kaufen, das ist schon zu viel.

M38 Generationenvertrag

„Mittelfristig alles in Ordnung mein Junge –
aber den trägst du, wenn du groß bist."

M39 Deutsche Lebensbäume

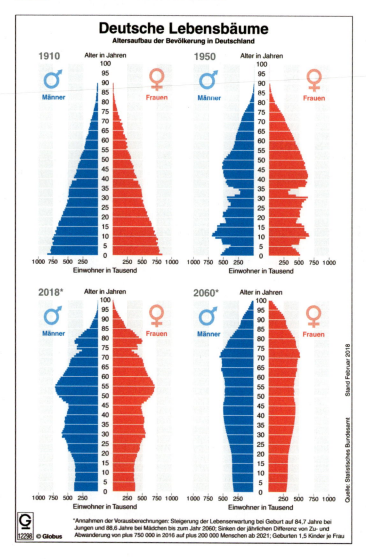

*Annahmen der Vorausberechnungen: Steigerung der Lebenserwartung bei Geburt auf 84,7 Jahre bei Jungen und 88,6 Jahre bei Mädchen bis zum Jahr 2060; Sinken der jährlichen Differenz von Zu- und Abwanderung von plus 750 000 in 2016 auf plus 200 000 Menschen ab 2021; Geburten 1,5 Kinder je Frau

M40 Die Rente ist sicher

Eigenhändig greift der damalige Bundesarbeitsminister Norbert Blüm am 21. April 1986 auf dem Bonner Marktplatz zum Leimpinsel, um das erste Plakat einer Informations-Aktion zur Sicherheit der Renten auf eine Litfaßsäule zu kleben.

Der Text des Plakates lautet: „… denn eins ist sicher: Die Rente".

M41 Die drei Säulen der Altersvorsorge

Sabine und ihr Freund Thomas möchten etwas über die Vorsorge für's Alter erfahren und lassen sich von Herrn Kolk, einem Rentenberater, die drei Säulen der Altersvorsorge erläutern.

Sabine: Mein Vater sagt, die Rente reicht nicht, man muss privat vorsorgen. Aber wie?
Thomas: Stimmt es, dass die Altersvorsorge auf mehreren Säulen steht?
Herr Kolk: In Deutschland werden drei Säulen der Altersvorsorge unterschieden, die man nutzen könnte und sollte. Die erste Säule ist die Grundsicherung, zu der vor allem die gesetzliche Rentenversicherung zählt, aber auch berufsständische Versorgungswerke und die Rürup Rente. Zur zweiten Säule zählt man die geförderte Vorsorge, vor allem die betrieblichen Altersvorsorgeangebote und die Riester-Rente. Die dritte Säule wird nicht staatlich gefördert, dafür ist man selber zuständig.
Sabine: Also doch privat vorsorgen?
Herr Kolk: Ohne private Vorsorge kann es immer noch knapp werden. Es geht es darum, rechtzeitig Vermögen aufzubauen, z. B. mit Wertpapieren, Fonds, Immobilien, aber auch z. B. mit privaten Rentenversicherungen.
Thomas: Wieviel brauche ich denn, wenn ich alt bin?
Herr Kolk: Wichtig ist, dass man sich zuerst einmal einen Überblick verschafft, wie viel man aus jeder Säule erhalten kann. Als nächstes müsst ihr überlegen, wie groß die Lücke zu dem ist, was ihr zum Leben braucht und dann diese Lücken rechtzeitig schließen. Außerdem muss man sich gut überlegen, ob man Geld aus Geldanlagen eventuell schon früher braucht, und wie man Zeiten übersteht, in denen man vielleicht einmal keine Arbeit hat.
Sabine: Im Alter brauche ich eigentlich fast gar kein Geld mehr. So wie meine Oma.
Herr Kolk: Bist du sicher?
Thomas: Aber ich habe ja gar nichts zum Sparen übrig.

M42 Durchschnittsrente

[…] Heute liegt die durchschnittliche Altersrente in den alten Bundesländern bei rund 700,– Euro monatlich. Männer kommen dabei auf etwa 970,– Euro und Frauen im Durchschnitt auf 473,– Euro. In den neuen Bundesländern erhalten Rentner durchschnittlich 826,– Euro, wovon die Männer etwa 1.044,– Euro und die Frauen 676,– Euro monatlich beziehen. Bei vielen Arbeitnehmern stellt sich anhand dieser Zahlen durchaus eine gewisse Ernüchterung ein, da manche Renten sogar unterhalb der Grundsicherung liegen. […]

Aus: Homepage von cecu.de (Digitaler Versicherungsmakler), online: https://www.cecu.de/durchschnittsrente.html [zuletzt: 24.06.2019]

M43 Krankenversicherungen – 2 Systeme, 2 Klassen?

Gesetzl. Krankenversicherung (GKV)	Private Krankenversicherung (PKV)
Wer darf sich versichern? Jeder Bürger darf in die gesetzliche Krankenversicherung. Arbeitnehmer mit einem monatlichen Bruttoeinkommen bis 5.062,50 Euro sind jedoch automatisch gesetzlich versichert. Besser verdienende Beschäftigte, Freiberufler, Selbstständige und Beamte können freiwillig beitreten.	**Wer darf sich versichern?** Arbeitnehmer mit einem monatlichen Bruttoeinkommen ab 5.062,50 Euro bzw. ab 60.750 Euro im Jahr (Versicherungspflichtgrenze 2019) können der PKV beitreten. Selbstständige, Freiberufler, Beamte und Studenten können sich unabhängig vom Einkommen privat versichern.
Familie Ehepartner und Kinder bis 25 Jahre (gegebenenfalls auch älter) mit geringem Einkommen (bis max. 450 Euro pro Monat auf Minijobbasis) sind kostenlos mitversichert.	**Familie** Ehepartner und Kinder müssen selbstständig krankenversichert werden. Familienmitglieder von Beamten profitieren allerdings von der Beihilfe durch den Dienstherrn.
Leistungen Die Leistungen sind gesetzlich vorgeschrieben und entsprechen der Regelversorgung (zum Beispiel eingeschränkte Arzt- und Krankenhauswahl, Mehrbettzimmer im Krankenhaus, Behandlung durch diensthabenden Arzt, geringe Erstattung bei Zahnersatz). Die Kassen dürfen Zusatzleistungen wie Bonusprogramme, Gesundheitskurse, Kurzuschüsse und Naturheilbehandlungen anbieten.	**Leistungen** Die Leistungen bestimmen Sie selbst – vom Basis- bis zum Topschutz. Der Basisschutz ist mit den Leistungen der gesetzlichen Kassen vergleichbar. Ein Top-Tarif bietet Ihnen freie Arzt- und Krankenhauswahl, Einzel- oder Zweibettzimmer im Krankenhaus, Chefarztbehandlung, Erstattung von Zahnersatz, Sehhilfen und mehr.
Kosten und Abrechnung Arbeitgeber und Arbeitnehmer teilen sich den Krankenkassenbeitrag. Dies gilt sowohl für den Sockelbeitrag von 14,6 Prozent als auch den kassenindividuellen Zusatzbeitrag. Er liegt 2019 im Schnitt bei 0,9 Prozent des Bruttoeinkommens. Beamte und Selbstständige zahlen hingegen den kompletten Beitrag, wobei Selbstständige, Studenten und freiwillig Versicherte mit geringem Verdienst einen Mindestbeitrag entrichten. Die Abrechnung erfolgt in der GKV nach dem Sachleistungsprinzip. Das bedeutet, dass der Leistungserbringer die Behandlungskosten direkt mit der Krankenkasse abrechnet, der Versicherte muss nicht vorleisten.	**Kosten und Abrechnung** Der Beitrag richtet sich unabhängig vom Einkommen nach Alter, Beruf und Gesundheitszustand. Arbeitnehmern zahlt der Arbeitgeber einen Zuschuss von maximal 352 Euro (Stand 2019). Beamte profitieren von günstigen Beihilfetarifen. Die Abrechnung erfolgt zunächst über den Versicherten. Sie erhalten eine Rechnung, welche Sie kontrollieren, bezahlen und bei der PKV einreichen, um die Kosten erstattet zu bekommen. Bei stationären Behandlungen rechnet das Krankenhaus meist direkt mit der PKV ab.
Budgetierung Die Leistungen der Ärzte sind vom Gesetzgeber budgetiert. Ist das Budget am Quartals- oder Jahresende erschöpft, müssen Mediziner kostenlos arbeiten. Es besteht daher für Versicherte das Risiko, dass Leistungen aus Kostengründen ins Folgejahr verschoben und bestimmte Medikamente nicht verschrieben werden können.	**Budgetierung** Es gibt keine Budgetierung. Im Rahmen des Tarifes existiert für Sie eine Leistungsgarantie. Daher besteht keine Gefahr, dass Behandlungen und Medikamente aus Budgetgründen verweigert oder auf einen späteren Termin verschoben werden.
Aufnahme Die Krankenkasse muss jeden Kunden aufnehmen und versichern. Einzig über 55-Jährigen, die vorher nicht versicherungspflichtig waren, kann die Aufnahme verweigert werden.	**Aufnahme** Die privaten Krankenversicherer können potenzielle Mitglieder ablehnen. Im Basistarif besteht jedoch ein Aufnahmezwang. Kündigen darf die Versicherung einem Mitglied normalerweise nicht (Ausnahme: Bei vorvertraglicher Anzeigenverletzung oder Nichtbezahlung der Beiträge).

Gesetzl. Krankenversicherung (GKV)	Private Krankenversicherung (PKV)
Kündigung/Wechsel Die Kündigung oder der Wechsel in eine andere gesetzliche Kasse beziehungsweise in die private Krankenversicherung ist zum Ende des übernächsten Monats möglich, gerechnet von dem Monat, in dem das Mitglied den Austritt erklärt. Um die Krankenkasse wechseln zu können, müssen Kassenpatienten mindestens 18 Monate dort versichert sein.	**Kündigung/Wechsel** Versicherte müssen spätestens drei Monate vor Ablauf des Versicherungsjahres kündigen. Zuvor sollten sie klären, in welchem Umfang bei einem Anbieterwechsel Altersrückstellungen mitgenommen werden können, zu welchen Konditionen eine Neuversicherung möglich ist und ob bei einem Wechsel in die gesetzliche Krankenversicherung dies überhaupt möglich ist. Kündigen darf die Versicherung einem Mitglied normalerweise nicht (Ausnahme: Bei vorvertraglicher Anzeigenverletzung oder Nichtbezahlung der Beiträge).

Auszüge aus: Homepage krankenversicherung.net des Portals der finanzen.de Vermittlungsgesellschaft für Verbraucherverträge GmbH, online: http://www.krankenversicherung.net/gesetzliche-private-krankenversicherung [zuletzt: 24.06.2019]

EINSTEIGEN

1. a) Beschreibe zu den Fallbeispielen in M 37 (S. 37) in eigenen Worten, in welchen Lebenssituationen die einzelnen Personen sich befinden.
   b) Erläutere zu den Fallbeispielen M 37 (S. 37), wie sich durch die Leistungen des Sozialstaats die Situation der Betroffenen verändern oder verbessern kann.

2. Beschreibt mithilfe der Arbeitstechnik „Karikaturen analysieren" (S. 215) die Karikatur M 38 (S. 38).

3. a) Werte M 39 (S. 38) mithilfe der Arbeitstechnik „Diagramme beschreiben" (S. 212) aus. Welche Probleme werden in Hinsicht auf eine Rente, die von denen bezahlt wird, die jetzt arbeiten, deutlich?
   b) Beurteile auf der Basis deiner Auswertung von M 39 (S. 38), ob es Gründe gibt, an der Aussage aus M 40 (S. 39) zu zweifeln.

4. Stelle in einer Skizze dar, wie die gesetzliche Rentenversicherung in Deutschland funktioniert. M 41 (S. 39) hilft dir dabei.

WEITERARBEITEN

5. Recherchiert in Partnerarbeit im Internet unter https://www.statistik-bw.de/PrivHaushalte/EinAusgaben/, welche Kosten der Lebenshaltung unabhängig vom Alter eines Erwachsenen anfallen, z. B. für Wohnung, Lebensmittel, Auto bzw. Mobilität, Freizeit usw. Vergleicht diese Kosten mit den durchschnittlichen Rentenbeträgen aus M 42 (S. 39).
   a) Diskutiert, was euch auffällt.
   b) Stellt fest, wie viel Geld nötig wäre, um die Lücke zwischen der durchschnittlichen Rente und dem Geldbedarf zu schließen.
   c) Überlegt und kalkuliert gemeinsam, wann man gegebenenfalls mit der Bildung von Rücklagen anfangen müsste und wie umfangreich diese sein müssten, damit dieses Geld bei Rentenbeginn zur Verfügung steht.

6. Analysiere anhand der Übersicht in M 43 (S. 40 f.) die Unterschiede zwischen der gesetzlichen und der privaten Krankenkasse. Überlegt in arbeitsteiligen Kleingruppen, ob das jeweilige Merkmal vorteilhaft oder weniger vorteilhaft für einen Versicherungsnehmer ist.

VERTIEFEN

7. Arbeitet in Kleingruppen je eine Möglichkeit der privaten Altersvorsorge aus M 42 (S. 39) und stellt die Ergebnisse dar.

8. Diskutiert mit der Unterrichtsmethode „Fishbowl" (S. 216), worin Vor- und Nachteile einer Zusammenführung beider Systeme der Krankenversicherung (M 43, S. 40 f.) liegen würden.

▲ 1, 2, 3, 6   ▼ 1, 2, 3, 4, 6, 7   ▲▼ 2, 3, 5, 6, 7, 8

Info 6 Versicherungen

Im Leben jedes Menschen gibt es unvorhergesehene Ereignisse. Manche dieser Ereignisse können schlimme Auswirkungen haben und dazu noch viel Geld kosten: Ein Unfall, ein Feuer zu Hause, eine schwere Krankheit. Gegen all diese Gefahren kann man Versicherungen abschließen. Manche Versicherungen sind in Deutschland Pflicht, zum Beispiel die Krankenversicherung für Arbeitnehmer oder die Haftpflichtversicherung für Autos und Motorräder. Andere Versicherungen kann man abschließen, muss man aber nicht. Diese Entscheidung kann im Einzelfall schwierig sein und hängt immer von den eigenen Lebensumständen ab.

Auch private Haftpflichtversicherungen sind freiwillig. Die meisten Menschen haben aber eine solche Versicherung. Sie bezahlt, wenn man fahrlässig, das heißt versehentlich, einem anderen Menschen einen wirtschaftlichen Schaden zufügt. Das können alltägliche kleine Unfälle sein, etwa wenn man einem Mitschüler versehentlich die Brille kaputt macht. Haftpflichtversicherungen sind aber vor allem dann wichtig, wenn man durch einen kleinen Fehler einen großen Schaden verursacht: Feuer, Verkehrsunfall oder Ähnliches.

Versicherungen versuchen aus den Daten der Vergangenheit zu erkennen, wie hoch die Wahrscheinlichkeit ist, dass ein Schaden eintritt. Danach rechnen sie aus, wie viel Geld jeder zahlen muss, um Schäden, die mit einer vermuteten Häufigkeit auftreten, abzudecken. Der genaue Geldbedarf ist nicht sicher, aber schätzbar. Um eine Schadenshäufigkeit zu schätzen, braucht man so viele Zahlen aus der Vergangenheit wie möglich.

Versicherte bilden also eine → **Gefahrengemeinschaft**, in der sie für sich selber und für die anderen vorsorgen, falls ein Schaden eintritt. Für den Bereich der Privatversicherung (Individualversicherung) gilt das → **Äquivalenzprinzip**. Das bezeichnet hier der Grundsatz, dass Leistung und Gegenleistung zusammenpassen müssen und ein Gleichgewicht von Beitrag und Gefahrentragung besteht. Versicherungen dürfen also den Risikobeitrag nicht teurer machen, als es das Risiko erfordert. Dazu kommen noch weitere Kosten, die die Versicherung zu tragen hat. Das sind z. B. Kosten für die Mitarbeiter, das Bürogebäude der Versicherung, ein Gewinn, weil eine Versicherung ein Unternehmen ist, das auch Gewinn machen muss u. Ä. Daraus ergibt sich der gesamte → **Versicherungsbeitrag**. Dabei gilt es im Blick zu behalten, dass Versicherungsvertreter letztlich Versicherungen an ihre Kunden, d. h. die Versicherungsnehmer, verkaufen und bei der Beratung über die zu versichernden Risiken auch eigene Interessen vertreten. Sich gegen die großen Lebensrisiken zu versichern, ist in Deutschland Pflicht. Jeder muss für seine Rente vorsorgen. Jeder muss sich gegen Arbeitslosigkeit versichern. Jeder muss sich gegen Krankheit oder für den Pflegefall absichern. Es gibt nur wenige Gruppen in der Bevölkerung, die von diesen Pflichten ausgenommen sind.

Vor allem die Rentenversicherung ist häufig Gegenstand politischer Diskussionen. Der → **Generationenvertrag** hat Jahrzehnte lang gut funktioniert. Es gab immer genug junge Menschen, die arbeiteten und Beiträge bezahlten, um die älteren mit Renten versorgen zu können. Doch wird diese Rechnung auch in der Zukunft aufgehen, wenn die Gesellschaft immer älter wird?

Kompetenztraining

WISSEN

1. In jeder Aussage hat sich ein Fehler eingeschlichen. Finde den Fehler heraus und schreibe die Aussage richtig auf.
   (1) Die Börse dient ausschließlich dazu, Unternehmen die Möglichkeit zu geben, Kapital zu bekommen, indem sie Anteile an ihrem Unternehmen anbieten.
   (2) Eine nachhaltige Produktion kann ich nur durch öffentlichen Boykott von Unternehmen erreichen.
   (3) An Börsen werden nur Aktien ge- und verkauft.
   (4) Marktversagen wird ausschließlich durch die Existenz von Monopolen und Kartellen hervorgerufen.
   (5) Das Recht auf informationelle Selbstbestimmung gibt einem die Möglichkeit, sich selbst auszusuchen, nach welchen Informationen man im Internet recherchieren will.

ANALYSIEREN

1. a) Arbeite aus der Position von Michael Reuss die Argumente heraus, die für Aktien als Altersvorsorge sprechen könnten.
   b) Sammle mögliche Gegenargumente.

Michael Reuss: Keine Vorsorge ohne Aktien

Die maximalen Verluste im Dax erreichten im Juli und August 2 200 Punkte oder 30 Prozent. Kann man Aktien angesichts solcher Schwankungen noch guten Gewissens für die Altersvorsorge empfehlen? Wer verantwortungsvoll handeln will, kann es nicht nur – er muss es jetzt sogar.
Wir durchleben eine Phase, in der die Grundfeste der Finanzwelt ins Wanken geraten – und das verändert auch unsere Perspektive auf die Altersvorsorge. So haben die Staatsanleihen mancher Länder den Status von Junkbonds erreicht. Deutsche Staatspapiere und US-Anleihen indes werden wie wild gekauft, weil sie (noch) als sicher gelten. Im Gegenzug verlieren Anleger damit nach Inflation und Steuern an realer Kaufkraft!
Wer glaubt, er könne sich mit seiner Lebensversicherung, der in Deutschland beliebtesten Form der Altersvorsorge, beruhigt zurücklehnen, irrt. Die Portfolios der Lebensversicherer sind gespickt mit Anleihen der öffentlichen Hand, was zwangsläufig zu sinkenden Erträgen bei den Versicherungen führen wird.
Addiert man dazu die Tatsache, dass die Notenbanken die Verschuldungskrise mit inflationären Mitteln bekämpfen und so die Kaufkraft der schmelzenden Erträge weiter schmälern, dürfte klar werden: Auf Geldwerte allein, wozu auch Festgeldkonten zählen, sollte niemand seine Altersvorsorge stützen. Vielmehr gehören in jede vernünftige Vorsorgeplanung auch Sachwerte wie Aktien – entsprechend dem Risikoprofil des Anlegers. [...]

Aus: https://www.handelsblatt.com/finanzen/anlagestrategie/trends/pro-und-contra-aktien-fuer-die-vorsorge/4675602.html [zuletzt: 27.03.2019]

URTEILEN

1. Schreibe eine Rede für oder gegen die Abschaffung der privaten Krankenversicherung. Achte dabei darauf, dass du dich klar positionierst, auf die Anordnung deiner Argumente, auf die Begründungen und die Beispiele.

HANDELN

1. Entwickle ein Konzept für einen konsumkritischen Stadtrundgang:
   - Überlege dir, welche Aspekte du bei deinem konsumkritischen Stadtrundgang ansprechen könntest (Handy, Kleidung, Schuhe, Essen, …)
   - Trage zusammen, welche Informationen bei einem solchen konsumkritischen Stadtrundgang weitergegeben werden sollen.
   - Überlege dir, welche Orte für die Weitergabe von Informationen bei deinem konsumkritischen Stadtrundgang in Frage kommen.
   - Überlege dir, in welcher Reihenfolge die Orte angesteuert werden sollen.
   - Entwirf ein Plakat, das auf die Durchführung des konsumkritischen Stadtrundgangs hinweist.

ERARBEITEN

1. Beschreibe und analysiere das folgende Schaubild. Gehe dabei auf die Debatte zur Frage Zukunft des Generationenvertrags ein und positioniere dich hierzu.

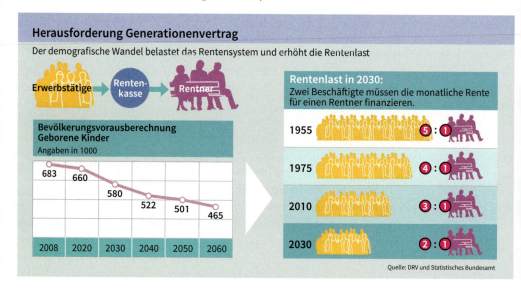

Weiterdenken

W 1 Kreiert euer eigenes Spiel zum Thema „Nachhaltiger Konsum"

Schuhe und Billigkleidung werden z. T. unter menschenunwürdigen Arbeitsbedingungen hergestellt, Palmöl im Shampoo zerstört die Regenwälder oder der Coffee-to-go-Becher verschmutzt unsere Umwelt: Unsere Konsumentscheidungen haben große Auswirkungen.
Kreiert euer eigenes Spiel zum Thema „Nachhaltiger Konsum", das anderen hilft, über ihre Konsumentscheidungen nachzudenken, bestimmte Muster zu erkennen, die Folgen in ihre Entscheidung mit einzubeziehen und eventuell Neues auszuprobieren. Überlegt euch dazu einen Spielablauf, gestaltet einen Spielplan, formuliert Aktions- und Ereigniskarten usw.
Eurer Phantasie sind keine Grenzen gesetzt.

W 2 Planspiel Börse

Das Planspiel Börse ist ein Online-Wettbewerb, bei dem Schülerinnen und Schüler ein virtuelles Kapital zur Verfügung gestellt bekommen, das sie an der Börse vermehren sollen. Gehandelt wird fortlaufend mit den Kursen realer Börsenplätze. Schülerinnen und Schüler nehmen in Teams am Wettbewerb teil. Voraussetzung ist eine veranstaltende Sparkasse, die die Betreuung übernimmt. Einfach bei der örtlichen Sparkasse nachfragen.
Nähere Informationen gibt es unter
https://www.planspiel-boerse.de/

Auf dem Weg zum eigenen Beruf –

Zum Ende der Schulzeit hin eröffnen sich zahlreiche mögliche Wege: Ausbildung, weiterführende Schule, später vielleicht ein Studium? Danach eine Anstellung in einem Betrieb oder die Gründung eines eigenen Unternehmens? Um herauszufinden, welcher Weg zu einem passt und was einen im späteren Berufsleben erwartet, lohnen sich Einblicke in die Arbeitswelt. In ihr kommen Arbeitnehmerinnen und Arbeitnehmer mit Arbeitgeberinnen und Arbeitgebern zusammen. Für beiden Seiten gelten gesetzlich verankerte Rechte und Pflichten. Arbeitgeberinnen und Arbeitgeber dürfen z. B. bestimmen, wie viel Personal sie beschäftigen und welche Arbeitsleistungen erbracht werden sollen. Zugleich tragen sie unternehmerische Verantwortung für den wirtschaftlichen Erfolg und ethische Unternehmensziele wie z. B. das Wohlergehen von Mensch und Umwelt. Zu den meisten Unternehmensbelangen haben aber auch Arbeitnehmerinnen und Arbeitnehmer ein Recht auf Mitbestimmung. Insbesondere zu Fragen der Höhe des Lohns und weiterer Arbeitsbedingungen kommt es dabei immer wieder zu Konflikten zwischen Gewerkschaften und Arbeitgeberverbänden.

Welche Pläne hast du für deine berufliche Zukunft und was erhoffst du dir von der Arbeitswelt? Von welchen der abgebildeten Zusammenhänge aus dem Arbeitsleben hast du schon einmal etwas mitbekommen?

Chancen in der Arbeitswelt

1. Welche Wege stehen mir offen? – Möglichkeiten nach dem Schulabschluss

Optionen nach dem Schulabschluss

Bereits ein bis zwei Jahre vor dem eigentlichen Schulabschluss stehst du vor der Herausforderung, deinen individuellen Weg zu weiterführenden Schulen oder zu einem Beruf zu planen. Eine Ausbildung oder ein höherer Schulabschluss und anschließend ein Studium? Oder eine Kombination zwischen diesen Möglichkeiten? Um zu einer Entscheidung zu gelangen, hilft es, alle Optionen zu kennen und den eigenen Blick auch einmal darauf zu richten, auf welchen Wegen andere Menschen zu ihrem Beruf gekommen sind.

M 1 Zwei Berufsbiographien im Vergleich

Irina S., 57 Jahre, Tischlermeisterin
„Wenn ich heute auf mein Berufsleben blicke, bin ich stolz darauf, was ich mir aufgebaut habe. Als ich mich in der Realschule entscheiden musste, was ich beruflich werden möchte, fiel mir das nicht leicht. Meine Eltern wollten, dass ich das Abitur machen und studieren sollte. Von meiner Idee, Tischlerin zu werden, hielten sie nicht viel. „Nach einem Studium verdienst du doch viel mehr und hast ein höheres Ansehen!" „Das ist kein Beruf für eine Frau!" Solche Argumente musste ich mir anhören. Ich wollte aber unbedingt etwas Handwerkliches machen. Etwas Kreatives, bei dem ich am Ende des Tages vor mir sehe, was ich geleistet habe. Außerdem fand ich es super, dass ich während meiner dualen Ausbildung sowohl weiter zur Schule gehen als auch praktisch arbeiten konnte. Klar, die Ausbildungsvergütung in den drei Jahren war nicht üppig und nach meinem Abschluss zur Tischlerinnengesellin verdiente ich auch nicht viel. Doch meine Tätigkeiten und die vielen positiven Rückmeldungen im Betrieb erfüllten mich so sehr, dass ich nach zwei Berufsjahren auf eine Meisterschule ging und innerhalb der vorgesehenen 13 Monate meinen Abschluss zur Tischlermeisterin machte. Ich war froh, dass ich dafür BAföG erhielt, so musste ich meine Eltern nicht um Geld bitten. Als Meisterin spezialisierte ich mich auf die Herstellung von individuellen Designermöbeln. Der Beruf ist aber nicht alles im Leben! Im Alter von 24 Jahren habe ich geheiratet und meine Tochter bekommen. Damit ging ein Traum in Erfüllung, denn meine Familie ist mir sehr wichtig. Nach meiner Elternzeit kehrte ich für vier Jahre an meine alte Arbeitsstelle zurück. Dann kam eine weitere große Veränderung. Mein Mann und meine Eltern ermutigten mich, mein berufliches Talent noch stärker zu nutzen und mich selbstständig zu machen. Ich gründete meine heutige Firma. Die Anfangsjahre waren jedoch schwieriger als gedacht. Die neuen Aufgaben als Unternehmerin, wie z. B. die Erstellung von Business-Plänen, Buchhaltung, Werbung und Personalführung, waren große Herausforderungen. Hinzu kam die ständige Angst vor der Zukunft. Ich war damals ja hoch verschuldet, denn ohne Kredite hätte ich das alles nicht aufbauen können. Es war ein Risiko, aber mein Mut hat sich gelohnt! Obwohl es auch schwierige Geschäftsjahre gab, ist mein Unternehmen heute weit über die Region hinaus bekannt. Unser siebzehnköpfiges Team hat so viele Aufträge, dass wir planen, eine Filiale zu eröffnen. Es ist mir wichtig, dass es so gut weiterläuft, denn vom Unternehmenserfolg sind auch meine Mitarbeiter abhängig und als Unternehmerin muss ich mir genügend Geld für den Altersruhestand zur Seite legen."

Selcuk V., 48 Jahre, Master of Science für Informatik

„Wenn ich heute auf mein Berufsleben blicke, muss ich sagen, dass es ein ziemliches Auf und Ab war. Als meine Eltern als Gastarbeiter nach Deutschland kamen, war ich zwölf Jahre alt. Obwohl ich in der Türkei ein guter Schüler gewesen war, hatte ich in der Werkrealschule in Ulm anfangs Probleme, vor allem wegen der fremden Sprache. Doch mit der Zeit ging es besser. Nach der neunten Klasse machte noch weiter und erlangte die Mittlere Reife. Anschließend besuchte ich ein Technisches Gymnasium. Meine Eltern waren stolz, dass ich es bis zum Abitur geschafft hatte. Dagegen waren sie von meinem Plan, Geschichte zu studieren, nicht so angetan. Sie hatten Bedenken, weil meine Noten zwar gut waren, mein schriftliches Deutsch war aber nicht besonders.

Ich hätte damals auf meine Eltern hören sollen. An der Universität in Berlin musste ich mein Studium nach vier Semestern abbrechen. Die schwierigen Texte und Latein bereiteten mir zu viele Probleme. Ich hatte zwei Jahre in den Sand gesetzt, war allein und hatte kaum Geld. Also jobbte ich einige Monate in einem Restaurant. Dann fasste ich mich wieder und begann Informatik zu studieren. Das war genau mein Ding, auch wenn es sechs Jahre anstatt der eigentlich vorgesehenen fünf gedauert hat, bis ich meinen Masterabschluss hatte. Ich musste nebenher ja arbeiten, um mein BAföG aufzustocken. Dazu kam mein Auslandssemester in den USA. Dort habe ich viele neue Erfahrungen gesammelt. Aber auch viel weniger Prüfungen gemacht als geplant.

In Berlin fand ich nach dem Studium schnell eine Stelle in einem Internet-Start-up-Unternehmen, das war damals ein Riesen-Hype. Doch die Unternehmensgründungsblase platzte nach drei Jahren, auch mein Betrieb war betroffen und ich war plötzlich arbeitslos. Daraufhin lebte ich acht Monate von Arbeitslosengeld. Hinzu kam, dass ich bei Besuchen bei meinen Eltern damals Anna kennen gelernt hatte. Wegen ihr wollte ich unbedingt zurück nach Ulm. Zum Glück fand ich dort meine heutige Stelle als IT-Systemadministrator bei einem großen Unternehmen. Ich verdiene gut und habe einen relativ sicheren Arbeitsplatz als Angestellter. Von meiner Rente werde ich im Alter hoffentlich gut leben können. Beruflich würde ich wieder das Gleiche machen, allerdings ohne den einen oder anderen Umweg zu gehen. Als mein Sohn Faruk zur Welt kam, war ich 38 Jahre alt. In der Türkei ist das aus Sicht der meisten schon sehr alt, um Vater zu werden und zu heiraten."

M 2 Bildungsmöglichkeiten vergleichen und den eigenen Weg finden

Was für eine Ausbildung spricht

Die Vorteile einer betrieblichen Ausbildung sind vielfältig. Wenn du für dich entschieden hast, dich ausbilden zu lassen, kannst du dich auf zwei bis dreieinhalb spannende, im wahrsten Sinne des Wortes lehrreiche Jahre freuen. Du wirst direkt ins Berufsleben einsteigen, direkt Geld verdienen und hast in jungen Jahren noch das ganz. B.rufsleben vor dir. Und zwar mit guten Perspektiven, denn Fachkräfte werden auch in Zukunft stark gefragt sein auf dem Arbeitsmarkt. Du kannst dich im Anschluss an eine Ausbildung selbstständig machen, nachdem du dich entsprechend fortgebildet hast, du kannst direkt in deinem Lehrbetrieb übernommen werden oder du kannst im Anschluss an deine Ausbildung studieren.

Eine Ausbildung zeichnet sich dadurch aus, dass sie sehr praxisnah ist, du also von Beginn an in das reale Berufsleben eintauchen darfst. In den meisten Lehrbetrieben wirst du verschiedene Abteilungen durchlaufen und lernst somit das gesamte Unternehmen kennen. [...]

PERLEN IM NETZ

https://www.azubiyo.de/

Die Seite gibt einen guten Überblick zu den Möglichkeiten einer Ausbildung im Dualen System oder an Dualen Hochschulen. Darüber hinaus kannst du dort in einem umfangreichen Stellenmarkt nach Ausbildungs- bzw. Studienplätzen im Dualen System suchen.

http://www.studienwahl.de

Hier findest du wichtige Informationen zu den Hochschultypen und Studienmöglichkeiten in Deutschland.

Was für ein Studium spricht

Ebenso wie für eine Ausbildung gibt es reichlich gute Argumente für ein Studium. Da ist zunächst einmal die – vermeintlich – bessere langfristige berufliche Perspektive mit klassischerweise besseren Verdienstmöglichkeiten für Akademiker in Deutschland. Des Weiteren musst du nach deinem Abitur nicht direkt in das Berufsleben einsteigen, sondern kannst dich mit deinem Studium […] auf deine berufliche Karriere vorbereiten. Besonders wichtig ist die gezielte und passende Auswahl deines Studiums. Informiere dich rechtzeitig und gründlich, denn ein „falsches Studium", welches du möglicherweise nicht abschließt oder das dir über einen längeren Zeitraum keine wirkliche Freude bereitet, ist nicht zielführend. Wenn du studierst, […] kannst beziehungsweise musst [du] zwischendurch jobben, was Vor- und Nachteile hat. Wenn du aus finanziellen Gründen jobben musst, […] dann musst du aufpassen, dass deine Studiendauer- und Intensität nicht darunter leiden. Du kannst und wirst in einem Studium viele Menschen kennenlernen und kannst bereits erste Netzwerke für dein späteres Berufsleben knüpfen. Du kannst ein oder mehrere Semester oder sogar dein ganzes Studium im Ausland absolvieren, was potentielle künftige Arbeitgeber gern honorieren. […]

Was für ein duales Studium spricht

Im sogenannten dualen Studium verbindest du Ausbildungselemente in einem Betrieb mit einem Studium an einer Hochschule. Diese […] Variante wird in Deutschland immer beliebter, weil sie Praxis und Theorie sehr wirkungsvoll verbindet. In der Praxis lernst du im Betrieb wie ein normaler Azubi die Arbeitsabläufe und Abteilungen eines Unternehmens kennen. In den Theoriephasen an der Hochschule vertiefst du deine theoretischen Kenntnisse, die du dann im Betrieb direkt praktisch umsetzen kannst. Ausbildung oder Studium ist also mitunter nicht die richtige Frage, sondern eventuell heißt es […] auch: Ausbildung und Studium. […]

Was für eine Ausbildung und ein anschließendes Studium spricht

Eine weitere Variante ist es, zunächst eine fundierte Berufsausbildung zu absolvieren, und danach noch ein Hochschulstudium anzuschließen. Das ist in vielen Branchen sehr gern gesehen, beispielsweise in Banken oder auch anderen Dienstleistungsbereichen. Es gibt auch die Variante, zunächst zu studieren, um danach ein Volontariat [d. h. eine praktische Berufseinstiegphase, in der man alle wichtigen Bereiche kennen lernt,] zu absolvieren, um dann [z. B.] den Status eines Redakteurs […] zu erlangen. Bei dieser Option musst du natürlich bedenken, dass sie wesentlich mehr Zeit in Anspruch nimmt als andere Optionen. Du steigst also später in das Berufsleben ein. Dafür hast du nach erfolgreicher Ausbildung und Studium sehr gute berufliche Perspektiven. Denn Arbeitgeber wissen es sehr zu schätzen, wenn Bewerber sowohl eine Ausbildung als auch ein Studium erfolgreich bewältigt haben.

Aus: Hompepage von nachdemabitur.de der Initiative auslandszeit GmBH, Ausbildung oder Studium? Gute Argumente für mehrere Varianten, online: http://www.nach-dem-abitur.de/ausbildung-oder-studium.html [zuletzt: 08.07.2019]

M 3 Lohnen sich höhere Bildungsabschlüsse finanziell?

Vor dieser Entscheidung steht jeder Deutsche: Welchen Beruf soll er ergreifen? Lehre, Meister oder Studium? Oder kann man sich ohne Abschluss durchschlagen? Wie sich die Deutschen entscheiden, hat sich über die Jahrzehnte gewandelt. So beginnen inzwischen deutlich mehr Bürger ein Studium, aber nicht immer bringt das den erwünschten gut bezahlten Arbeitsplatz. Der Münchner Ökonom Ludger Wößmann [Leiter des Zentrums für Bildungsökonomik am Ifo-Institut] stellt [in einer Studie …] Berechnungen vor, wie sich unterschiedliche Berufswege genau auszahlen. Er bestätigt die These, wonach sich Bildung lohnt – und bietet dabei einige Überraschungen.

Festhalten lässt sich auf jeden Fall, dass Bildung davor schützt, ohne Arbeit dazustehen. Zwar ist die Gefahr in den vergangenen 40 Jahren gestiegen, egal, welche Laufbahn jemand eingeschlagen hat. Doch bei Uniabsolventen erhöhte sich die Arbeitslosenquote kaum auf 2,5 Prozent. Wer eine Lehre oder einen vergleichbaren Berufsabschluss hat, für den verdoppelte sich das Risiko auf überschaubare sieben Prozent. Ganz anders bei Menschen ohne Berufsausbildung; [...] jeder fünfte steht ohne Job da. [...]

Bildung beschert ein wesentlich höheres Gehalt [...]. Mit einer Berufsausbildung wie einer Lehre lässt sich im Durchschnitt monatlich 250 Euro mehr verdienen als ohne – netto, das ganze Leben lang. Wer danach eine Ausbildung zum Meister oder Techniker draufsetzt, verdient zusätzlich etwa 500 Euro mehr. Wer eine Fachhochschule erfolgreich beendet, verdient im Vergleich zur Lehre 1100 Euro mehr. Und bei Universitätsabsolventen sind es sogar knapp 1700 Euro mehr. Dabei spielt es kaum eine Rolle, ob sich jemand erst nach einer Lehre entschließt, das Abitur und das Studium zu absolvieren. [...]

Über ein ganzes Berufsleben sammeln sich gewaltige Differenzen an. So liegt das Lebenseinkommen im Schnitt bei 600 000 Euro netto, wenn einer eine Lehre abschließt – 140 000 Euro mehr als ohne. [...] Uniabsolventen liegen bei einer Million Euro Lebenseinkommen. Was genau einer mit dem Studium verdient, hängt aber von einzelnen Faktoren ab. Wer früh anfängt und wenig herumsandelt, verdient aufs ganze Leben gerechnet 20 000 Euro mehr – pro Jahr, das er früher fertig wurde. Bemerkenswert starke Unterschiede gibt es zwischen den Studiengängen. Da sind auf der einen Seite die wirtschaftsnahen Studiengänge, von VWL/BWL über Jura bis Medizin – Männer verdienen damit eine halbe Million bis eine Million mehr als mit einer Lehre [...]. Doch schon bei Architekten ist es nicht mehr so eindeutig, ob sie besser verdienen als ein Meister mit gut laufendem Betrieb. „Nicht jedes Studium ist per se lohnender als etwa der Weg über eine Lehre zum Meister oder Technikerabschluss", sagt Wößmann. Das gilt besonders für jene, die Politologie, Sozial-, Sprach- und Kulturwissenschaften studieren – im Vergleich zu ihnen verdienen Meister oft mehr. Und ein [...] Sozialarbeiter verdient kaum mehr als jemand mit Lehre.

Aus: Hagelüken, Alexander: Wie viel Lernen lohnt sich?, in: Süddeutsche Zeitung vom 29.03.2017, online: https://sueddeutsche.de/bildung-und-verdienst-wie-viel-lernen-lohnt-sich-1.3441324?reduced=true [zuletzt: 10.06.2019]

M 4 Welcher ist der bessere Weg zu einem tollen Job?

Mein Examen! Jetzt suche ich mir einen tollen Job

Mein Geld! Ich habe schon deinen tollen Job

52 Auf dem Weg zum eigenen Beruf – Chancen in der Arbeitswelt

EINSTEIGEN

1. a) Arbeitet zu zweit und teilt die beiden Fallbeispiele aus M1 (S. 48f.) unter euch auf. Beschreibt euch gegenseitig, wie die einzelnen Personen zu ihren Berufen gekommen sind.
   b) Viele Menschen finden erst auf Umwegen zu ihrem Beruf. Listet auf, welche Umstände bei den Personen aus M1 (S. 48f.) zu einer beruflichen Neuorientierung geführt haben. Überlegt euch anschließend weitere Gründe, die es notwendig machen können, dass man sich in seiner Berufsfindung umorientieren muss.

2. Vergleicht zu zweit die beiden Berufsbiografien aus M1 (S. 48f.) anhand der in der Tabelle angegebenen Kriterien.

	Irina S.	Selcuk V.
Schulabschluss	?	?
Art der Ausbildung(en)	?	?
vorgesehene Dauer der Ausbildung(en)	?	?
tatsächliche Dauer der Ausbildung(en)	?	?
Ausbildungs-/Studienabschlüsse	?	?
frühere (Neben-) Berufe und Beschäftigungsverhältnisse (Arbeiterin/Arbeiter; Angestellte/Angestellter; Selbstständige/Selbstständiger; Nebenjobberin/Nebenjobber)	?	?
heutiger Beruf und heutiges Beschäftigungsverhältnis	?	?

WEITERARBEITEN

3. Interpretiere die Karikatur M4 (S. 51) mithilfe der Arbeitstechnik „Karikaturen analysieren" (S. 215).

4. a) Erstelle auf Basis von M2 (S. 49f.) eine Tabelle zu den wichtigsten Gründen, die für die einzelnen Bildungswege sprechen.
   b) Informiere dich mithilfe von Info 1 (S. 53) und der Perlen im Netz (S. 50), an welchen Bildungseinrichtungen die in M2 (S. 49f.) aufgeführten Bildungswege möglich sind und welche Schulabschlüsse sie jeweils voraussetzen (siehe Arbeitstechnik „Informationen im Internet recherchieren", S. 214f.). Nimm diese Informationen in deine Tabelle auf.

   c) Markiere in deiner Tabelle einen Kreis um den Bildungsweg, den du selbst am ehesten gehen möchtest und unterstreiche die für dich wichtigsten Gründe. Notiere außerdem weitere, persönliche Gründe, die für deine Wahl sprechen.

VERTIEFEN

5. Erläutere mithilfe von Info 1 (S. 53) und durch eigene Recherchen (siehe Arbeitstechnik „Informationen im Internet recherchieren", S. 214f.), welche Bedeutung das Duale System der Berufsausbildung für die Volkswirtschaft in Deutschland hat.

6. a) Erörtere auf der Grundlage von M3 (S. 50f.) die Frage „Lehre und Meister oder Studium – Was lohnt sich finanziell mehr?"

   b) Diskutiert ausgehend von den Informationen aus M2 (S. 49f.) und M3 (S. 50f.) in der Klasse, welcher der beiden Personen in M4 (S. 51) ihr eher zustimmen würdet.

 1, 2, 4   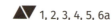 1, 2, 3, 4, 5, 6a    2, 3, 4, 5, 6

Möglichkeiten nach dem Schulabschluss

Info 1

Nach dem Haupt- oder dem Realschulabschluss (Mittlere Reife) gibt es zwei klassische Wege, die zu einem Beruf führen: den direkten Einstieg in eine **berufliche Ausbildung** oder den Besuch von **weiterführenden Schulen** mit dem Ziel, einen höheren Schulabschluss zu erwerben und danach eine Berufsausbildung zu machen oder ein → **Hochschulstudium** zu absolvieren. Die berufliche Ausbildung findet für die meisten Ausbildungsberufe innerhalb des **Dualen Systems** statt. Praxis und Theorie werden hier besonders eng miteinander verbunden, indem die Auszubildenden sowohl eine praktische Ausbildung in einem Betrieb erhalten als auch eine Berufsschule besuchen. Das Duale System hat für unsere Volkswirtschaft eine große Bedeutung. Bundesweit einheitliche Ausbildungsstandards sind sehr praxisnah auf die Anforderungen spezifischer Berufe ausgerichtet, sorgen für eine hohe Akzeptanz der Abschlüsse bei den Unternehmen und erleichtern somit die Arbeitsplatzsuche sowie berufliche Mobilität. Ca. 50 % der erwerbstätigen Bevölkerung wurde bzw. wird im Dualen System beruflich ausgebildet. Im Jahr 2018 begannen ca. 36 % aller Schulabgängerinnen und Schulabgänger eine berufliche Ausbildung, davon ca. 68 % innerhalb des Dualen Systems. Die anderen ca. 32 % begannen rein **schulische Berufsausbildungen**, vor allem im Gesundheits- und Sozialwesen, in den Bereichen Technik und Informationstechnologie (IT) sowie im Bereich Fremdsprachen.

Nach einer beruflichen Ausbildung bestehen in der Regel Möglichkeiten zur → **Weiterbildung**. Beispielsweise besuchen in handwerklichen und technischen Berufen viele Arbeitnehmerinnen/Arbeitnehmer im Anschluss an ihren ersten Ausbildungsabschluss eine **Meisterschule**.

Ein **Studium** ist an unterschiedlichen Arten von Hochschulen möglich:

- **Universitäten** betrachten die wissenschaftliche Arbeit und die (Grundlagen-) Forschung als ihre wichtigsten Aufgaben. Die großen Universitäten bieten in der Regel Studiengänge aus sehr vielen unterschiedlichen Fachgebieten an. Manche spezialisieren sich jedoch auch auf bestimmte Fachgebiete, so etwa Technische Universitäten und Pädagogische Hochschulen. Einige Studiengänge, wie z. B. Medizin, Jura (Rechtswissenschaft) und Lehramt, können nur an einer Universität studiert werden.
- **Fachhochschulen** beziehungsweise **Hochschulen für angewandte Wissenschaften**, orientieren sich in Lehre und in der Forschung zumeist stärker an der Praxis. Sie bieten ausgewählte Studienfächer aus bestimmten Fachgebieten an, v. a. aus den Ingenieurs-, Wirtschafts- oder Sozialwissenschaften.
- **Duale Hochschulen** und **Berufsakademien** bieten duale Studiengänge an. Die Studierenden werden an der Hochschule wissenschaftlich-theoretisch ausgebildet, absolvieren aber auch praktische Ausbildungsanteile in Unternehmen.

Voraussetzung für die Aufnahme eines Studiums an einer Hochschule ist zumeist der Schulabschluss der Allgemeinen Hochschulreife (Abitur). In einigen Fällen reicht jedoch auch eine Fachgebundene Hochschulreife aus. Nach einer beruflichen Ausbildung ist die Aufnahme bestimmter Studiengänge auch ohne Hochschulreife möglich, wenn eine Weiterbildung zum Meister absolviert wurde oder andere, jeweils ausbildungsspezifische Voraussetzungen vorliegen. Hochschulen vergeben nach einem Studium am häufigsten die Abschlüsse → **Bachelor** und nach einem Bachelor-Studium → **Master**.

Um ein Studium oder eine Ausbildung zu finanzieren, besteht die Möglichkeit, **BAföG** zu beantragen. Die Abkürzung BAföG steht für eine finanzielle Förderung nach dem Bundesausbildungsförderungsgesetz. Studierende und Auszubildende können vom Staat eine Zuwendung von bis 735 Euro (Stand 2019) monatlich erhalten, wenn sie bestimmte Voraussetzungen erfüllen. Ein Teil des BAföGs muss nach Abschluss des Studiums oder der Ausbildung wieder an den Staat zurückgezahlt werden.

2. Wie geht es im Betrieb zu? Wer verdient wie viel? – Fragen der Arbeitswelt

Rechte und Pflichten von Arbeitnehmerinnen und Arbeitnehmern

Sobald jemand einen Arbeitsvertrag unterschreibt wird sie/er zu einer Arbeitnehmerin/einem Arbeitnehmer. Im Arbeitsvertrag sind ihre/seine Rechte und Pflichten festgelegt. Aber auch im Tarifvertrag, in der Betriebsvereinbarung und in Gesetzen sind Rechte und Pflichten von Personen in Arbeitsverhältnissen geregelt.

M 5 Gesetze zum Schutz von Arbeitnehmerinnen und Arbeitnehmern

	Fall	Gesetz
	Frau Meyer teilt ihrem Arbeitgeber mit, dass sie schwanger ist. Der möchte sie entlassen, da sie im Akkord arbeitet und er keine andere Tätigkeit für sie hat.	?
	Herr Ley soll entlassen werden, da er aufgrund seiner Behinderung nicht so leistungsfähig ist, wie seine Kolleginnen und Kollegen.	?
	Herrn Özdemir wird gekündigt, weil er nach der Geburt seiner Tochter in Elternzeit gehen möchte. Da er nicht arbeite, werde er entlassen, so die Arbeitgeberin.	?
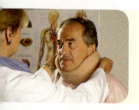	Da er einen schweren Unfall hatte, muss Herr Kuhn zur Kur. Seine Arbeitgeberin kürzt ihm dafür den Urlaub entsprechend der Dauer der Kur.	?
	Frau Kesici war eine Woche krank. Ihr Arbeitgeber bezahlt ihr für diese Tage keinen Lohn, sie hatte ja nur eine Erkältung.	?

Gesetzliche Grundlagen:

Bundesurlaubsgesetz
Der Urlaub beträgt mindestens 24 Werktage pro Jahr, darauf dürfen Maßnahmen der medizinischen Vorsorge und Rehabilitation nicht angerechnet werden.

Schwerbehindertengesetz
Schwerbehinderte Arbeitnehmerinnen und Arbeitnehmer dürfen nur mit Zustimmung des Integrationsamtes vom Arbeitgeber gekündigt werden.

Entgeltfortzahlungsgesetz
Bis zu sechs Wochen wird das Gehalt bei Krankheit durch den Arbeitgeber fortgezahlt.

Mutterschutz
Die Kündigung von Frauen während der Schwangerschaft und innerhalb von vier Monaten nach der Geburt des Kindes ist unzulässig. Sie dürfen keine Fließband- oder Akkordarbeit leisten. Schwangere dürfen sechs Wochen vor und acht Wochen nach der Entbindung nicht beschäftigt werden.

Bundeselterngeld- und Elternzeitgesetz
Der Arbeitgeber darf das Arbeitsverhältnis ab dem Zeitpunkt nicht beenden, an dem die Elternzeit verlangt worden ist. Auch während der Elternzeit ist eine Kündigung nicht erlaubt.

M 6 Rechte und Pflichten von Auszubildenden

A

Selina macht eine Ausbildung zur Groß- und Außenhandelskauffrau. Die Probezeit beträgt drei Monate. Zwei Monate nach dem Beginn der Ausbildung wird ihr gekündigt. Ein Grund wird im Kündigungsschreiben nicht angegeben. Selina fragt sich, ob das so erlaubt ist.

B

Lisa ist Auszubildende als Feinwerkmechanikerin. Die Werkzeuge und Maschinen sind ihr nicht so wichtig. Sie muss ja nicht bezahlen, wenn mal was kaputt geht.

C

Jana (17) überlegt, ihre Ausbildung als Hotelkauffrau abzubrechen, schließlich könnte sie mit Akkordarbeit in der Firma ihres Vaters deutlich mehr verdienen. Wenn sie auch – wie ihr Vater – am Wochenende die Nachtschicht übernimmt.

D
Marie macht eine Lehre als Mechatronikerin. In der Probezeit stellt sie fest, dass sie lieber Kosmetikerin werden möchte. Sie fragt sich, ob ein Wechsel noch möglich ist.

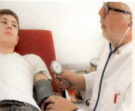

E
Sercan wird in seiner Ausbildungszeit zum ersten Mal krank. Er weiß nicht, was er tun soll. Reicht die Entschuldigung seiner Eltern? Ab wann muss er ein Attest vom Arzt vorlegen? Da er vermutlich fünf Wochen krank sein wird, fragt er sich, ob er dann noch sein Gehalt bekommt.

F
Leon macht eine Ausbildung zum Bürokaufmann und ist zurzeit in der Lohnbuchhaltung. Nach dem Training im Tischtennisverein meinen seine Freunde, er soll doch mal nachschauen, was der Trainer verdient, der arbeite doch in der gleichen Firma.

G
James ist Bäckerlehrling und fängt jeden Morgen um 4 Uhr an zu arbeiten. Dafür hat er schon um 14 Uhr frei, wenn er zwischendurch keine Pause macht. Wenn er Berufsschule hat, lässt ihn sein Chef sogar schon um 7:30 Uhr gehen. Seine Freundin findet trotzdem, er arbeite zu viel.

H
Carola ist 15, sie möchte einen Ausbildungsvertrag unterschreiben, doch der Betrieb verlangt zusätzlich die Unterschrift ihrer Eltern. Sie möchte den Vertrag nicht ihren Eltern vorlegen, die lieber wollen, dass sie ihr Abitur macht.

I
Lukas wird Zahntechniker, seine Chefin verlangt von ihm, dass er ab nächster Woche montags immer bei ihr zuhause den Rasen mäht – das würden die Auszubildenden bei ihr immer machen müssen.

J
Eren ist schon im dritten Lehrjahr als Frisör, trotzdem darf er nur selten Haare schneiden. Er macht Termine aus, fegt den Boden und wäscht den Kundinnen und Kunden die Haare. Er macht sich Sorgen, ob er so die Prüfung besteht und wer ihm helfen könnte.

K

Sophie beendet gerade ihre Ausbildung zur Schreinerin. Die Kosten des Gesellenstücks, das sie dazu erstellen muss, zieht ihr der Arbeitgeber von ihrem Verdienst ab.

M 7 Rechte und Pflichten von Auszubildenden und Arbeitgeberinnen und Arbeitgebern

Rechte/Pflichten	Auszubildende/r	Arbeitgeber/in
Vergütung	Dir steht eine angemessene Ausbildungsvergütung zu.	Der Arbeitgeber muss die Vergütung wie vereinbart bezahlen.
Ausbildungsziel	?	Dein Betrieb muss dir alles beibringen, was in der Ausbildungsordnung steht.
Material	Für deine Ausbildung brauchst du z. B. Werkzeug, Schreibmaterial oder Berufskleidung. Die Sachen für die Berufsschule kaufst du selbst. Mit den Materialien und dem Eigentum des Betriebs musst du sorgfältig umgehen.	?
Berufsschule	In die Berufsschule zu gehen, ist deine Pflicht. Deine Ausbilder haben das Recht, dein Zeugnis aus der Berufsschule zu sehen.	Für die Berufsschule muss dich der Betrieb freistellen. Wenn der Unterricht länger als fünf Stunden dauert, brauchst du an dem Tag nicht im Betrieb arbeiten. Das gilt nur ein Mal pro Woche.
Berichtsheft	Während deiner gesamten Ausbildung musst du Ausbildungsnachweise schreiben. Das sind kurz. B.richte über das, was du gelernt und getan hast. Fehlen Nachweise, kannst du die Prüfung nicht abschließen. Tipp: Schreibe diese Nachweise täglich, denn nach längerer Zeit ist es schwer sich zu erinnern, was man wann getan hat.	Die Ausbilder müssen die Nachweise im Berichtsheft kontrollieren und unterschreiben.
Tätigkeiten	?	Die Tätigkeiten müssen zur Ausbildung gehören. Es dürfen keine anderen Aufgaben übertragen werden.
Anweisungen	?	Die Ausbilder dürfen keine Weisungen geben, die die Ausübung einer „ausbildungswidrigen Beschäftigung" bedeuten.
Schutz	?	Der Arbeitgeber muss die Auszubildenden über die Sicherheits- und Ordnungsvorschriften informieren.

Rechte/Pflichten	Auszubildende/r	Arbeitgeber/in
Betriebsgeheimnis	Es ist verboten über Dinge zu sprechen, die zum Betriebsgeheimnis gehören. Tipp: Bist du nicht sicher, ob etwas dazu gehört, frag einfach nach.	?
Erstuntersuchung	Eine Ausbildung darfst du nur mit einer ärztlichen Bescheinigung beginnen. So weiß die Firma, dass du fit genug für die Ausbildung bist.	?
Krankheit	Bleibst du zu Hause, weil du krank bist, musst du deinen Betrieb informieren und bei Krankheit eine ärztliche Bescheinigung vorlegen.	?
Kündigung	?	Der Ausbildungsbetrieb kann dich in der Probezeit ohne Angabe von Gründen entlassen. Danach ist dies nur noch aus gewichtigen Gründen möglich.
Vertretung	Ab fünf Arbeitnehmern unter 25 Jahren, die sich noch in der Ausbildung befinden, wählt ihr Jugend- und Auszubildendenvertreter.	?

Du kannst die Ausbildung in der Probezeit (i.d.R. ein bis vier Monate) jederzeit beenden, danach mit einer Frist von vier Wochen.

Bist du noch nicht volljährig, darf dich der Betrieb ohne eine solche Bescheinigung nicht ausbilden.

Neben einem Betriebsrat muss ab einer bestimmten Anzahl an Arbeitnehmern auch eine Jugend- und Auszubildendenvertretung eingerichtet werden.

Die Anweisungen Vorgesetzter müssen von dir ausgeführt werden. Außer es gehört nicht zu deiner Ausbildung.
Die Werkstatt zu reinigen, gehört beispielsweise zu deiner Ausbildung, das Auto der Chefin zu waschen dagegen in der Regel nicht.

Du musst dich an die Sicherheitsregeln am Arbeitsplatz halten, z.B. Schutzkleidung tragen oder Piercings abnehmen.

Du darfst nichts tun, was du nicht schaffst oder körperlich gefährlich für dich ist. Fließbandarbeit mit vorgeschriebenem Arbeitstempo ist nicht erlaubt.

Das Material, das du zum Arbeiten und für die Prüfungen brauchst, stellt dir der Betrieb kostenlos zur Verfügung.

Du musst dich anstrengen, damit du das Ausbildungsziel erreichst.

M 8 Auszug aus dem Jugendarbeitsschutzgesetz

§ 8 Dauer der Arbeitszeit
(1) Jugendliche dürfen nicht mehr als acht Stunden täglich und nicht mehr als 40 Stunden wöchentlich beschäftigt werden.

§ 9 Berufsschule
(1) Der Arbeitgeber hat den Jugendlichen für die Teilnahme am Berufsschulunterricht freizustellen. Er darf den Jugendlichen nicht beschäftigen
1. vor einem vor 9 Uhr beginnenden Unterricht; dies gilt auch für Personen, die über 18 Jahre alt und noch berufsschulpflichtig sind […]

§ 14 Nachtruhe
(1) Jugendliche dürfen nur in der Zeit von 6 bis 20 Uhr beschäftigt werden.
(2) Jugendliche über 16 Jahre dürfen
1. im Gaststätten- und Schaustellergewerbe bis 22 Uhr, […]
4. in Bäckereien und Konditoreien ab 5 Uhr beschäftigt werden.

§ 15 Fünf-Tage-Woche
Jugendliche dürfen nur an fünf Tagen in der Woche beschäftigt werden.

§ 16 Samstagsruhe
(1) An Samstagen dürfen Jugendliche nicht beschäftigt werden.
(2) Zulässig ist die Beschäftigung Jugendlicher an Samstagen nur
1. in Krankenanstalten sowie in Alten-, Pflege- und Kinderheimen,
2. in offenen Verkaufsstellen, in Betrieben mit offenen Verkaufsstellen, in Bäckereien und Konditoreien, im Friseurhandwerk und im Marktverkehr, […]
6. im Gaststätten- und Schaustellergewerbe, […]
11. in Reparaturwerkstätten für Kraftfahrzeuge.
Mindestens zwei Samstage im Monat sollen beschäftigungsfrei bleiben.
(3) Werden Jugendliche am Samstag beschäftigt, ist ihnen die Fünf-Tage-Woche (§ 15) durch Freistellung an einem anderen berufsschulfreien Arbeitstag derselben Woche sicherzustellen.

§ 17 Sonntagsruhe
(1) An Sonntagen dürfen Jugendliche nicht beschäftigt werden.
(2) Zulässig ist die Beschäftigung Jugendlicher an Sonntagen nur
1. in Krankenanstalten sowie in Alten-, Pflege- und Kinderheimen,
2. in der Landwirtschaft und Tierhaltung mit Arbeiten, die auch an Sonn- und Feiertagen naturnotwendig vorgenommen werden müssen, […]
7. im ärztlichen Notdienst,
8. im Gaststättengewerbe.
Jeder zweite Sonntag soll, mindestens zwei Sonntage im Monat müssen beschäftigungsfrei bleiben. […]

§ 19 Urlaub
(1) Der Arbeitgeber hat Jugendlichen für jedes Kalenderjahr einen bezahlten Erholungsurlaub zu gewähren.
(2) Der Urlaub beträgt jährlich
1. mindestens 30 Werktage, wenn der Jugendliche zu Beginn des Kalenderjahrs noch nicht 16 Jahre alt ist,
3. mindestens 25 Werktage, wenn der Jugendliche zu Beginn des Kalenderjahrs noch nicht 18 Jahre alt ist. […]

PERLEN IM NETZ
https://www.youtube.com/watch?v=G7EIYiBVMDU

Das Video des Deutschen Gewerkschaftsbundes (DGB) zeigt die wichtigsten Regelungen des Jugendarbeitsschutzgesetzes.

> **§ 23 Akkordarbeit, tempoabhängige Arbeiten**
> (1) Jugendliche dürfen nicht beschäftigt werden
> 1. mit Akkordarbeit und sonstigen Arbeiten, bei denen durch ein gesteigertes Arbeitstempo ein höheres Entgelt erzielt werden kann, […]
> **§ 32 Erstuntersuchung**
> (1) Ein Jugendlicher, der in das Berufsleben eintritt, darf nur beschäftigt werden, wenn
> 1. er innerhalb der letzten vierzehn Monate von einem Arzt untersucht worden ist (Erstuntersuchung)

Aus: Jugendarbeitsschutzgesetz vom 12. April 1976 (BGBl. I S. 965), das zuletzt durch Artikel 13 des Gesetzes vom 10. März 2017 (BGBl. I S. 420) geändert worden ist, online: http://www.gesetze-im-internet.de/jarbschg/ [zuletzt: 09.09.2017]

EINSTEIGEN

1. Vergleiche in M 5 (S. 54 f.) die Fälle mit den gesetzlichen Grundlagen.
   a) Ordne jeweils einem Fall das passende Gesetz zu.
   b) Beurteile gemeinsam mit einer Partnerin/einem Partner, was das Gesetz zu diesem Fall sagt. Nutze dazu auch Info 2 (S. 61).

2. Analysiere die Fälle in M 6 (S. 55 ff.) und bewerte mithilfe von M 7 (S. 57 f.) sowie Info 2 (S. 61), ob die/der Auszubildende oder die Ausbilderin/der Ausbilder im Recht ist.

3. a) Übernimm die Tabelle aus M 7 (S. 57 f.) und fülle die Lücken mit den Fragezeichen mithilfe der jeweils passenden Kästen.
   b) Vergleiche deine Ergebnisse mit denen einer Mitschülerin/eines Mitschülers. Diskutiert ggf. eure Lösungen und einigt euch auf eine gemeinsame Lösung.

WEITERARBEITEN

4. Führt zu den Fällen in M 6 (S. 55 ff.) ein Rollenspiel zwischen Auszubildenden und Ausbildern durch (siehe Unterrichtsmethode „Rollenspiel", S. 220). Nutze dazu auch M 8 (S. 59 f.) sowie Info 2 (S. 61).

5. a) Erkläre einer Partnerin/einem Partner mithilfe von M 8 (S. 59 f.) und Info 2 (S. 61) die Ziele des Jugendarbeitsschutzgesetzes.
   b) Diskutiert zu zweit, warum die Ziele des Jugendarbeitsschutzgesetzes nicht nur im Interesse der/des Einzelnen, sondern auch im Interesse der Gesellschaft als Ganzes liegen.

VERTIEFEN

6. Stell dir vor, jemand sagt zu dir: „Ich habe es mir gut überlegt, was ich werden will und verzichte deshalb auf eine Probezeit." Schreibe auf, was du ihm bzw. ihr antworten würdest.

7. a) Recherchiere mithilfe der Arbeitstechnik „Informationen im Internet recherchieren" (S. 214 f.) die Regelungen des geltenden Mutterschutzgesetzes.
   b) Beurteile, welche Ziele mit den heute geltenden Regelungen des Mutterschutzgesetzes verfolgt werden.

▲ 1, 2, 3, 6   ▲▽ 1, 2, 3, 4, 5a, 6   ▲▽▲ 1, 2, 3, 4, 5, 7

Rechte und Pflichten von Arbeitnehmerinnen und Arbeitnehmern

Info 2

Arbeitnehmerinnen und Arbeitnehmer haben Rechte und Pflichten, die nicht nur im Ausbildungs- oder → **Arbeitsvertrag** geregelt sind, sondern auch in zahlreichen Gesetzen.
Die Hauptpflicht einer Mitarbeiterin oder eines Mitarbeiters besteht darin, die vertraglich geregelte Arbeit zu leisten. Ausnahmen davon gibt es nur bei Krankheiten oder Mutterschutz. Bei einer Krankheit muss die Arbeitnehmerin oder der Arbeitnehmer dies sofort seinem Arbeitgeber melden. Spätestens ab dem dritten Tag muss eine ärztliche Bescheinigung vorgelegt werden. Ist dies eingehalten, zahlt der Arbeitgeber sechs Wochen lang den Lohn weiter. Danach zahlen die Krankenkassen ein Krankengeld.
Daneben haben Arbeitnehmerinnen und Arbeitnehmer eine **Treuepflicht**. Sie besagt, dass die Arbeitnehmerin/der Arbeitnehmer dem Arbeitgeber nicht schaden darf, z. B. durch den Verrat betriebsinterner Geheimnisse oder von Kundendaten.
Dafür hat der Arbeitgeber aber auch eine **Fürsorgepflicht** den Arbeitnehmerinnen und Arbeitnehmern gegenüber. So müssen Arbeitsbedingungen gewährleistet werden, die das Leben und die Gesundheit der Arbeitnehmerin/des Arbeitnehmers nicht gefährden. Der Arbeitgeber hat zum Beispiel für Schutzkleidung zu sorgen, oder es müssen bei Kleidungswechseln abschließbare Schränke zur Verfügung gestellt werden.
Jede Arbeitnehmerin/jeder Arbeitnehmer muss für ihre/seine Arbeit entlohnt werden. Die Höhe des Gehalts regelt der Arbeitsvertrag. Dabei ist der gesetzliche → **Mindestlohn** zu beachten. Jede Arbeitnehmerin/jeder Arbeitnehmer hat auch das Recht, beschäftigt zu werden. Der Arbeitgeber muss, wie im Arbeitsvertrag festgeschrieben, entsprechende Arbeit zuweisen. Ist ein Arbeitnehmer sechs Monate in einem Betrieb mit mehr als zehn Mitarbeiterinnen/Mitarbeitern beschäftigt, greift der Kündigungsschutz. Es darf jetzt nicht mehr ohne Angaben von Gründen gekündigt werden.
Darüber hinaus haben Arbeitnehmerinnen/Arbeitnehmer ein Recht auf **Pausen**. Bei einer Arbeitszeit von mehr als sechs Stunden muss eine Pause von 30 Minuten gewährt werden. Bei mehr als neun Stunden Arbeit sind es mindestens 45 Minuten. Nach einem Arbeitstag muss man mindestens elf Stunden pausieren. Um sich vollständig zu erholen, steht jeder Arbeitnehmerin/jedem Arbeitnehmer auch ein Recht auf **Urlaub** zu. In dieser Zeit muss sie bzw. er nicht arbeiten, bekommt aber ihr bzw. sein volles Gehalt weitergezahlt. Wie viele Urlaubstage man hat, regelt der Arbeits- oder Tarifvertrag.
Das → **Mutterschutzgesetz** schützt Mutter und Kind während der Schwangerschaft und kurz nach der Geburt. Es gilt für alle Arbeitnehmerinnen, auch für jene mit befristeten Verträgen. Es regelt zum Beispiel, dass Mütter sechs Wochen vor der Geburt nicht arbeiten müssen und acht Wochen danach nicht arbeiten dürfen. Wer als Arbeitnehmerin oder Arbeitnehmer ein Kind bekommt, darf **Elternzeit** nehmen. Das gilt für Mütter und Väter. Für maximal drei Jahre ist man dann für die Erziehung des Kindes von der Arbeitspflicht vollständig oder teilweise befreit. Gekündigt werden darf man in dieser Zeit nicht. Allerdings erhält man auch kein Gehalt, kann aber stattdessen beim Staat Elterngeld beantragen.
Der Staat hat durch das → **Jugendarbeitsschutzgesetz** Kinder und Jugendliche unter einen besonderen Schutz gestellt. Generell ist die Beschäftigung von vollzeitschulpflichtigen Jugendlichen in Deutschland verboten. Vollzeitschulpflichtige Jugendliche dürfen aber einen Ferienjob von bis zu vier Wochen ausüben. Weitere Regelungen sollen Jugendliche vor Arbeiten schützen, die sie gefährden oder für sie ungeeignet sind. Auszubildende müssen des Weiteren für den Unterricht in der Berufsschule freigestellt werden. An Prüfungstagen und jeweils einen Tag davor müssen minderjährige Auszubildende ebenfalls von ihrem Arbeitgeber freibekommen.

Brutto- und Nettolohn

Wenn Arbeitgeberinnen/Arbeitgeber und Arbeitnehmende über den Lohn für die Arbeit verhandeln, dann reden sie oft aneinander vorbei. Die eine Seite beklagt die hohen Lohnkosten, die andere Seite findet ihr Nettoeinkommen zu niedrig. Worin liegen die Ursachen für diese Uneinigkeit?

M 9 Was ist der Lohn der Arbeit?

Menschen, die einen Job suchen, bieten ihre Fähigkeiten an. Der eine kann gut schrauben, die andere gut schreiben. Der eine hat eine Ausbildung als Florist, die andere ist studierte Computerspezialistin. Die Unternehmen sind es, die Arbeit nachfragen. Und wenn der Preis stimmt, dann wird man sich einig. […] Angebot und Nachfrage bestimmen also den Preis für die Arbeit. Wenn ein Unternehmen dringend Computerspezialisten sucht, um einen besonderen Roboter zu entwickeln, aber auf der ganzen Welt nur wenige Menschen dafür ausgebildet sind, dann wird das Unternehmen bereit sein, ein hohes Einkommen anzubieten. Schließlich ist das Angebot an Arbeitskräften gering. Wenn es aber Millionen von Roboter-Experten gibt, das Angebot an Arbeit und Arbeitskräften also groß ist, dann muss das Unternehmen nicht besonders tief in die Tasche greifen. Die Roboter-Experten würden den gleichen Job auch für weniger Geld annehmen. Hauptsache, sie bekommen Arbeit. Angebot und Nachfrage sind also dafür verantwortlich, dass die Menschen unterschiedlich viel verdienen. […] Beim Lohn unterscheidet man zwischen brutto und netto. Normalerweise vereinbart ein Mitarbeiter mit seinem Chef einen Bruttolohn, der in den Arbeitsvertrag geschrieben wird. Was da im Vertrag steht, ist aber längst nicht die Geldsumme, die der Mitarbeiter auch auf seinem Konto wiederfindet. Tatsächlich ausgezahlt wird viel weniger, nämlich nur der Nettoverdienst.

Aus: Schmergal, Cornelia: Wirtschaftspolitik. Was geht mich das an?, 2. Auflage, München 2005, S. 20–21.

M 10 Die Gehaltsabrechnung

Silke ist seit einem Monat Auszubildende in einer Bank in Freiburg. Die Personalabteilung hat ihr nun am Ende des Monats ihre erste Gehaltsabrechnung zugeschickt. Etwas verwundert schaut sich Silke die Gehaltsabrechnung an. Oben steht ein Bruttogehalt von 1100,00 Euro. Aber unten steht bei Nettogehalt ein anderer Betrag, der Silke auf ihr Konto überwiesen wird. Da ist eine ganz schön große Differenz zwischen den beiden Beträgen, findet sie. Wo ist denn diese Summe geblieben? Und wofür stehen diese ganzen Abzüge?
Zuerst werden vom Bruttogehalt Steuern abgezogen, zunächst die Lohnsteuer in Höhe von 11,42 Euro. Die Höhe der Lohnsteuer richtet sich nach der Höhe des Jahresgehalts und nach der Steuerklasse. Der Eingangssteuersatz liegt bei 11 %. Je höher das Gehalt ist, umso höher ist auch der Steuersatz. Der Spitzensteuersatz liegt bei 42 %. Da Silke unverheiratet ist und mehr als 450,00 Euro im Monat verdient, ist sie in Steuerklasse 1. Da Silke in der Kirche ist, zahlt sie in Baden-Württemberg 8 % ihrer Lohnsteuer als Kirchsteuer. Das sind 0,91 Euro. Das findet Silke in Ordnung. Sie müsste die Kirchsteuer nur dann nicht bezahlen, wenn sie aus der Kirche austritt. Dann kommen noch Sozialabgaben dazu. Zum einen wird als Absicherung gegen Krankheiten die gesetzliche Krankenversicherung in Höhe von 90,20 Euro abgezogen. Weiterhin wird für den Fall, dass Silke pflegebedürftig wird, ein Beitrag zur Pflegeversicherung in Höhe von 14,03 Euro abgezogen. Und damit sie später Rente bekommt, zahlt Silke monatlich 102,85 Euro in die Rentenversicherung ein. Wobei ihre Beiträge zur Rentenversicherung an die jetzigen Rentnerinnen und Rentner ausbezahlt werden. Silke hofft, dass wenn sie mal in Rente geht, auch noch genügend Arbeiternehmende in die Rentenversicherung einbezahlen. Auch einen

Beitrag zur Arbeitslosenversicherung in Höhe von 16,50 Euro zahlt Silke, damit sie für den Fall der Fälle gegen Arbeitslosigkeit abgesichert ist.
Letztlich bleiben ihr von den 1 100,00 Euro brutto nach all den Abzügen 864,09 Euro netto übrig, die ihr auf ihr Konto überwiesen werden.

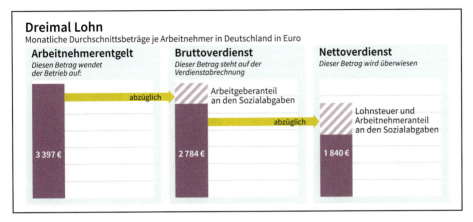

Dreimal Lohn
Monatliche Durchschnittsbeträge je Arbeitnehmer in Deutschland in Euro

- Arbeitnehmerentgelt: 3 397 €
- Bruttoverdienst: 2 784 €
- Nettoverdienst: 1 840 €

M12 Entgeltbezeichnungen

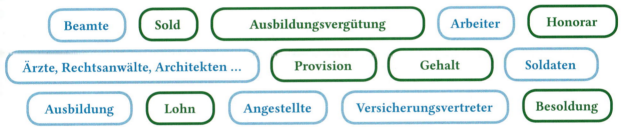

Beamte · Sold · Ausbildungsvergütung · Arbeiter · Honorar
Ärzte, Rechtsanwälte, Architekten … · Provision · Gehalt · Soldaten
Ausbildung · Lohn · Angestellte · Versicherungsvertreter · Besoldung

M13 Steuerklassen und Fallbeispiele

Fallbeispiel 1:
Heike G. ist 32 Jahre alt, verheiratet und hat zwei Kinder. Sie wohnt in Tübingen und geht regelmäßig in die katholische Kirche. Sie arbeitet als Krankenschwester und verdient 2 800,– Euro brutto.

Fallbeispiel 2:
Charly S. ist 45 Jahre alt, alleinerziehend mit einem Kind. Zusammen mit seiner Tochter wohnt er in Donaueschingen. Er arbeitet als Erzieher und verdient 2 950,– Euro brutto. Er ist aus der Kirche ausgetreten.

Fallbeispiel 3:
Anna H. ist leitende Angestellte in einem Architekturbüro in Freiburg und verdient 4 400,– Euro brutto. Ihr Mann Heiko H. ist Lackierer und Maler und verdient 2 200,– Euro brutto.

Fallbeispiel 4:
Gudrun S. ist Single, 24 Jahre alt. Sie arbeitet als Mechatronikerin und verdient 3 200,– Euro brutto. In ihrer Freizeit ist sie in der evangelischen Jugendarbeit in Friedrichshafen aktiv.

Fallbeispiel 5:
Das Ehepaar Cjem und Claudia R. haben drei Kinder und wohnen in Stuttgart. Cjem R. verdient als Chemisch-Technischer Assistent 2650,– Euro brutto. Claudia R. als Industriemechanikerin 2700,– Euro brutto. Während Cjem aus der Kirche ausgetreten ist, besucht Claudia regelmäßig den Gottesdienst.

Steuerklasse 1 (I):
- Ledige
- dauernd getrennt Lebende
- Personen mit einem nur begrenzt steuerpflichtigen Ehepartner
- Personen in einer eigetragenen Lebenspartnerschaft

Die Steuerklasse eins wird durch die Klassen drei und fünf ausgeschlossen.

Lohnsteuerklasse 2 (II):
- Alleinerziehende mit Anspruch auf Entlastung für Alleinerziehende
- verwitwete Steuerzahler

Steuerklasse 3 (III):
- Ehepartner mit deutlich höherem Gehalt als ihre Partner, wobei der geringer verdienende in Steuerklasse V eingestuft wird
- evtl. Verwitwete, deren Partner voll steuerpflichtig war (Gnadensplitting)

Lohnsteuerklasse 4 (IV):
- Verheiratete, die beide einkommensteuerpflichtig sind und ungefähr gleich verdienen

Lohnsteuerklasse 5 (V):
- Ehepartner mit deutlich geringerem Gehalt als ihr Partner, der in die Steuerklasse III eingestuft wurde

PERLEN IM NETZ

https://www.gehalt.de/einkommen/brutto-netto-rechner

Mithilfe dieses Gehaltsrechners kann der Nettolohn ausgerechnet werden.

EINSTEIGEN

1. Erstelle auf der Grundlage von M 9 (S. 62) eine schematische Grafik, die zeigt, wie sich die Lohnhöhe bestimmt.

2. Stelle die Gehaltsabrechnung von Silke (M 10, S. 62 f.) in einer Tabelle dar.

Bruttogehalt:		
Steuern	Lohnsteuer	– …
	Kirchensteuer	– …
Sozialabgaben	Arbeitslosenversicherung	– …
	Krankenversicherung	– …
	Pflegeversicherung	– …
	Rentenversicherung	– …
Nettogehalt:		

3. Erklärt zu zweit den Unterschied zwischen Brutto- und Nettolohn auf der Grundlage von M 11 (S. 63) und Info 3 (S. 71).

4. Analysiere das Schaubild M 11 (S. 63) mithilfe der Arbeitstechnik „Diagramme beschreiben" (S. 212).

WEITER-ARBEITEN

5. Ordne in M 12 (S. 63) die verschiedenen Entgeltbezeichnungen den richtigen Empfängerinnen/Empfängern zu.

6. a) Ermittle die jeweilige Steuerklasse der Personen aus M 13 (S. 63 f.).
   b) Berechne mithilfe eines Gehaltsrechner (siehe Perlen im Netz, S. 64) das voraussichtliche Nettogehalt der Personen aus M 13 (S. 63 f.). Achte auf die richtige Steuerklasse.

VERTIEFEN

▲ 1, 2, 4, 5   ▲▼ 1, 2, 3, 4, 5, 6   ▲▼▲ 2, 3, 4, 6,

Wer bestimmt den Lohn?

Ob Brutto- oder Nettolohn, am liebsten würden alle ganz viel Geld verdienen. Aber wer bestimmt eigentlich die Höhe des Lohns? Kann man das eigenständig mit den Arbeitgeberinnen/Arbeitgebern verhandeln?

M 14 Wie kommen Arbeitnehmende und Unternehmer zusammen?

M 15 Wieso auf dem Arbeitsmarkt alles etwas anders ist

Der Arbeitsmarkt ist ein Sonderling, der sich von allen anderen Märkten unterscheidet. Denn die Arbeitskraft ist untrennbar mit dem Menschen verbunden. Im Gegensatz zu Orangen oder Erdbeeren kann man einen Menschen natürlich nicht kaufen, sondern nur seine Leistungen und sein Wissen. Aber weil es immer auch um den Menschen geht, dreht es sich auf dem Arbeitsmarkt nicht nur um den richtigen Preis, den Lohn, sondern um viel mehr. Es geht um Werte, es geht um Schutz und es geht immer auch um Gerechtigkeit.

Arbeit ist schließlich wichtig. Mit ihrem Lohn müssen die Menschen ihr Leben finanzieren: Kleidung, Nahrung, eine Wohnung oder ein Haus für sich und ihre Familien. Menschen, die ihre Arbeitskraft anbieten, wollen viel mehr als nur ein Einkommen. Sie wünschen sich eine Aufgabe, die ihnen Spaß macht. [...] Und weil der Markt für Arbeit so anders als andere ist, herrschen hier besondere Regeln. Sie sollen die Menschen schützen.

Zwischen den Beschäftigten und ihren Chefs gibt es nämlich seit jeher ein Problem: Die Arbeitnehmer freuen sich über möglichst hohe Löhne, damit sie möglichst viel Geld zum Leben haben. Wer gut verdient, fühlt sich gut behandelt und strengt sich bei der Arbeit besonders an. Die Arbeitgeber dagegen wollen lieber nicht so viel Geld ausgeben. Das Geld, das sie für Löhne ausgeben, fehlt ihnen vielleicht für neue Maschinen oder eine neue Fabrikhalle. Löhne bedeuten für einen Firmenchef Kosten. Sie schmälern den Gewinn eines Unternehmens. [...]

Um gemeinsam stärker zu sein und sich besser durchsetzen zu können, haben sich sowohl die Beschäftigten als auch ihre Chefs zu Vereinigungen zusammengeschlossen. Die Arbeitnehmer haben Gewerkschaften gegründet; die Firmenchefs wiederum lassen sich von ihren Arbeitgeberverbänden vertreten. Und die Gewerkschaften und die Arbeitgeberverbände verhandeln heute stellvertretend für Beschäftigte und Bosse über die Löhne. Deshalb gibt es auf dem Arbeitsmarkt nicht unzählige viele Käufer und Verkäufer von Arbeitskraft, sondern nur wenige: die Gewerkschaften und die Arbeitgeberverbände.

Aus: Schmergal, Cornelia: Wirtschaftspolitik. Was geht mich das an?, 2. Auflage, München 2005, S. 22–23.

M 16

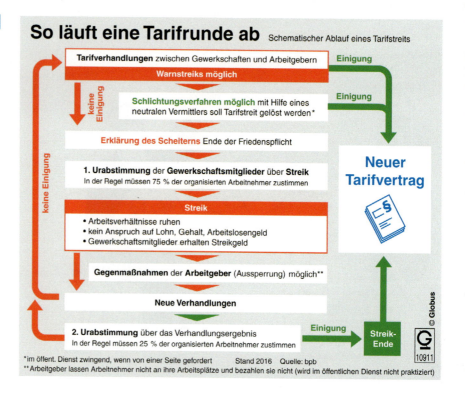

So läuft eine Tarifrunde ab — Schematischer Ablauf eines Tarifstreits

M17 Begriffsdomino

Kommt es zum Streik, können die Unternehmer alle Arbeiter auch aussperren, indem sie die Tore des Betriebs verschlossen halten. Dann bekommen alle Arbeiter keinen Lohn – egal ob Mitglied in der Gewerkschaft oder nicht.	**Tarifautonomie**		**Arbeitskampf/ Streik**
Können sich die Tarifvertragsparteien nicht einigen, kommt es zum Streik. 75 % der Gewerkschaftsmitglieder müssen sich für einen Streik aussprechen. Die Entscheidung ist nicht leicht, denn da man nicht arbeitet, bekommt man auch keinen Lohn. Von der Gewerkschaft bekommt man nur einen Teil des Lohnausfalls erstattet.	**Schlichtung**	Können die Tarifvertragsparteien sich nicht einigen, so können sie einen neutralen, unparteiischen Schlichter einberufen. Dieser versucht dann herauszufinden, wo Kompromisse möglich sind, um einen Streik zu verhindern.	**Aussperrung**
Nach Artikel 9 Abs. 3 GG obliegt es den Tarifvertragsparteien, ihre Belange selbst zu regeln. Der Staat greift nicht ein, wenn es zu einem Tarifkonflikt kommt.	**Friedenspflicht**	Wenn der Tarifvertrag geschlossen ist, verpflichten sich die Gewerkschaften und die Arbeitgeberverbände den Vertrag einzuhalten. Es gibt in der Laufzeit des Vertrags keine neuen Forderungen und keine Streiks.	

M18 Arbeitgeber oder Arbeitnehmende?

„Höhere Löhne werden als Preiserhöhungen an die Verbraucher weitergegeben."

„Wenn die Löhne steigen, werden die Güter teurer; dann können diese schwerer verkauft werden."

„Der Arbeitgeber hat so einen großen Gewinn gemacht, weil die Arbeitnehmerinnen und Arbeitnehmer so gut gearbeitet haben. Davon sollen sie auch profitieren."

„Alles wird teurer, also brauchen die Arbeitnehmerinnen und Arbeitnehmer mehr Geld."

„Wenn nicht mehr verdient wird, wird weniger gekauft. Das ist schlecht für die Wirtschaft."

„An anderen Standorten kann billiger produziert werden."

„Gutes Personal kann nicht gehalten werden, weil in anderen Firmen mehr verdient wird!"

„Im internationalen Vergleich sind die Löhne zu hoch!"

M 19 Was passt zusammen?

A „Tarifverträge sind zu starr und unflexibel. Im Zeitalter von Internet und Globalisierung brauchen wir flexible und individuelle Regelungen."

B „Die Tarifverträge müssen stärker Rücksicht auf wirtschaftlich schwache Unternehmen nehmen."

C „Tarifverträge sind ein veraltetes Regelungsinstrument. Heute kann jede/r Arbeitnehmer/in die Arbeits- und Einkommensbedingungen selbst aushandeln."

D „Nationale Tarifverträge werden angesichts der wachsenden internationalen wirtschaftlichen Verflechtung wirkungslos."

E „Tarifverträge sollten nicht mehr als Rahmenbedingungen und Empfehlungen enthalten, die Details regeln die Betriebsparteien."

F „Tarifverträge sind allenfalls in den alten Industriebranchen noch sinnvoll. In den modernen Bereichen der „New Economy" von Informationstechnologie, Multimedia und Internet haben sie keinen Platz."

G „Über kurz oder lang werden die Arbeitgeber durch anhaltende Tarif- und Verbandsflucht das bisherige Tarifsystem zum Einsturz bringen."

H „Durch ihr beharrliches Festhalten an den überholten Tarifstrukturen gefährden die Gewerkschaften selbst am meisten die Tarifverträge."

I „Die Tarifpolitik sollte einen Beitrag zur Verbesserung der Wettbewerbsfähigkeit des Standorts Deutschland leisten. Gefordert ist eine moderate Tarifpolitik."

J „Der alte Gegensatz von „Kapital" und „Arbeit" gehört der Vergangenheit an, die Tarifpolitik sollte sich an gemeinsamen Interessen orientieren."

1 Das gilt höchstens dann, wenn die Beschäftigten über knappe und stark gesuchte Spezialqualifikationen verfügen. Auf die Dauer und für die übergroße Mehrheit der ArbeitnehmerInnen gilt: Gemeinsames Auftreten und Verhandeln stärkt die Durchsetzungsfähigkeit gegenüber den Arbeitgebern und verhindert eine Ausspielen der Beschäftigten gegeneinander.

2 Bereits heute sind die betrieblichen Interessenvertretungen, Betriebs- und Personalräte, mit der Umsetzung tariflicher Rahmenregelungen stark gefordert. Die Erfahrung lehrt überdies: Betriebsräte sind nur begrenzt konflikt- und durchsetzungsfähig. Sie brauchen auch unabdingbare, verbindliche Tarifstandards. Im Übrigen: In 40 Prozent der Betriebe gibt es keine Betriebsräte!

3 Die Tarifbindung ist in den vergangenen Jahren zweifellos merklich zurückgegangen. Doch noch immer unterliegen drei Viertel der westdeutschen und knapp zwei Drittel der ostdeutschen Beschäftigten geltenden Tarifverträgen. In manchen Fällen sind die Betriebe auch nach kurzer Zeit in die Tarifbindung zurückgekehrt. Vieles hängt davon ab, ob die Gewerkschaften auch in Zukunft genügend Mitglieder gewinnen können, um Tarifverträge durchsetzen zu können.

4 Tatsache ist: Viele transnational aktive Konzerne versuchen, unterschiedliche Tarifstandards z. B. in den europäischen Ländern für sich auszunutzen. Um ein grenzüberschreitendes Tarifdumping zu verhindern, haben die Gewerkschaften deshalb begonnen, ihre Tarifpolitik in Europa zu koordinieren. In der Metallindustrie gibt es beispielsweise eine intensive gewerkschaftliche Tarifkooperation zwischen Nordrhein-Westfalen, Belgien und den Niederlanden.

5 Es gibt für mehr als 200 Branchen und über 5000 Firmen Tarifverträge mit ganz unterschiedlichen Regelungen. Sie setzen Mindeststandards, aber sie geben den Betrieben auch

viel Gestaltungsspielraum. Zum Beispiel bei der Arbeitszeit, bei leistungsorientierter Bezahlung oder bei Gruppen- oder Projektarbeit.

6 In vielen Tarifverträgen gibt es zu diesem Zweck heute bereits Öffnungsklauseln. Aber Vorsicht: Nicht jede Unternehmenskrise kann durch Abweichungen vom Tarifvertrag behoben werden. Und: allzu viele Ausnahmen gefährden die Wirkung des Tarifvertrages insgesamt.

7 Schon heute gelten für viele IT- und Software-Unternehmen Tarifverträge. Siemens, debis, Infineon, T-Online, Digital Equipment, IBM, VIAG-Interkom und viele ihrer Konkurrenten sind tarifgebunden. Zu Recht, denn auch die Beschäftigten in diesem Bereich haben ein Interesse an verbindlichen Regeln und Mindeststandards für ihre Arbeits- und Einkommensbedingungen.

8 Manches hat sich tatsächlich an der gewerkschaftlichen Tarifpolitik vorbei entwickelt, so z.B. die Gleitzeit oder auch die Leiharbeit. Aber die Gewerkschaften haben auch immer wieder selbst Vorschläge für eine Reform der Tarifverträge gemacht: für moderne Entgeltssysteme, für Weiterbildungsregeln, für beteiligungsorientierte Arbeitsformen, für mehr Zeitsouveränität der Beschäftigten. Längst nicht alles haben sie durchsetzen können, weil die Arbeitgeber sich dagegen gesperrt haben.

9 Die Erfahrung – auch in jüngster Zeit – lehrt: Gerade in der Lohn- und Tarifpolitik sind die Interessen von ArbeitnehmerInnen und Arbeitgebern entgegengesetzt. Gewinninteressen der Unternehmen und Renditeansprüche der Shareholder schmälern zwangsläufig die Möglichkeiten der Einkommenserhöhung für die ArbeitnehmerInnen. Tarifverträge sind letztlich immer Kompromisse nach kontroversen, gelegentlich auch von Arbeitskämpfen begleiteten Verhandlungen.

10 Dieses Rezept, das den Gewerkschaften seit langen Jahren empfohlen wird, greift zu kurz und ist deshalb falsch. Eine aktive Tarifpolitik, die mindestens für einen Ausgleich der steigenden Lebenshaltungskosten und für eine Teilhabe der Beschäftigten am Produktivitätsfortschritt sorgt, ist auch gesamtwirtschaftlich sinnvoll. Sie sorgt für die notwendige Entwicklung der gesamtwirtschaftlichen Nachfrage und verhindert eine grenzüberschreitende Lohnkonkurrenz zulasten der ArbeitnehmerInnen.

Aus: Homepage der Hans-Böckler-Stiftung, Zehn Meinungen und Gegenmeinungen zur Zukunft der Tarifverträge, online: https://www.boeckler.de/wsi-tarifarchiv_3396.htm [zuletzt: 23.03.2019].

M20 Zitate zu den Gewerkschaften

„Und wenn einer von der Gewerkschaft kommt, dann schmeiß ich ihn aus dem Fenster."

Heinz Maurer, Gründer und Chef der Firma Sebapharma

„Die Gewerkschaften sind das Stärkste, was die Schwachen haben."

Michael Sommer, Vorsitzender des DGB

„Die Gewerkschaften müssen entmachtet werden, damit es wieder eine fortschrittliche Politik geben kann. Gewerkschaften sind eine Plage für unser Land."

Guido Westerwelle, Außenminister

„Ein Arbeitnehmer ist auf die Mitgliedschaft in der Gewerkschaft angewiesen, wenn er im sozialen Bereich angemessen und schlagkräftig repräsentiert sein will."

Aus einem Urteil des Bundesgerichtshofs

Aus: IG Metall-Jugend (Hrsg.): Unterrichtseinheit Gewerkschaft, online: schule.dgb.de/++co++9b63d0c6-ec26–11e1-b47d-00188b4dc422/Unterrichtseinheit-Gewerkschaft.pdf [zuletzt: 11.07.2019]

Auf dem Weg zum eigenen Beruf – Chancen in der Arbeitswelt

EINSTEIGEN

1. Interpretiere die Karikatur in M 14 (S. 65) mithilfe der Arbeitstechnik „Karikaturen analysieren" (S. 215).

2. a) Arbeite in Einzelarbeit aus M 15 (S. 66) heraus, warum der Arbeitsmarkt sich von allen anderen Märkten unterscheidet und als „Sonderling" unter den Märkten gesehen werden kann.
   b) Erarbeitet in Partnerarbeit auf der Grundlage von M 15 (S. 66), welche Folgen sich daraus ergebene, dass der Arbeitsmarkt sich von allen anderen Märkten unterscheidet.
   c) Arbeitet zu zweit aus M 15 (S. 66) und Info 3 (S. 71) heraus, welche Rolle Gewerkschaften und Arbeitgeberverbände auf dem Arbeitsmarkt spielen.

3. a) Beschreibe das Schaubild M 16 (S. 62) mithilfe der Arbeitstechnik „Diagramme beschreiben" (S. 212).
   b) Finde die passenden Beschreibungen zu den Begriffen in M 17 (S. 67) und übertrage das Begriffsdomino in dein Heft.

WEITERARBEITEN

4. a) Ordne die Aussagen in M 18 (S. 67) in einer Tabelle danach, wer die Aussage gemacht haben könnte.

Arbeitnehmerin/ Arbeitnehmer	beide	Arbeitgeberin/ Arbeitgeber
…	…	„Wenn die Löhne steigen, werden die Güter teurer; dann können diese schwerer verkauf werden." …

   b) Vergleiche dein Ergebnis aus Aufgabe 4 a) mit einer Partnerin/einem Partner. Begründet, warum ihr ggf. eine andere Zuordnung vorgenommen habt.

5. a) Ordne die Aussagen A bis J den entsprechenden Fakten 1 bis 10 in M 19 (S. 68 f.) zu.
   b) Vergleiche dein Ergebnis aus Aufgabe 5 a) mit einer Partnerin/einem Partner. Begründet, warum ihr ggf. eine andere Zuordnung vorgenommen habt.

VERTIEFEN

6. a) Bereitet in Partnerarbeit eine Rede für oder gegen eine Ausweitung der Macht von Gewerkschaften (M 15 bis M 19, S. 66–69) vor.
   b) Haltet die Rede vor der Klasse und lasst euch bezüglich Argumentation, Überzeugungskraft und Vortragsstil Rückmeldung geben.

7. Wähle eines der Zitate aus M 20 (S. 69) aus und versuche es argumentativ zu untermauern oder zu entkräften.

▲ 1, 2, 3, 4, 6   ▲▽ 1, 2, 4, 5, 6   ▽▲ 1, 2, 4, 5, 6, 7

Wer bestimmt den Lohn?

Info 3

Das Einkommen eines Arbeitnehmenden wird sowohl in einem Bruttobetrag, als auch als Nettobetrag angegeben. Das Gehalt, das man direkt ausgezahlt bekommt, bezeichnet man als Nettolohn. Der **Nettolohn** ergibt sich jedoch erst, nachdem vom **Bruttolohn** bestimmte steuerliche und sozialpflichtige Beiträge abgezogen wurden. Zu den steuerlichen Abgaben zählen:
1. die Einkommensteuer, deren Höhe abhängig von der jeweiligen Steuerklasse ist,
2. der Solidaritätszuschlag,
3. die Kirchensteuer.

Sozialpflichtige Abgaben sind:
1. die Krankenversicherung,
2. die Pflegeversicherung,
3. die Rentenversicherung und
4. die Arbeitslosenversicherung.

Arbeitnehmerinnen und Arbeitnehmer einer gleichen Berufsgruppe können sich zu → **Gewerkschaften** zusammenschließen. Arbeitgeberinnen und Arbeitergeber können aber auch Mitglied in einem Arbeitgeberverband werden. Gemeinsam treffen Gewerkschaften und → **Arbeitgeberverbände** Absprachen über Arbeitsbedingungen und die Höhe des Lohns, der Staat mischt sich dabei nicht ein. Dieser Verhandlungsrahmen zwischen Gewerkschaften und Arbeitgeberverbänden wird als → **Tarifautonomie** bezeichnet. Die Tarifautonomie ist durch das Grundgesetz § 9 Abs. 3 garantiert. Durch die bestehenden Regelungen werden die Arbeitnehmerinnen/Arbeitnehmer und die Arbeitgeberinnen/Arbeitgeber zur Zusammenarbeit gezwungen.
Tarifverträge regeln neben dem Einkommen (Lohn) und der Ausbildungsvergütung auch Bestimmungen zur Arbeitszeit, zur Arbeitsplatzsicherung, zur Übernahme nach der Ausbildung und zur Förderung der Weiterbildung. Aber nur Mitglieder der jeweiligen Gewerkschaft haben einen Anspruch auf die Gültigkeit des jeweiligen Tarifvertrags, d. h. sie können auf die Einhaltung der Bestimmungen klagen. Eine Unternehmerin bzw. ein Unternehmer kann die mit der Gewerkschaft vereinbarten Leistungen freiwillig auch anderen Beschäftigten gewähren, die nicht in einer Gewerkschaft organisiert sind. Genauso binden die Tarifverträge aber auch nur Arbeitgeberinnen und Arbeitgeber, die im entsprechenden Arbeitgeberverband sind.
Die Tarifverträge geben beiden Tarifparteien für die Dauer der Verträge Sicherheit, denn Arbeitszeit und Lohn sind damit erst einmal festgelegt und können von keiner Seite geändert werden. Außerdem können in der geltenden Vertragszeit auch keine Streiks und keine Aussperrungen stattfinden. Dies wird als sogenannte **Friedenspflicht** bezeichnet.
Die Regierung und das Parlament können auch in Krisenzeiten nicht eingreifen. Sie haben also wenig Einfluss auf die Höhe der Löhne. Die Tarifparteien können somit entscheidende wirtschaftspolitische Entscheidungen treffen, ohne dass die Regierung hierbei Einfluss nehmen kann.

Prekäre Arbeitsverhältnisse als gesellschaftliches Problem

Manchmal reicht das Einkommen, das man für seine Arbeit erhält, nur ganz knapp oder gar nicht aus, um über die Runden zu kommen. Bei manchen Arbeitsverhältnissen gibt es keine soziale Absicherung, bei anderen muss man ständig um die Zukunft bangen. Prekäre Arbeitsverhältnisse sind ein gesellschaftliches Problem.

M 21 Normaler beruflicher Alltag?

Eine Büroetage in Berlin-Mitte. Große Fenster, Tresen mit Kaffeemaschine, weiße Säulen untergliedern den Raum, der vollgepackt ist mit Schreibtischen. Sieben Freiberufler teilen sich dieses Gemeinschaftsbüro. Architekten, Grafikerinnen, Kulturmanager. Und Doro Petersen Die 38-Jährige, blondes Haar, Brille, stürmt zur Tür herein. „Sorry, zu spät!", wirft den Mantel auf einen Stuhl, setzt Teewasser auf und versucht, einigermaßen zur Ruhe zu kommen. Um zehn hat sie eine elfte Klasse durch das Buchstabenmuseum geführt. Jetzt hat sie drei Stunden Zeit bis zum nächsten Museumsworkshop. Petersen ist selbstständig wie alle hier. Sie hat zwei Tische in einer Nische gemietet. Einen, auf dem sich bunte Stifte, Skizzen und selbst geschnitzte Stempel türmen. Und einen sehr aufgeräumten mit Laptop und Telefon für die Büroarbeit. Die studierte Kommunikationsdesignerin arbeitet als Illustratorin für Buchverlage, Magazine und Agenturen. Sie zeichnet auch auf Bestellung Bilder für Wohnzimmer und Büros. Daneben hat Petersen sich ein zweites Standbein gesucht: die Museumspädagogik. Sie ist sie für den Verein Jugend im Museum e. V. tätig, der Kindern und Jugendlichen die Museumslandschaft Berlins näherbringt. Führungen für Schulklassen und Kitas, Workshops für Jugendclubs. Die Stadt der Zukunft, Stempelwerkstatt, solche Sachen. „Ein Glücksfall", sagt Petersen über ihren zweiten Beruf. „Meine beiden Arbeitsbereiche befruchten sich gegenseitig Und die Museumspädagogik gibt mir ein festes Grundeinkommen." Petersen ist stolz darauf, ohne stupiden Gastronomiejob über die Runden zu kommen. Und von dem leben zu können, was sie liebt. Selbstverständlich sei das leider nicht in ihrer Branche, seufzt sie. Der Preis dafür: viel Arbeit und ein genügsames Leben. Petersen wohnt in einer kleinen Wohnung, für die vielen Fahrten kreuz und quer durch die Stadt nutzt sie das Fahrrad. Extravagante Anschaffungen oder Urlaube gibt es nicht. Längerfristig will sie raus aus dem Prekariat, verstärkt Erwachsene unterrichten, vielleicht an der Universität. Eigentlich, sagt sie, sei Illustration ein Beruf, der bis zum Rentenalter spannend bleibt. Nur: Die ökonomische Basis muss stimmen. Das Telefon klingelt. Der Verlag, für den Doro Petersen den Buchmessestand gestaltet, hat seine Vorstellungen gemailt. Sie klickt telefonierend durch ihre Mails, gestikulierend, legt auf, denkt nach. Wieder Telefon. Den Flyer für die Büchergilde besprechen. Petersen schaut auf die Uhr. Jemand Mittag? Heute hat keiner Zeit. Sie isst eine Suppe schräg gegenüber, das Handy bleibt dabei in der Jackentasche. „Ich versuche, auf mich zu achten", sagt Petersen. Mindestens eine halbe Stunde Mittagspause, regelmäßig Sport, so wenig Abendtermine wie möglich. So ganz leicht fällt ihr die Trennung zwischen Arbeit und Beruf trotzdem nicht.

Aus: Apin, Nadine: Die urbane Selbstständige Doro Petersen, in: Lindt, Geborg/Messmer, Susanne (Red.): Arbeit und Leben, Bonn 2017, S. 59–60.

M 22 Drei Definitionen

Unter den Begriff „Prekäre Beschäftigung" fallen Arbeitsverhältnisse mit niedrigen Löhnen, die häufig nicht auf Dauer und Kontinuität angelegt sind, keine Absicherung durch die Sozialversicherung und nur geringe arbeitsrechtliche Schutzrechte aufweisen. Der Begriff ist umstritten – und noch viel mehr die Frage: Wirken prekäre Beschäftigungsverhältnisse immer ausgrenzend oder leisten sie auch einen notwendigen Beitrag zur Flexibilisierung des Arbeitsmarktes? [...]

Aus: Homepage des Instituts für Arbeitsmarkt- und Berufsforschung, Prekäre Beschäftigung„ online: http://www.iab.de/infoplattform/prekaere_beschaeftigung [zuletzt: 16.07.2019].

„Ein Arbeitsverhältnis kann als prekär bezeichnet werden, wenn die Beschäftigten aufgrund ihrer Tätigkeit deutlich unter ein Einkommens-, Schutz- und soziales Integrationsniveau sinken, das in der Gegenwartsgesellschaft als Standard definiert und mehrheitlich anerkannt wird. Beschäftigungsunsicherheit und Löhne unterhalb des Existenzminimums sind aus der Arbeitskraftperspektive zentrale Merkmale für Prekarität."

Aus: Dörre, Klaus (2005): Prekarisierung contra Flexicurity. Unsichere Beschäftigungsverhältnisse als arbeitspolitische Herausforderung. In: Kronauer, Martin/Linne, Gudrun (Hg.): Flexicurity. Die Suche nach Sicherheit in der Flexibilität. Berlin: edition sigma: S. 53–71, hier: S. 53

„In Anlehnung an den Thesaurus der International Labour Organisation (ILO) kann prekäre Beschäftigung als Erwerbsform gekennzeichnet werden, die den Beschäftigten nur geringe Arbeitsplatzsicherheit gewährt, ihnen wenig Einfluss auf die Ausgestaltung der Arbeitssituation ermöglicht, sie nur begrenzt arbeitsrechtlich absichert und die deren materielle Existenzsicherung durch Arbeit daraus folgend erschwert."

Aus: Lang, Cornelia (2009): Erwerbsformen im Wandel. In: Wirtschaft im Wandel 4: S. 165–171, hier: S. 166

M23 Atypische Beschäftigung in Deutschland

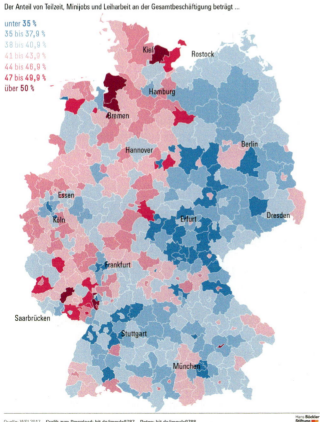

M24 Befristung kostet Produktivität

Den perfekten Arbeitnehmer stellen sich viele Manager so flexibel und billig wie möglich vor. Dabei übersehen sie allerdings die Schattenseiten von zu viel Flexibilität: Wer keinen unbefristeten Arbeitsvertrag hat, ist weniger produktiv. Das zeigen Berechnungen der Wirtschaftswissenschaftler Domenico Lisi und Miguel Malo von den Universitäten Catania und Salamanca, die mithilfe von Daten aus 13 EU-Ländern die Produktivitätsentwicklung in zehn verschiedenen Branchen zwischen 1992 und 2007 analysiert haben.

Besonders ausgeprägt ist der negative Effekt demnach bei Unternehmen, die auf Hochqualifizierte angewiesen sind: Wenn der Anteil der befristeten Beschäftigung um zehn Prozentpunkte zulegt, kostet das in Branchen mit überdurchschnittlich vielen Akademikern im Schnitt 1 bis 1,5 Prozent Produktivitätswachstum. Bei den anderen Branchen sind es 0,5 bis 0,8 Prozent. Die Erklärung der Forscher: Befristet Beschäftigte dürften wenig Interesse verspüren, an Innovationen mitzuwirken, von denen sie selbst nicht profitieren werden. Auch ihr Anreiz, sich firmenspezifische Fähigkeiten anzueignen, sei geringer, ebenso wie der Anreiz der Unternehmen, Weiterbildung zu finanzieren. Die dadurch bedingten Kompetenzdefizite schlagen in wissensintensiven Wirtschaftszweigen besonders stark zu Buche, so die Autoren.

Aus: Homepage der Hans-Böckler-Stiftung, Arbeitsmarkt, Befristung kostet Produktivität, in: Böckler Impuls, 08/2017, online: https://www.boeckler.de/108549_108556.htm [zuletzt:16.07.2019]

EINSTEIGEN

1. Beantworte selbstständig zu M 21 (S. 72) folgende Fragen (Außenbetrachtung):
   a) Worum geht es in dem Artikel?
   b) Wer ist Doro Petersen?
   c) In welcher Situation befindet sich Doro Petersen?

2. Beantworte selbstständig auf der Grundlage von M 21 (S. 72) folgende Fragen aus der Sicht von Doro Petersen (Innenbetrachtung):
   a) Welche Gefühle hast du, wenn du an dein jetziges Leben und an dein zukünftiges Berufsleben denkst?
   b) Wie schilderst du einer Freundin oder einem Freund dein jetziges Leben und deine Vorstellungen zu deinem zukünftigen Berufsleben?
   c) Welche Haltung hast du zu Arbeit und zu deinem zukünftigen Berufsleben?
   d) Welche Aspekte deines jetzigen Lebens und deines zukünftigen Berufslebens sind dir besonders wichtig, welche magst du nicht?
   e) Welche Träume hast du?

WEITERARBEITEN

3. Arbeite in M 22 (S. 72 f.) die Unterschiede zwischen Definitionen von Prekärer Beschäftigung heraus.

4. Prüfe auf der Grundlage von M 22 (S. 72 f.) und Info 4 (S. 81 f.), ob Doro Petersen (M 21, S. 72) einer prekären Beschäftigung nachgeht.

5. a) Interpretiere das Schaubild M 23 (S. 73) mithilfe der Arbeitstechnik „Diagramme beschreiben" (S. 212). Nenne die Regionen, in denen atypische Beschäftigung für die Mehrheit der dortigen Bevölkerung normal ist.
   b) Erkläre mithilfe von Info 4 (S. 81) die Unterschiede zwischen Normalbeschäftigung, atypischer Beschäftigung und prekärer Beschäftigung.
   c) Erläutert zu zweit anhand eines selbst überlegten Beispiels, weshalb bei atypischen Arbeitsverhältnissen die Gefahr besteht, dass sie zugleich prekär werden.

6. Arbeite aus M 24 (S. 74) die Folgen von prekärer Beschäftigung heraus, die die gewerkschaftsnahe Hans-Böckler-Stiftung beschreibt.

7. a) Recherchiert in Kleingruppen mithilfe der Arbeitstechnik „Informationen im Internet recherchieren" (S. 214 f.) nach möglichen politischen Lösungsmöglichkeiten für das gesellschaftliche Problem der prekären Beschäftigung.
   b) Stellt eure Ergebnisse in der Klasse vor. Diskutiert anschließend darüber, welcher der Lösungsmöglichkeiten die Lebenssituation von Doro Petersen (M 21, S. 72) verbessern könnte.

VERTIEFEN

▲ 1, 2, 3, 4, 5a, 5b, 6   ▲▼ 1, 2, 3, 4, 5a, 5b, 6, 7a   ▲▼▲ 1, 2, 3, 4, 5, 6, 7

Arbeitslosigkeit: ein individuelles und gesellschaftliches Risiko

Die große Bedeutung von Arbeit wird deutlich, wenn Menschen keine Arbeitsstelle finden. Die Ursachen dafür sind vielfältig. Die Belastungen, die mit Arbeitslosigkeit einhergehen, sind für viele Menschen hoch. Der Sozialstaat sieht für arbeitslose Menschen jedoch Hilfen vor.

M 25 Entwicklung der Arbeitslosigkeit in Deutschland

Quelle: Bundesagentur für Arbeit *bezogen auf alle zivilen Erwerbspersonen

M26 Arten der Arbeitslosigkeit

Arbeitslosigkeit kann unterschiedliche Gründe haben. Hierdurch werden im Wesentlichen vier Arten unterschieden:

I Saisonale Arbeitslosigkeit
II Konjunkturelle Arbeitslosigkeit
III Friktionelle Arbeitslosigkeit
IV Strukturelle Arbeitslosigkeit

Beispiele für die verschiedenen Arten von Arbeitslosigkeit:

1. Aufgrund der schlechten Auftragslage muss ein renommierter Reifehersteller 1000 Stellen in Deutschland streichen. Olek (21) ist einer der Arbeiter, die entlassen werden, obwohl sein letztes Arbeitszeugnis hervorragend war.

2. Monas Mann hat eine neue Arbeitsstelle in Stuttgart angeboten bekommen. Gemeinsam entscheiden sie, dass er das Angebot nicht ausschlagen kann. Dies führt aber dazu, dass Mona (38) ihre Stellung als Filialleiterin in einem Autohaus eines großen Automobilhändlers kündigt und mit ihrem Mann nach Stuttgart zieht. Aufgrund ihrer guten Ab-schlusszeugnisse und ihrer hervorragenden Referenzen hat sie zum 1. des übernächsten Monats bereits zwei Stellenangebote.

3. Michael (24) hat bislang auf einem Gemüsehof am Bodensee gearbeitet. Allerdings sind die goldenen Herbsttage vorbei und die Chefin des Gemüsehofs, die mit Michaels Arbeit sehr zufrieden war, bedauert es sehr, dass sie das Arbeitsverhältnis zu Ende Oktober kündigen muss. Sie wünscht Michael alles Gute und bittet ihn, falls er Interesse und Zeit hat, im Mai des nächsten Jahres wieder nachzufragen, ob es Arbeit für ihn auf dem Gemüsehof gibt.

4. Durch die Umstellung auf Selbstbedienungskassen beschließt eine Supermarktkette die Kassiererinnen und Kassierer in ihren Filialen einzusparen. Ilona (52) ist von den Einsparungen betroffen. Obwohl sie immer als Kassiererin gearbeitet hat, pflichtbewusst und loyal gegenüber dem Arbeitgeber war sowie den Kontakt zu den Menschen liebt, tut sie sich schwer, eine neue Stelle zu finden.

Beschreibungen der verschiedenen Arten von Arbeitslosigkeit

A. Diese Form der Arbeitslosigkeit ist durch den Wechsel eines Arbeitsplatzes bedingt, wenn z. B. das eine Arbeitsverhältnis etwas früher endet als das anschließende beginnt. Diese Arbeitslosigkeit kann entweder durch eigene Kündigung selbst herbeigeführt werden oder durch eine Kündigung des Arbeitgebers hervorgerufen werden.

B. Durch eine grundlegende Veränderung in einzelnen Wirtschaftsbereichen, z. B. durch neue Techniken oder neue Technologien, wird diese Form von Arbeitslosigkeit hervorgerufen. So werden in der Autoindustrie durch den Einsatz von Lackierrobotern künftig deutlich weniger Lackiererinnen und Lackierer benötigt als früher.

C. Diese Form der Arbeitslosigkeit entsteht durch zyklische Schwankungen der gesamtwirtschaftlichen Entwicklung mit den dabei auftretenden Nachfrageveränderungen sowie Produktionsrückgängen. Sie werden vor allem in einer Phase des Abschwungs verursacht. Diese Entwicklung kann auch zu Massenarbeitslosigkeit führen.

D. Diese Form der Arbeitslosigkeit wird durch jahreszeitliche Änderungen der Nachfrage bewirkt. So ist z. B. die Nachfrage nach Speiseeis in Wintermonaten wegen der Kälte geringer als in den Sommermonaten, und Eisdielen müssen in dieser Zeit Angestellte entlassen.

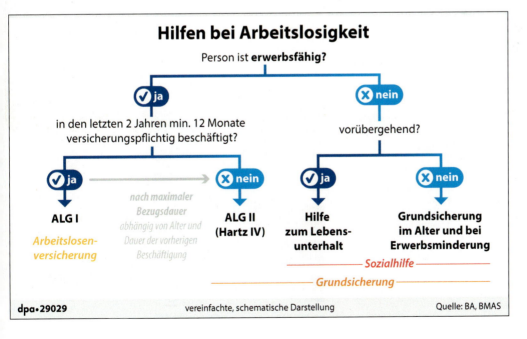

M28 Folgen von Arbeitslosigkeit

[...] Mögliche individuelle Folgen der Arbeitslosigkeit, insbesondere der Langzeitarbeitslosigkeit, sind u. a. psychologische und gesundheitliche Probleme, Entqualifizierung (Entwertung der bisher erlangten Qualifizierung), gesellschaftlich-kulturelle und soziale Isolation (Stigmatisierung), familiäre Spannungen und Konflikte, Schuldgefühle, Aggressivität und trotz Grundsicherung relativer Verarmung. Zwischen den meisten genannten Folgen besteht dabei ein sehr enger Zusammenhang.

Die Folgen von Arbeitslosigkeit beschränken sich nicht auf die Arbeitslosen selbst. Auch für nahe Angehörige kann Arbeitslosigkeit eine gravierende Beeinträchtigung von Wohlstand, Selbstachtung, sozialem Ansehen und Lebenschancen bedeuten. Selbst bei Beschäftigten werden Arbeitsvermögen, Leistung, Solidarität und Krankenstand beeinflusst.

Daneben ist Arbeitslosigkeit auch ein Problem für die gesamte Gesellschaft. Gesamtgesellschaftliche Folgen der Arbeitslosigkeit sind u. a. Verlust von Steuern und Sozialabgaben, hohe Kosten für Arbeitslosengeld I und II, Verlust der Kaufkraft des Einzelnen und damit Reduzierung der Binnennachfrage, Anstieg der Kriminalität, politische Instabilität sowie weitere Kosten zur Behebung bzw. Linderung der individuellen Folgen. [...]

Aus: Oschmiansky, Frank: Folgen von Arbeitslosigkeit, 1.6.2010, in: Homepage der Bundeszentrale für politische Bildung, online: https://www.bpb.de/politik/innenpolitik/arbeitsmarktpolitik/54992/folgen-der-arbeitslosigkeit [zuletzt: 16.07.2019]

M29

M30 Wie man Kinder vor der Hartz-IV-Karriere bewahrt

[...] Wieder Herrin ihres eigenen Lebens zu sein, das sei so großartig an ihrer neuen Situation, sagt Stephanie Busche. Neun Jahre lang konnte die alleinerziehende Mutter beruflich nicht Fuß fassen. Erst setzte sie nach den Geburten eine Zeit lang aus. Später arbeitete sie in schlecht bezahlten Jobs. Doch von Dauer war es nicht. In all der Zeit war sie auf die Hilfe des Jobcenters angewiesen, das ihr Gehalt aufstockte, damit es zum Leben reichte.
Jetzt sitzt die Einzelhandelskauffrau in einem Büro in Berlin-Mitte und hat zum ersten Mal seit Jahren das Gefühl, angekommen zu sein. Dass ihr Arbeitsplatz auch nach einigen Wochen noch unfertig wirkt und ihr Schreibtisch in einem Teamraum mit Frühstückstisch und Spinden steht – geschenkt. Busche hat endlich einen Arbeitsplatz gefunden, mit dem sie sich und ihre beiden Söhne finanzieren kann.
„Ich bin unglaublich erleichtert, jetzt unabhängig vom Amt zu sein", sagt die 35-Jährige. „Es war schrecklich, immer zu wissen: Da sitzt jemand hinter dir, der dich kontrolliert. Ich hatte immer das Gefühl, nicht ganz erwachsen zu sein." Etwa, wenn sie verreisen wollte, und sich dafür ab- und auch persönlich vor Ort wieder anmelden musste.
[...] Busche gehört zu einer Gruppe von Arbeitslosen, auf die sich die Arbeitsagenturen in dieser Jahreszeit besonders konzentrieren: Für viele arbeitslose Eltern versprechen die Monate August und September auch die Chance eines beruflichen Neuanfangs. Nach den Sommerferien kommen viele Kinder in die Schule oder Kita, und wenn die Kleinen mehrere Stunden am Tag betreut werden, haben arbeitslose Eltern plötzlich ganz andere berufliche Möglichkeiten. [...]
Sozialarbeiter erleben immer wieder, was es bedeutet, wenn sich diese Lebenswelt in Stadtteilen und ganzen Regionen verfestigt: Sie berichten von Familien, die in der dritten Generation von der Hilfe vom Amt leben. Von Kindern also, bei denen weder Großeltern noch Eltern arbeiten. Es sind Haushalte, in denen morgens niemand aufstehen muss. Wo nie über den Chef gemeckert wird und wo die Eltern beim Abendessen keine Geschichten von der Arbeit erzählen. Es ist eine Welt, in der bezahlte Arbeit für das eigene Leben keine Rolle zu spielen scheint. Und in der es für Kinder und Jugendliche umso schwieriger ist, auszubrechen und die Schule oder Ausbildung trotzdem diszipliniert abzuschließen. [...]
Selbst diejenigen, die motiviert sind, werden von Freunden häufig mit Häme überschüttet oder müssen sich bisweilen selbst gegen die eigenen Eltern durchsetzen, berichten Sozialarbeiter. Es soll tatsächlich Fälle geben, in denen die Eltern gar nicht wollen, dass ihre Kinder einen anderen Lebensweg nehmen als sie selbst. Jenseits der Hilfe vom Amt.
„Es gibt Familien, da ist der kleine Schüler der Einzige, der morgens aufsteht und einer geregelten Tätigkeit nachgeht. Das geht nicht", sagt Valerie Holsboer, seit April im Vorstand der BA [Bundesagentur für Arbeit]. „Wir versuchen deshalb, regional Eltern anzusprechen, die keine Beschäftigung haben." [...]
[Stephanie Busche] war zwar in den vergangenen Jahren nie lange arbeitslos und trotzdem immer auf Hilfe vom Amt angewiesen. Wie sie arbeiten viele Alleinerziehende in Dienstleistungsberufen, wo die Löhne niedrig sind und die Arbeitszeiten häufig bis spät in den Abend gehen. Den Job in einem Modeladen etwa musste Busche deshalb nach einem halben Jahr kündigen. Obwohl man ihr bei der Einstellung versprochen hatte, dass sie häufiger die Frühschicht übernehmen könne, sei es nie dazu gekommen, erzählt sie. Stattdessen habe sie immer die späteren Schichten bis in den Abend hinein gehabt – und das, obwohl die Kita ihres Sohns Lukas um halb sechs schloss. „Ohne die Unterstützung meiner Freundinnen und meiner Oma hätte ich das nicht geschafft", sagt Busche. Reibungslos sei es trotzdem nicht gelaufen: Die Freundinnen haben Lukas von der Kita abgeholt und Busche kam dann häufig erst um halb zehn oder zehn Uhr abends nach Ladenschluss vorbei, um Lukas abzuholen und zuhause ins Bett zu bringen. Irgendwann rief schließlich die Kita an, weil immer wieder andere Frauen den heute zwölfjährigen Lukas abholten.

Ganz anders bei […], wo sie jetzt arbeitet. Das Unternehmen bietet eine Brustkrebsvorsorge an, bei der blinde Fachkräfte die Brüste der Patienten besonders sorgfältig abtasten und mögliche Knoten sehr früh erkennen. Busche ist dort Assistentin der Geschäftsführerin; „ein wenig Mädchen für alles", sagt sie. Die Arbeitszeiten seien regelmäßig und familienfreundlich, und wenn die Kita mal einen Tag geschlossen hat, kann sie ihren fünfjährigen Sohn Jamie auch mal zur Arbeit mitbringen, sagt sie. „Das war an meinen früheren Arbeitsplätzen fast unmöglich", so Busche.

Für sie ist es der Job, auf den sie schon gar nicht mehr gehofft hatte: „Ich hätte nie gedacht, dass ich noch eine Arbeit finde, mit der ich mich und meine Kinder selbst finanzieren kann. Da hatte ich schon jede Hoffnung aufgegeben."

Aus: Kaiser, Tobias: Wie man Kinder vor der Hartz-IV-Karriere bewahrt. In: Die Welt online vom 5.9.2017. online: https://www.welt.de/wirtschaft/article168315934/Wie-man-Kinder-vor-der-Hartz-IV-Karriere-bewahrt.html [zuletzt: 16.07.2019]

EINSTEIGEN

1. Ermittle auf der Internetseite https://statistik.arbeitsagentur.de wie hoch die Arbeitslosenquote aktuell in Baden-Württemberg und in der gesamten Bundesrepublik ist.

2. a) Beschreibe das Schaubild M 25 (S. 75) mithilfe der Arbeitstechnik „Diagramme beschreiben" (S. 212)
   b) Übertrage das Diagramm in dein Heft und setze es mithilfe der Ergebnisse aus Aufgabe 1 fort.

3. Lege eine Liste nach folgendem Muster an und ordne den in M 26 (S. 76 f.) genannten Fällen jeweils die entsprechende Art von Arbeitslosigkeit und die Beschreibung der Art zu.

Fall	Art der Arbeitslosigkeit	Beschreibung
Olek (21)		
Mona (38)		
Michael (24)		
Ilona (52)		

WEITERARBEITEN

4. a) Arbeite aus M 26 (S. 76 f.) den Unterschied zwischen konjunktureller und struktureller Arbeitslosigkeit heraus.
   b) Ordne die Formen der Arbeitslosigkeit danach, welche du als Einzelne bzw. Einzelner eher beeinflussen kannst und welche eher nicht.

5. Erkläre mithilfe von Info 4 (S. 81 f.) das Schaubild M 27 (S. 77) in eigenen Worten.

6. Arbeitet in Partnerarbeit aus M 28 (S. 78) die Folgen von Arbeitslosigkeit heraus. Fertigt dazu eine Mind-Map an. Vergleicht eure Mind-Map anschließend mit einem Partnertandem.

VERTIEFEN

7. a) Beschreibe das Schaubild M 29 (S. 78) mithilfe der Arbeitstechnik „Diagramme beschreiben" (S. 204).
   b) Erläutert zu zweit anhand eines selbst überlegten Beispiels, worin die Unterschiede zwischen den durch Arbeitslosigkeit verursachten Ausgaben und den Mindereinnahmen des Staates bestehen.

2. Wie geht es im Betrieb zu? Wer verdient wie viel? – Fragen der Arbeitswelt **81**

8. a) Recherchiert mithilfe der Arbeitstechnik „Informationen im Internet recherchieren" (S. 214 f.), wie hoch die Arbeitslosenquote gegenwärtig in unterschiedlichen Regionen in Deutschland ist. Vergleicht die Regionen miteinander hinsichtlich der Bevölkerungszusammensetzung, den geografischen Gegebenheiten, der Infrastruktur etc.
  b) Diskutiert in der Klasse, warum es in Deutschland Regionen mit hoher Arbeitslosigkeit und Regionen mit niedriger Arbeitslosigkeit gibt.

9. Beantworte selbstständig zu M 30 (S. 79 f.) folgende Fragen (Außenbetrachtung):
  a) Worum geht es in dem Artikel?
  b) Wer sind die Beteiligten?
  c) In welcher Situation befinden sich die Beteiligten?

10. Beantworte selbstständig auf der Grundlage von M 30 (S. 79 f.) folgende Fragen aus der Sicht von Stephanie Busche (Innenbetrachtung):
  a) Welche Gefühle hast du, wenn du an dein Leben und den Alltag in deiner Familie denkst?
  b) Wie schilderst du einer Freundin oder einem Freund dein Leben?
  c) Welche Zukunftsträume hast du?

11. a) Recherchiert zu zweit auf der Homepage der Bundesagentur für Arbeit, welche Unterstützungsmöglichkeiten es für Menschen wir Stephanie Busche (M 30, S. 79 f.) gibt (siehe Arbeitstechnik „Informationen im Internet recherchieren", S. 214 f.).
  b) Entwickelt zu zweit Ideen, wie der Staat Menschen wie Stephanie Busche (M 30, S. 79 f.) noch besser helfen könnte. Vergleicht eure Ideen anschließend mit einem Partnertandem.

▲ 1, 2, 3, 4b, 5, 6, 7, 9, 10   ▲▽ 2a, 3, 4, 5, 6, 7, 9, 10, 11a   ▲▽▲ 2a, 3, 5, 6, 7, 8, 9, 11

Prekäre Beschäftigung und Arbeitslosigkeit   Info 4

Früher begann man nach der Schule eine Ausbildung oder ein Studium und suchte sich anschließend eine dauerhafte Arbeitsstelle, zu der man dann in der Regel bis zum Eintritt in die Rente blieb. Dies bezeichnet man als → **Normalarbeitsverhältnis**. Heute dagegen nehmen sogenannte → **atypische Beschäftigungen** immer mehr zu. Dazu zählen Arbeitsverhältnisse, die nicht auf Dauer angelegt sind oder in denen Arbeitnehmerinnen und Arbeitnehmer unfreiwillig nur in Teilzeit beschäftigt sind. Auch Formen der Leih- und Zeitarbeit, Beschäftigung im Niedriglohnsektor oder Minijobs zählen zu den atypischen Beschäftigungsverhältnissen. Aber nicht jedes atypische Beschäftigungsverhältnis ist auch als prekär einzustufen. Von → **prekäre Beschäftigung** spricht man, wenn die Arbeitnehmerinnen und Arbeitnehmer kaum oder gar nicht von ihrem Einkommen leben können. Allerdings ist die Gefahr eines prekären Beschäftigungsverhältnisses bei atypischen Beschäftigungen größer als beim Normalarbeitsverhältnis. Wenn Menschen keiner Arbeit nachgehen können, weil sie keinen Arbeitsplatz finden oder nicht erwerbsfähig sind, spricht man von → **Arbeitslosigkeit**. Dabei unterscheidet man verschiedene Formen von Arbeitslosigkeit: saisonale Arbeitslosigkeit, konjunkturelle Arbeitslosigkeit, friktionelle Arbeitslosigkeit und strukturelle Arbeitslosigkeit. Neben diesen offenen Formen von Arbeitslosigkeit gibt es noch die sogenannte **verdeckte Arbeitslosigkeit**. Darunter wird der Anteil verstanden, der nicht in den offiziellen Statistiken der Bundesagentur für Arbeit zu Arbeitslosigkeit ausgewiesen wird. Das sind z. B. Arbeitslose, die nicht registriert sind, oder sich in Arbeitsbeschaffungs- oder Umschulungsmaßnahmen befinden.

Wenn man arbeitslos wird und sich bei den Behörden registriert, gibt es verschiedene Hilfen vom Staat. Dabei wird unterschieden, ob man erwerbsfähig oder z. B. aufgrund von Krankheit nicht erwerbsfähig ist. Erwerbsfähige Menschen bekommen, wenn sie in den letzten zwei Jahren für mindestens 12 Monate versicherungspflichtig beschäftigt waren, für eine Zeit das → **Arbeitslosengeld** I und nach einer bestimmten Dauer dann Arbeitslosengeld II, das in der Gesellschaft unter → **HartzIV** bekannt ist.

Arbeitslosigkeit hat auf jede Einzelne und jeden Einzelnen Auswirkungen. Zum einen verlieren die Menschen Hoffnung, sind von Selbstzweifel geplagt und resignieren, denn in unserer Gesellschaft ist berufliche Leistung ein sehr wichtiger Faktor für Anerkennung. Eine große Arbeitslosigkeit hat aber auch Folgen für die Gesellschaft insgesamt und für den Staat: Die Sozialkosten, die der Staat aufgrund von Arbeitslosengeld I und Arbeitslosengeld II leisten muss, steigen. Dies kann dazu führen, dass Geld an anderen Stellen eingespart wird oder die Steuern erhöht werden. Bei sehr hohen Arbeitslosenzahlen kann auch Unruhe in der Gesellschaft entstehen und die politische Stabilität eines Landes gefährdet sein.

Die Beendigung von Arbeitsverhältnissen

Arbeitsverhältnisse können aus ganz unterschiedlichen Gründen beendet werden. Entweder kündigt man selber, weil man sich aus privaten Gründen verändert. Zum Beispiel zieht man weg oder verspricht sich in anderen Unternehmen vor Ort eine bessere Karriere. Aber auch der Arbeitgeber kann in bestimmten Fällen ein Arbeitsverhältnis beenden. Was muss man bei einer solchen Kündigung beachten?

M 31 Aufhebungsvertrag/Kündigung

Alok: Mensch Mareike, ich muss dir was erzählen. Ich habe mich fürchterlich mit meiner Chefin gestritten. Eigentlich war es nur eine Kleinigkeit, aber es hat sich richtig hochgeschaukelt. Jetzt weiß ich gar nicht, was ich machen soll. Am liebsten würde ich alles hinschmeißen und nicht mehr zur Arbeit gehen. Soll sie doch schauen, wie sie ihre Sachen ohne mich geregelt bekommt.
Mareike: Alok, das kannst du nicht machen. Du kannst nicht einfach wegbleiben. Du arbeitest dort doch schon länger. Bist du denn befristet oder unbefristet eingestellt?
Alok: Unbefristet. Aber was spielt das für eine Rolle?
Mareike: Bei einem befristeten Arbeitsverhältnis könntest du auch einfach warten bis dein Arbeitsvertrag ausläuft. Eine Kündigung wäre dann nicht notwendig.
Alok: Und wie ist das bei mir?
Mareike: Du kannst entweder das Gespräch mit deiner Chefin suchen und um einen Aufhebungsvertrag bitten. Das bedeutet, dass ihr euch in gegenseitigem Einvernehmen trennt. Ein Aufhebungsvertrag ist jederzeit und ohne Einhaltung von Fristen möglich. Manchmal erhältst du sogar noch eine Abfindung. Du musst nur beachten, dass ein Aufhebungsvertrag unter Umständen zu einer Sperrzeit beim Anspruch auf Arbeitslosengeld führt.
Alok: Abfindung? Nach dem Streit? Einem solchen Aufhebungsvertrag wird meine Chefin nie zustimmen.

Mareike: Dann kannst du kündigen. Die Kündigung musst du schriftlich deiner Chefin zukommen lassen. Wenn die Kündigung rechtswirksam ist, d.h. sobald sie deiner Chefin schriftlich zugegangen ist und entsprechende Fristen eingehalten werden, ist egal, ob deine Chefin mit der Kündigung einverstanden ist oder nicht. Wenn du als Angestellter kündigst, beträgt die gesetzliche Kündigungsfrist mindestens vier Wochen zum 15. oder zum Ende eines Monats. Du musst in deinem Arbeitsvertrag aber auch schauen, ob hier eine längere Kündigungsfrist festgesetzt ist.

Alok: Kann mir meine Chefin auch kündigen?

Mareike: Ja, das kann sie. Allerdings gelten bei der ordentlichen Kündigung durch den Arbeitgeber andere gesetzliche Fristen. Das hängt davon ab, wie lange du schon im Unternehmen bist. Das reicht von einem bis zu sieben Monaten.

Alok: Gibt es auch eine unordentliche Kündigung?

Mareike: Nein, aber es kann eine außerordentliche Kündigung erfolgen. Diese ist in der Regel fristlos, d. h. ohne Einhaltung einer Kündigungsfrist. Allerdings muss ein wichtiger Grund vorliegen. Zum Beispiel wenn du im Streit deine Chefin gehauen hättest oder Geld aus der Kasse gestohlen hättest. Allerdings hat deine Chefin dann nur zwei Wochen nach dem Vorfall Zeit dir fristlos zu kündigen.

Alok: Das ist zum Glück nicht passiert, so etwas würde ich auch nie machen. Dann muss ich mal nachdenken, was ich will und das Gespräch mit meiner Chefin suchen.

M32 Gesetzliche Kündigungsfrist aus der Perspektive von Arbeitgeberinnen und Arbeitgebern

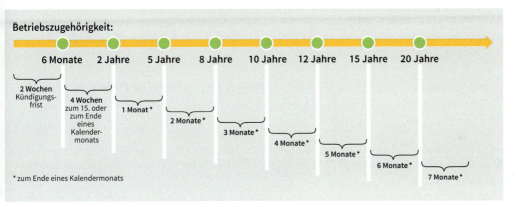

M33 Notenskala in Arbeitszeugnissen

In der Zeugnissprache werden Noten über ein abgestuftes Lob vergeben. Ein schwaches Lob entspricht einer ausreichenden Leistung (Note 4). Je besser die Note wird, umso stärker fällt auch das Lob aus – bis zum Superlativ in der Note 1. Gemessen am normalen Sprachgebrauch wirken gute Arbeitszeugnisse daher unweigerlich recht übertrieben. Kritik, insbesondere in der Note 5, wird mit Verschlüsselungstechniken umschrieben, [...]

Leistung 1: Bereitschaft
Note 1: Er zeigte stets ein sehr hohes Maß an Eigeninitiative und Leistungsbereitschaft.
Note 2: Sie zeigte stets eine hohe Leistungsbereitschaft und Pflichtauffassung.
Note 3: Er zeigte Einsatzbereitschaft.
Note 4: Sie zeigte auch Einsatzbereitschaft.
Note 5: ./. (fehlt = „beredtes Schweigen", [...])

Leistung 2: Befähigung
Note 1: Er verfügt über ein sehr gutes analytisch-konzeptionelles und zugleich pragmatisches Urteils- und Denkvermögen.
Note 2: Sie verfügt über ein gutes analytisch-konzeptionelles und zugleich pragmatisches Urteils- und Denkvermögen.
Note 3: Er bewies Belastbarkeit und Flexibilität.
Note 4: Sie verfügte über eine ausreichende Arbeitsbefähigung.
Note 5: Zu den unabdingbaren Voraussetzungen für diese Funktion gehörten Eigenschaften wie Belastbarkeit, Flexibilität und analytisches Denkvermögen.

Leistung 3: Fachwissen
Note 1: Aufgrund seines umfangreichen und besonders fundierten Fachwissens erzielte er immer weit überdurchschnittliche Erfolge.
Note 2: Sie wendete ihre guten Fachkenntnisse laufend mit großem Erfolg im Arbeitsgebiet an.
Note 3: Er besitzt ein solides Fachwissen in seinem Fachgebiet.
Note 4: Sie besitzt das erforderliche Fachwissen.
Note 5: Er zeigte bei der Beschäftigung mit den ihm übertragenen Aufgaben das notwendige Fachwissen, das er wiederholt erfolgversprechend einsetzte.
[…]

Aus: Homepage der Personalmanagement Service Schiller und Redekop GmbH, online: https://www.arbeitszeugnis.de/Notenskala.php [zuletzt 18.07.2019]

EINSTEIGEN

1. a) Beschreibe das Problem, vor dem Alok steht (M 31, S. 82 f.).
b) Erläutere, welche Lösungsmöglichkeiten Mareike ihrem Freund Alok aufzeigt (M 31, S. 82 f.).

2. Erstelle aus den Angaben zur Beendigung eines Arbeitsverhältnisses in M 31 (S. 82 f.) ein Schaubild, welche Varianten möglich sind.

WEITERARBEITEN

3. a) Beschreibe das Schaubild M 32 (S. 83) mithilfe der Arbeitstechnik „Diagramme beschreiben" (S. 212).
b) Diskutiert in Kleingruppen den Sinn der Verlängerung von Kündigungsfristen bei längerer Unternehmenszugehörigkeit sowohl aus der Perspektive der Arbeitnehmerinnen und Arbeitnehmer als auch aus der Perspektive der Arbeitgeberinnen und Arbeitgeber.

VERTIEFEN

4. a) In einem Taxiunternehmen wird einem Taxifahrer gekündigt, weil sich mehrere Fahrgäste beschwert haben, dass er betrunken gewesen sei. Bei einer Polizeikontrolle wird ihm dann auch noch die Fahrerlaubnis entzogen. Ihr werdet als Mitglieder des Betriebsrats über die Kündigung informiert. Diskutiert in einem Rollenspiel (siehe Unterrichtsmethode „Rollenspiel", S. 220), ob ihr die Kündigung für gerechtfertigt haltet oder nicht. Kommt zu einer gemeinsamen Entscheidung.
b) Formuliere für den Taxifahrer, dem gekündigt wurde, unter Berücksichtigung von Info 5 (S. 85) und M 33 (S. 83 f.) ein qualifiziertes Arbeitszeugnis. Vergleiche deine Ergebnisse mit einer Partnerin/einem Partner.

5. a) Erkläre, weshalb für den Betriebsrat und die Jugend- und Auszubildendenvertretung ein besonderer Kündigungsschutz besteht (Info 5, S. 85).
   b) Diskutiert, welche Probleme ein Kündigungsschutz für die Unternehmen mit sich bringen kann (Info 5, S. 85).

▲ 1, 2, 3a, 4   ▲▼ 2a, 3, 4, 5a   ▲▼▲ 2, 3, 4, 5

Beendigung von Arbeitsverhältnissen

Info 5

Ein Arbeitsverhältnis kann entweder durch die Arbeitgeberin/den Arbeitgeber oder die Arbeitnehmerin/den Arbeitnehmer beendet werden. Bei unbefristeten Arbeitsverhältnissen kann dies entweder durch einen **Aufhebungsvertrag** oder eine → **ordentliche Kündigung** erfolgen. Bei einem Aufhebungsvertrag sind beide Seiten einverstanden, das Arbeitsverhältnis zu beenden. Dabei müssen keine Fristen beachtet werden. Bei einer ordentlichen Kündigung, die von Seiten der Arbeitnehmerin/des Arbeitnehmers erfolgt, muss unter Beachtung der gesetzlichen **Kündigungsfrist** vier Wochen vor dem 15. eines Monats oder vor dem Monatsende gekündigt werden. Sobald die Kündigung schriftlich eingegangen ist, ist sie auch rechtswirksam.

Auch die Arbeitgeberin/der Arbeitgeber kann eine ordentliche Kündigung aussprechen. Diese muss ebenfalls schriftlich erfolgen. Hier unterscheidet man zwischen personenbedingten (z. B. mangelnde Qualifikation und Erfahrung), verhaltensbedingten (z. B. Arbeitsverweigerung, häufiges Zuspätkommen, etc.) und betriebsbedingten (z. B. Auftragsmangel, Rationalisierung) Kündigungsgründen. Je nach Betriebszugehörigkeit verlängert sich aber die gesetzliche Kündigungsfrist. Wenn ein Betriebsrat vorhanden ist, muss dieser über die Kündigung informiert und gehört werden. Wird der Betriebsrat nicht gehört, ist die Kündigung nicht gültig.

Ein besonderer → **Kündigungsschutz** gilt für Mitglieder des Betriebsrats und der Jugend- und Auszubildendenvertretung, schwerbehinderte Arbeitnehmerinnen und Arbeitnehmer, schwangere Frauen und Mütter bis vier Monate nach der Entbindung.

Neben der ordentlichen Kündigung kann auch eine **außerordentliche Kündigung** erfolgen, wenn ein wichtiger Grund vorliegt. Solche Gründe können zum Beispiel ein Diebstahl von Betriebseigentum oder eine Tätlichkeit sein. In der Regel sind außerordentliche Kündigungen fristlos. Allerdings muss die außerordentliche Kündigung innerhalb von zwei Wochen nach dem Vorfall erfolgen.

Wird ein Arbeitsverhältnis beendet, ist die Arbeitgeberin bzw. der Arbeitgeber verpflichtet der Arbeitnehmerin bzw. dem Arbeitnehmer ein schriftliches → **Arbeitszeugnis** auszustellen. Man unterscheidet dabei zwischen einem einfachen Arbeitszeugnis, das Namen und Adresse des Unternehmens sowie Art und Dauer der Beschäftigung enthält, sowie einem qualifizierten Arbeitszeugnis, das zusätzlich eine Beurteilung des Verhaltens und der Arbeitsleistung enthält. In der Regel besteht ein qualifiziertes Arbeitszeugnis aus Einleitung, beruflicher Entwicklung im Unternehmen, Beschreibung der ausgeführten Tätigkeit, Leistungsbeurteilung, Beurteilung des sozialen Verhaltens sowie einer Schlussformulierung, in der die Gründe für die Beendigung angegeben sind, sowie einer Dankformel.

3. Wer bestimmt im Unternehmen? – Unternehmensführung und Mitbestimmungsmöglichkeiten auf betrieblicher Ebene

Interessen von Unternehmerinnen/Unternehmern und Arbeitnehmenden können verschieden sein

Auf der einen Seite wollen Unternehmen möglichst große Umsätze und Gewinne machen. Ein wichtiger Punkt, um dies zu realisieren, können möglichst geringe Kosten für das Personal sein. Auf der anderen Seite wollen die Arbeitnehmenden für ihre Arbeit gut bezahlt werden. Das passt nicht immer zusammen. Wie können Unternehmerinnen/Unternehmer und Arbeitnehmende hier zusammenkommen?

M34 Was ist Arbeitnehmerinnen / Arbeitnehmern im Job wichtig?

Diese Punkte sind für Fachkräfte auf der Suche nach einem neuen Arbeitsplatz besonders wichtig (Angaben in Prozent der Befragten):

	In Wirtschaftsunternehmen
Art der Tätigkeit	70
Bezahlung	60
Sicherheit des Arbeitsplatzes	52
Kollegen	37
Entscheidungsfreiheit bei der Arbeit	36
Vorgesetzte	33
Mitwirkungsmöglichkeiten	24
Weiterbildungsmöglichkeiten	22
Standort	21

Quelle: Fachhochschule Köln, 2015

M35 Wirtschaftsstandort Deutschland aus Unternehmersicht

„Eine funktionierende Infrastruktur, also gut ausgebaute Straßen- und Schienenanbindungen sowie ein gutes Telekommunikationsnetz sind unabdingbare Voraussetzungen für mein Logistikunternehmen. Ein weiterer Vorteil ist die zentrale Lage Deutschlands in Europa."

„Bei steigenden Lohnkosten und hohen Sozialabgaben suche ich als Unternehmerin einen günstigeren Standort für meine Firma."

„In Deutschland sind die Umweltschutzanforde-rungen extrem hoch. Es ist einfach nicht mehr wirtschaftlich, wenn wir alle drei Monate die Filteranlagen austauschen müssen, um den Auflagen zu genügen."

„Das Ausbildungs- sowie das Qualifikationsniveau sind hierzulande sehr hoch entwickelt, ein entscheidendes Kriterium für diesen Standort meiner Firma."

„Lohnkosten, Sozialabgaben und Energiekosten sind hier zwar deutlich höher als in anderen Ländern. Dagegen steht jedoch, dass wir unsere Produkte hierzulande in hoher Qualität erzeugen können, die die Kunden wertschätzen. Außerdem gibt es einen recht großen Absatzmarkt, was sich vorteilhaft für mein Unternehmen in Hinblick auf Transportkosten auswirkt."

„Am Standort Deutschland sind besonders die vielen bürokratischen Hürden zu bemängeln. Vor allem im Baugewerbe muss so vieles dokumentiert werden, was die Arbeitszeit mehrerer Mitarbeiter beansprucht, die ich eigentlich für andere Aufgaben bräuchte."

„In Forschung und Entwicklung wird hierzulande viel investiert. Das ist gerade für mein Unternehmen wichtig."

„Das Arbeits- und Sozialrecht ist sehr umfangreich und kompliziert. Außerdem genießen Arbeitnehmerinnen und Arbeitnehmer einen hohen Kündigungsschutz."

„Rechtssicherheit in diesem Land und ein stabiles politisches System sind ja gut und wichtig. Aber: Wer neue Produkte auf dem Markt bringen will, muss mitunter lange Genehmigungsverfahren in Deutschland und in der EU durchlaufen, das nervt."

„Die einflussreichen Gewerkschaften in Deutschland machen Tarifabschlüsse und damit die Lohnfindung gelegentlich schwierig."

„Ich beobachte am Standort Deutschland oft eine unzureichende Mobilität der Arbeitnehmerinnen und Arbeitnehmer. Dabei ist Flexibilität enorm wichtig, um im Welthandel mitzumischen."

M36 Konflikt in der Zahnarztpraxis

Dr. Jutta Kister hat eine gutgehende Zahnarztpraxis in der Fußgängerzone. Aber seit einiger Zeit sagen immer mehr Patientinnen und Patienten ihren Termin ab. Als Herr Puhl, den Frau Dr. Kister schon lange kennt, auch seinen Termin absagen will, fragt sie ihn einfach nach dem Grund. Herr Puhl ist es peinlich, als er Frau Dr. Kister sagt, dass in der Nähe eine große Praxis aufgemacht, die bis 21 Uhr geöffnet hat und dazu bei den Privatleistungen sogar noch etwas günstiger ist. Das ermöglicht ihm, nach der Arbeit einen Termin auszumachen, und er muss sich keinen halben Tag für einen Zahnarzttermin frei nehmen. Frau Dr. Kister beschließt, auch in ihrer Praxis zumindest drei Tage in der Woche bis 21 Uhr Termine zu vergeben.

3. Wer bestimmt im Unternehmen? – Unternehmensführung und Mitbestimmungsmöglichkeiten auf betrieblicher Ebene

Sie teilt dies ihren Angestellten in einer Betriebsbesprechung mit. Dilara Groeben, die zwei kleine Kinder hat, ist darüber gar nicht froh. Ihr Familienleben würde, auch wenn sie nur ein bis zwei Tage in der Woche bis 21 Uhr arbeiten müsste, ganz schön durcheinandergewirbelt werden. Ihr Mann hat ebenfalls lange Arbeitszeiten. Für einen Babysitter reicht das Geld nicht. Auch der für die Zahnarztpraxis zuständige Mann der Reinigungsfirma, Gernot Neitzel, ist über die Entscheidung nicht glücklich. Wann soll er dann reinigen? In den Morgenstunden putzt er bereits andere Büros. Bisher konnte er nach Praxisschluss reinigen. Sollte er erst nach 21 Uhr putzen können, müsste er einen Nachtzuschlag verlangen und von frühmorgens bis spätabends arbeiten. Der Zahnarzthelfer Hamdan Mansour, der bisher nur eine 75-Prozent-Stelle hat, hofft dagegen, dass er künftig auf 100 Prozent aufstocken und damit mehr verdienen kann.

EINSTEIGEN

1. a) Überlege dir, was dir an einem Arbeitsplatz besonders wichtig ist. Zähle deine drei wichtigsten Punkte auf und begründe.
   b) Analysiere das Schaubild M 34 (S. 86) mithilfe der Arbeitstechnik „Diagramme beschreiben" (S. 212).
   c) Vergleiche deine Liste mit deiner Analyse des Schaubilds M 34 (S. 86).

2. a) Erstelle aus M 35 (S. 86 ff.) eine Tabelle, in der du die sogenannten Standortfaktoren der Unternehmerinnen und Unternehmern in „Pro und Kontra Wirtschaftsstandort Deutschland" ordnest.
   b) Vergleiche die Tabelle mit deiner Analyse aus Aufgabe 1 b). Wo siehst du mögliche Konfliktfelder? Begründe.

WEITER-ARBEITEN

3. Recherchiere mithilfe der Arbeitstechnik „Informationen im Internet recherchieren" (S. 214 f.) nach einem Betrieb in deiner Region, in dem du dir vorstellen kannst, ein Betriebspraktikum zu machen. Liste ausgehend von der Tabelle aus Aufgabe 2 a) auf, welche Standortfaktoren für diesen Betrieb besonders wichtig sind.

4. a) Erstellt in einer Vierer-Gruppe auf Basis der Informationen in M 36 (S. 88 f.) je eine Rollenkarte zu den aufgeführten Personen.
   b) Führt ein Rollenspiel (siehe Unterrichtsmethode „Rollenspiel", S. 220) durch.

VERTIEFEN

5. a) Recherchiert in der Klasse gemeinsam nach einem Betrieb in der Region und versucht, dort eine Betriebserkundung durch. Beachtet dabei die einzelnen Schritte aus der Arbeitstechnik „Eine Betriebserkundung planen und durchführen" (S. 90 f.).
   b) An eine Betriebserkundung kann sich für dich ein Betriebspraktikum anschließen. Entwickle auf Basis der Arbeitstechnik „Eine Betriebserkundung planen und durchführen" (S. 90 f.) und der bereits vorliegenden Unterlagen deines Berufswahlportfolios Leitfragen zur schriftlichen Dokumentation und Reflexion deines Betriebspraktikums.

▲ 1a, 1b, 2, 4, 5   1, 2, 3, 4, 5   2, 3, 4, 5

Arbeitstechnik

Eine Betriebserkundung planen und durchführen

Sowohl die Betriebsbesichtigung als auch die Betriebserkundung bieten euch die Möglichkeit, die Arbeitswirklichkeit kennenzulernen.
Bei einer Betriebsbesichtigung schauen sich Besuchergruppen zumeist die Produktionsstätten an und führen ein Gespräch mit einer/einem Verantwortlichen des Betriebs. Die Planung und Organisation der Besichtigung wird meist von den Betrieben selbst übernommen.
Bei der Betriebserkundung stehen Fragen und Problemstellungen, die sich im Unterricht ergeben haben, im Mittelpunkt. Durch die Betriebserkundung werden die gesammelten Punkte vor Ort veranschaulicht.

Schritt 1: Auswahl des Betriebs

Die Auswahl des Betriebes ergibt sich aus dem von euch gemeinsam gewählten Ziel. Ist es z. B. euer Ziel zu erfahren, wie die Ausbildungssituation in einem ganz bestimmten Tätigkeitsfeld ist, müsst ihr einen regionalen Betrieb in diesem Tätigkeitsfeld finden, der auch ausbildet. Wollt ihr dagegen erfahren, wie sich die Globalisierung auf Betriebe in eurer Region auswirkt, müsst ihr Betriebe suchen, die z. B. viele Produkte ins Ausland exportieren, auf Rohstoffe oder Halbfertigprodukte aus anderen Ländern angewiesen sind oder Arbeitnehmerinnen und Arbeitnehmer aus vielen verschiedenen Ländern beschäftigen.
Wenn ihr euch für einen Betrieb entschieden habt, klärt ab, ob der Betrieb zu einer Erkundung durch Schülerinnen und Schüler zu euren Fragen oder Problemstellungen bereit ist und wann eine solche Betriebserkundung möglich wäre. Vereinbart gemeinsam mit eurer Lehrerin/eurem Lehrer den Termin und die Dauer der Betriebserkundung. Klärt auch, wie ihr den Betrieb rechtzeitig erreicht. Informiert die Schulleitung über euer Vorhaben.

Schritt 2: Vorbereitung der Betriebserkundung

Informiert euch dann über das Unternehmen, z. B. über dessen Homepage. Haltet wichtige Eckdaten fest: Standort(e): Hauptsitz, Niederlassungen, Größe des Unternehmens, Rechtsform, Firmengeschichte, Art des Produkts/der Dienstleistung, Bedeutung des Betriebes für die Region, Besonderheiten (z. B. soziales Engagement; Unterstützung von regionalen Vereinen, etc.). Sammelt dann in der Klasse Fragen, die ihr bei der Betriebserkundung klären wollt. Bündelt diese Fragen zu zusammenhängenden Frageblöcken. Solche Fragenblöcke könnten beispielsweise so aussehen:

Ökonomische Aspekte	Technologische Aspekte	Berufsorientierende Aspekte	Soziale Aspekte	Ökologische Aspekte
– Wem gehört das Unternehmen? – Welche Rechtsform hat das Unternehmen? – Wieso hat sich der Betrieb für diesen Standort entschieden? – Wie ist die Konkurrenzsituation national/international?	– Welche Produkte werden hergestellt, bzw. Dienstleistungen angeboten? – Welche Rohstoffe bzw. Halbfertigprodukte sind für die Produktion notwendig? – Wie wird die Qualität der Produkte/Dienstleistungen gesichert? – Wie werden Innovationen entwickelt?	– Welche Berufsbilder finden sich im Betrieb? – Bildet der Betrieb aus? Wie viele Auszubildende gibt es? – Welche besonderen Anforderungen gibt es für die Ausbildung/für die Beschäftigten? – Besteht die Möglichkeit zu einem Betriebspraktikum? Wenn ja, in welcher Abteilung?	– Gibt es einen Betriebsrat? – Welche Gewerkschaften sind im Betrieb aktiv? – Was tut der Betrieb für das Betriebsklima? – Gibt es bestimmte Arbeitszeitmodelle, z. B. um Familie und Beruf besser zu vereinbaren? – Bietet der Betrieb eine eigene Kinderbetreuung an? – Gibt es Lohnunterschiede zwischen Männern und Frauen?	– Ist Umweltschutz ein Thema für den Betrieb? – Welche Umweltschutzauflagen sind einzuhalten? – Wie werden Abfälle im Betrieb entsorgt?

Schritt 3: Durchführung der Betriebserkundung und Dokumentation der Ergebnisse

Betriebserkundungen können unterschiedlich ablaufen. Entweder erkundet ihr den Betrieb als gesamte Klasse oder ihr werdet in kleine Gruppen aufgeteilt und erkundet z. B. unterschiedliche Abteilungen im Betrieb. Je nachdem müsst ihr die gesammelten Fragen aufteilen. Versucht möglichst viele Mitarbeiterinnen und Mitarbeiter im Betrieb zu interviewen. Haltet dabei immer fest, welche Funktion die Interviewpartnerinnen und -partner im Unternehmen haben. Prüft zum Schluss noch einmal, ob alle eure Fragen ausreichend beantwortet wurden. Hakt ggf. nochmals nach. Ihr müsst aber auch akzeptieren, wenn die Personen nicht auf alle Fragen antworten wollen oder dürfen.
Macht euch während der Erkundung auf jeden Fall Notizen. Fragt, ob es euch gestattet ist, im Betrieb Fotos zu machen für eure Dokumentation und Auswertung.
Wenn ihr in die Schule zurückgekehrt seid, tragt eure Ergebnisse zusammen. Überlegt auch noch einmal, wie ihr die Atmosphäre im Betrieb empfunden habt und welchen Eindruck die Mitarbeiterinnen und Mitarbeiter auf euch gemacht haben. Wenn nicht alle eure Fragen beantwortet wurden, überlegt gemeinsam, welche Fragen warum unbeantwortet blieben.

Schritt 4: Präsentation der Ergebnisse der Betriebserkundung

Damit auch andere von eurer Betriebserkundung profitieren, solltet ihr eure Informationen auch der Öffentlichkeit präsentieren. Entscheidet, wie ihr die Ergebnisse darstellen wollt. Dazu könnt ihr zum Beispiel Plakate erstellen, die Ergebnisse in einem Flyer festhalten oder einen Eintrag für euer Berufswahlportfolio schreiben. Die Plakate könnt ihr dann als Ausstellung in der Schule präsentieren. Eventuell könnt ihr auch einen Pressebericht für die lokale Zeitung oder die Schülerzeitung schreiben.

Mitbestimmung im Betrieb ist gesetzlich verankert

Betriebliche Mitbestimmung hat in der Bundesrepublik eine lange Tradition. Arbeitnehmerinnen und Arbeitnehmer schließen sich zusammen, um ihre Interessen durchzusetzen. Nach dem Betriebsverfassungsgesetz und dem Gesetz über Mitbestimmung der Arbeitnehmer können sie Einfluss auf Unternehmensentscheidungen nehmen. Dazu wählen die Arbeitnehmerinnen und Arbeitnehmer einen Betriebsrat. Doch was macht dieser Betriebsrat genau?

M 37 Alltag eines Betriebsrats

[...] Das Werksgelände des Behälterglasunternehmens Noelle+von Campe zieht sich zwei Kilometer durch den kleinen Ort Boffzen in Niedersachsen. Damit die Beschäftigten alles gut erreichen, stehen ihnen Fahrräder zur Verfügung. Arno Fischer, Betriebsratsvorsitzender im Unternehmen, ist heute aber zu Fuß unterwegs. Die Bewegung macht ihm nichts aus, nur beim Treppensteigen hat er Probleme. „Das machen die Gelenke einfach nicht mehr so gut mit", sagt er. Der 53-Jährige leidet seit mehreren Jahren an einer rheumatischen Erkrankung. Er ist einer von 15 Schwerbehinderten der insgesamt 450 Mitarbeiter bei Noelle+von Campe und setzt sich für die Belange der Beschäftigten ein. „Das Unternehmen hat eine lange Tradition, nächstes Jahr feiern wir 150-jähriges Bestehen", erzählt Arno Fischer. „Diese Tradition ist auch bei den Kollegen verankert. Deshalb setzen wir gemeinsam mit der Geschäftsleitung Projekte um, damit auch unsere schwerbehinderten Kollegen lange im Betrieb arbeiten können." Eines dieser Projekte ist eine neue Werkbank in der Formwerkstatt. „Die Arbeit in einem Glasbetrieb ist oft schwer und belastend", sagt Arno Fischer. Deshalb wird für einen Kollegen eine höhenverstellbare Werkbank eingebaut, damit er die Werkzeuge ohne Probleme benutzen kann. Auch eine Stehhilfe wird zur Verfügung gestellt.

Auf seinem Weg durch den Betrieb wird der Betriebsratsvorsitzende an jeder Ecke begrüßt. Er ist erst seit drei Jahren im Unternehmen, aber hat schon das volle Vertrauen der Beschäftigten. „Ich war selbst etwas überrascht, als ich zum Vorsitzenden gewählt wurde", sagt er. Jetzt schaut er, was vor allem für die schwerbehinderten Kollegen verbessert werden kann. „Viele Schwerbehinderte haben schon bei Bewerbungen schlechtere Karten, dabei habe ich es so oft erlebt, dass gerade Schwerbehinderte viel motivierter an die Arbeit gehen als die anderen Kollegen", sagt Arno Fischer. „Das liegt einfach auch daran, dass viele es nicht als selbstverständlich ansehen, einen Arbeitsplatz zu haben." […] In der Produktion der Glashütte ist es sehr heiß und laut. Ohne Sicherheitsschuhe, Helm und Gehörschutz darf sich hier kein Beschäftigter aufhalten. Weil Arno Fischer seine Ausrüstung nicht mit dabei hat, nimmt er einen kleinen Umweg und besucht heute noch seine Kollegen in der Warenannahme. Das kleine Büro teilen sich Walter Heuse und Wolfgang Meyer. Beide sind schwerbehindert. Walter Heuse arbeitet fünf Stunden am Tag, macht Laborfahrten, besorgt Material und hilft in der Warenannahme. Seit seinem Bandscheibenvorfall und einigen Operationen ist er zu 70 Prozent berufsunfähig. „Deshalb hab ich hier im Büro einen extra Stuhl für meinen Rücken", sagt er. Auch bei seinem Lieferwagen durfte er mit aussuchen. „Ich bin ja zusätzlich noch sehr groß, da hab ich mir einen ausgesucht, in den ich auch gut reinpasse", sagt der 59-Jährige und lacht. Seit 40 Jahren ist er jetzt schon im Betrieb und für ihn ist klar: „Was ich aus gesundheitlichen Gründen nicht kann, dort helfen mir meine Kollegen." Hat er grade nicht so viel zum Ausliefern, hilft er seinem Kollegen Wolfgang Meyer in der Warenannahme.

Der ist Vertrauensmann für die Schwerbehinderten und hat bei einem Unfall sein Bein verloren. Was genau passiert ist, behält er lieber für sich. „Damals habe ich hier noch als Dreher gearbeitet", sagt der 59-Jährige. Die Maschine wurde dann extra für ihn angepasst, ein Hebekran und eine Hebebühne wurden installiert. Seit 38 Jahren ist er im Betrieb, 25 davon war er Betriebsrat. „Jetzt mache ich noch den Bürokram. In die Produktion will ich jetzt auch nicht mehr zurück", sagt er. „Das ist mit der Zeit ja noch viel anstrengender." Seine Pläne für sein Berufsleben sind jetzt auch schon überschaubar. „Ein Jahr hab ich noch vor mir, dann gehe ich in Altersrente für Schwerbehinderte und in drei Jahren dann richtig in Rente." Bei der Schwerbehindertenvertreterwahl im Oktober lässt er sich nicht mehr aufstellen. „Das Zepter soll jetzt jemand Jüngeres übernehmen."

Aus: Herzog, Nico: Schwerbehinderung im Betrieb. Den Alltag erleichtern. In: Homepage der Industriegewerkschaft Bergbau, Chemie, Energie, online: https://hannover.igbce.de/schwerbehinderung-reportage-noelle-von-campe/88718 [zuletzt: 07.03.2019]

M38 Worum kümmert sich ein Betriebsrat?

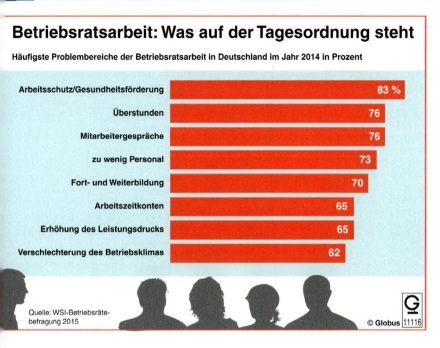

M39 Rechte des Betriebsrats nach dem Betriebsverfassungsgesetz

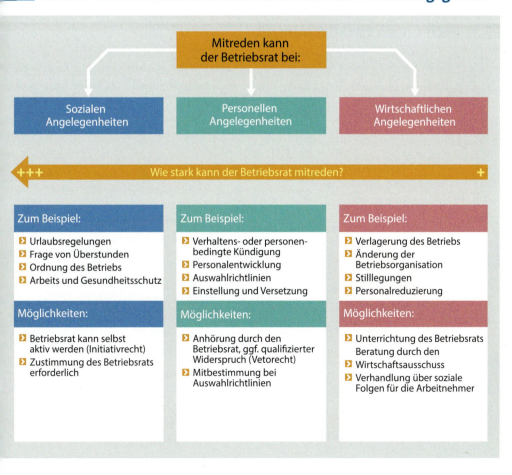

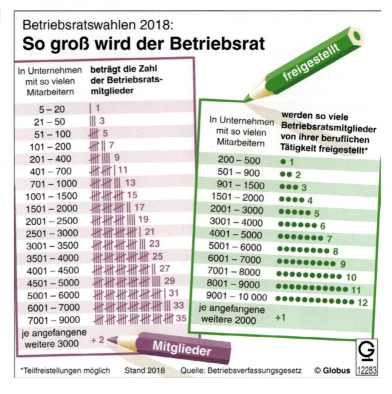

M 41 Meinungen zum Betriebsrat

„Der Betrieb gehört der Chefin und da bestimmt nur sie."

„Der Betriebsrat verschreckt ausländische Unternehmerinnen und Unternehmer, die überlegen, Deutschland als Standort für ihr Unternehmen zu wählen."

„Ein Betriebsrat darf in Wirklichkeit nur bei bestimmten Themen mitbestimmen."

„Gerade bei Personalangelegenheiten ist es gut, wenn jemand auf Seiten der Beschäftigten steht, der sich damit auskennt."

„Ein Betriebsrat verursacht nur Kosten und verzögert Entscheidungen."

„Wenn es einen Betriebsrat gibt, können viele Themen im Gespräch geklärt werden."

„Ein Chef sollte sich wegen Einstellungen und Entlassungen nicht bevormunden lassen."

„In einer demokratischen Gesellschaft gehört Demokratie auch in den Betrieben dazu."

M 42 Betriebsrat – der kann doch nichts entscheiden …!?

1. a) Lies den Bericht über den Arbeitsalltag des Betriebsrats Arno Fischer (M 37, S. 91 f.) und arbeite heraus, wofür sich ein Betriebsrat einsetzt.
b) Ordne die Tätigkeiten von Arno Fischer (M 37, S. 91 f.) den häufigsten Problembereichen der Betriebsratsarbeit in Deutschland (M 38, S. 93) zu.

EINSTEIGEN

2. a) Arbeitet in Partnerarbeit aus M 39 (S. 93) und Info 6 (S. 100) die Rechte des Betriebsrats heraus.
b) Ordnet in Partnerarbeit zu, welche der in M 39 (S. 93) genannten Rechte bei den Tätigkeiten von Betriebsrat Arno Fischer (M 37, S. 91 f.) zum Tragen kommen.

3. a) Analysiere das Schaubild M 40 (S. 94) mithilfe der Arbeitstechnik „Diagramme beschreiben" (S. 212).
b) Begründe, weshalb die Zahl der Betriebsratsmitglieder mit der Größe des Unternehmens ansteigt.

4. Bereitet in Gruppen die Expertenbefragung einer Betriebsrätin/eines Betriebsrats vor (siehe Arbeitstechnik „Expertenbefragung", S. 96 f.). Recherchiert bei Unternehmen in eurer Region, welche Betriebsrätin bzw. welchen Betriebsrat ihr einladen könntet.

WEITER-ARBEITEN

5. M 41 (S. 94) bildet verschiedene Meinungen zum Betriebsrat ab. Sucht euch in Partnerarbeit mindestens zwei Meinungen heraus und versucht diese mit Argumenten zu untermauern oder zu widerlegen. Stellt eure Ergebnisse anschließend einem Partnertandem vor.

VERTIEFEN

6. Interpretiere die Karikatur M 42 (S. 95) mithilfe der Arbeitstechnik „Karikaturen analysieren" (S. 215).

▲ 1, 2, 4, 5   ▲▼ 1, 2, 4, 5, 6   ▲▼▲ 2a, 3b, 4, 5, 6

| **Arbeits-technik** | **Expertenbefragung** |

Eine Expertenbefragung gibt euch die Möglichkeit, viel über den Beruf oder die Tätigkeit einer Person, ihr Alltagsleben oder ihre Position zu einem bestimmten Problem selbst zu erfahren. Es ist wichtig, die Befragung ausreichend vorzubereiten und anschließend planvoll durchzuführen sowie auszuwerten. Diese Auflistung hilft euch dabei:

Schritt 1: Vorbereitung
Entscheidet, wer eingeladen werden soll. Formuliert eine Fragestellung: Was genau wollen wir von der Person, die wir eingeladen haben, erfahren?
Nehmt dann Kontakt zu der/dem ausgewählten Expertin/Experten auf. Sprecht die Rahmenbedingungen mit ihr bzw. ihm ab: zentrale Fragestellung, zeitlicher Ablauf, Alter, Gruppengröße, Zusammensetzung der Klasse, Vorarbeiten und Vorwissen.
Probiert eine passende Sitzordnung aus. Falls ihr technische Hilfsmittel benötigt, organisiert diese und prüft sie vor dem Einsatz auf Funktionsfähigkeit.
Bestimmt am besten mehrere Schülerinnen und Schüler, die die wichtigsten Ergebnisse der Befragung protokollieren.
Gewerkschaften setzen sich für die Interessen der Arbeitnehmerinnen und Arbeitnehmer ein. Insbesondere haben die Gewerkschaften ein Auge auf die Situation der Auszubildenden. Eure zentrale Fragestellung könnte eventuell lauten: Was tun die Gewerkschaften, um sich für die Belange der Auszubildenden einzusetzen?
Die Jugendgewerkschaftssekretärin Alexandra Golland hat nach einem Anruf in der Hauptverwaltung der IG Metall eingewilligt, euch in der Schule zu besuchen. Jorina und Julius melden sich freiwillig als Protokollantin und Protokollant.

Schritt 2: Durchführung
Begrüßt die Expertin/den Experten und stellt ihn kurz vor, bzw. bittet sie/ihn, sich selbst kurz vorzustellen. Haltet euch bei den Fragen an zuvor vereinbarte Gesprächsregeln (z. B.: Wer begrüßt, wer abschiedet? Wer stellt wann welche Fragen? Zu welchem Zeitpunkt kann man sich auch spontan in das Gespräch einbringen?). Behaltet eure zentrale Fragestellung im Auge. Denkt daran, das Wichtigste zu protokollieren. Verabschiedet am Ende die Expertin/den Experten und bedankt euch bei ihr/ihm für ihre/seine Mühen. Überreicht ggf. eine kleine Aufmerksamkeit.
„Guten Tag Frau Golland. Wir freuen uns, dass Sie sich die Zeit nehmen. Hier haben wir einen Platz für Sie vorbereitet."
…
„Wir führen diese Expertenbefragung durch, weil uns interessiert, wie man sich als Jugendgewerkschaftssekretärin für die Belange der Auszubildenden einsetzt. Damit wir nachher die Befragung auch auswerten können, werden Jorina und Julius Protokoll schreiben. Wenn es zu schnell geht, werden die beiden sich melden und nochmals nachfragen. Vielleicht können Sie sich am Anfang kurz vorstellen und erzählen, wie Sie Jugendgewerkschaftssekretärin geworden sind."
…
„Sehr geehrte Frau Golland, vielen Dank dafür, dass Sie sich die Zeit genommen haben, uns zu besuchen und so ausführlich auf alle unsere Fragen geantwortet haben. Wir haben wirklich einen tollen Einblick in die Arbeit als Jugendgewerkschaftssekretärin bekommen. Als kleines Dankeschön wollen wir ihnen dies hier überreichen. Kommen Sie gut nach Hause. Vielen Dank."
(Die restlichen Schülerinnen und Schüler applaudieren.)

Schritt 3: Auswertung

Fasst die wichtigsten Ergebnisse zusammen. Haltet diese Zusammenfassung schriftlich/grafisch fest. Vergleicht die Befragungsresultate mit euren bisherigen Kenntnissen: Was wissen wir jetzt mehr? Ist das Wissen detaillierter? Was war besonders spannend bzw. überraschend? Überlegt euch, ob das Ziel der Befragung erreicht wurde. Besprecht, was ihr bei einer anderen Expertenbefragung besser/anders machen müsst. Bewertet die Expertenbefragung als Methode.
Wenn die Jugendgewerkschaftssekretärin gegangen ist, sind vor allem die Protokollantinnen und Protokollanten gefragt. Sie fassen noch einmal zusammen, was die Expertin berichtet hat. Haltet die Ergebnisse schriftlich/grafisch fest.
So könntet ihr beispielsweise eine Mindmap erstellen. Prüft noch einmal, ob alle eure Fragen beantwortet wurden oder ob ihr weiter recherchieren müsst. Überlegt auch, ob die Befragung Jugendgewerkschaftssekretärin so abgelaufen ist, wie ihr es euch vorgestellt habt oder ob ihr beispielsweise euren Gast im Vorfeld künftig noch besser darüber informieren müsst, was ihr von ihm erfahren wollt.

Dürfen Jugendliche und Auszubildende im Betrieb auch mitbestimmen?

In Betrieben mit in der Regel mindestens fünf Arbeitnehmerinnen und Arbeitnehmern, die das 18. Lebensjahr noch nicht vollendet haben oder die zu ihrer Berufsausbildung beschäftigt sind und das 25. Lebensjahr noch nicht vollendet haben, können Jugend- und Auszubildendenvertretungen gewählt werden. Was macht die Jugend- und Auszubildendenvertretung genau und welche Rechte hat sie?

M43 Aufgaben der Jugend- und Auszubildendenvertretung gemäß Betriebsverfassungsgesetz

§ 70 Allgemeine Aufgabe
(1) Die Jugend- und Auszubildendenvertretung hat folgende allgemeine Aufgaben:
  1. Maßnahmen, die den in § 60 Abs. 1 genannten Arbeitnehmern dienen, insbesondere in Fragen der Berufsbildung und der Übernahme der zu ihrer Berufsausbildung Beschäftigten in ein Arbeitsverhältnis, beim Betriebsrat zu beantragen;
  […]
  2. darüber zu wachen, dass die zugunsten der in § 60 Abs. 1 genannten Arbeitnehmer geltenden Gesetze, Verordnungen, Unfallverhütungsvorschriften, Tarifverträge und Betriebsvereinbarungen durchgeführt werden;
  […]
  4. die Integration ausländischer, in § 60 Abs. 1 genannter Arbeitnehmer im Betrieb zu fördern und entsprechende Maßnahmen beim Betriebsrat zu beantragen.
(2) Zur Durchführung ihrer Aufgaben ist die Jugend- und Auszubildendenvertretung durch den Betriebsrat rechtzeitig und umfassend zu unterrichten. Die Jugend- und Auszubildendenvertretung kann verlangen, dass ihr der Betriebsrat die zur Durchführung ihrer Aufgaben erforderlichen Unterlagen zur Verfügung stellt.

Aus: Betriebsverfassungsgesetz in der Fassung der Bekanntmachung vom 25. September 2001 (BGBl. I S. 2518), das zuletzt durch Artikel 4e des Gesetzes vom 18. Dezember 2018 (BGBl. I S. 2651) geändert worden ist, online: https://www.gesetze-im-internet.de/betrvg/BetrVG.pdf [zuletzt: 23.07.2019]

M 44 „Tarifpolitik können wir verdammt gut!"

Florian Moser (25) mischt gerne mit. Bei der Deutschen Telekom ist er freigestellter Auszubildendenvertreter und Sachverständiger der Konzernausbildungsvertretung. Bei [der Gewerkschaft] ver.di ist er Mitglied im Bundesfachbereichsvorstand Telekommunikation und Informationstechnologie, in dessen Präsidium – und er ist auch Vorsitzender dieses Fachbereichs bei der ver.di Jugend. Mit jav.info sprach der IT-Systemkaufmann über die vergangenen Telekom-Tarifverhandlungen und über seine Gründe, Tarifpolitik aktiv mitzugestalten.

jav.info: *Die Tarifrunde bei der Telekom hat in diesem Jahr ein gutes Ergebnis für die Auszubildenden und Studierenden gebracht. Was genau habt ihr erreicht?*

Florian: Der Arbeitgeber hat uns 2007 vor die Wahl gestellt: Entweder senkt er die Ausbildungsquote drastisch oder er bezahlt die neuen Auszubildenden unterschiedlich. Wir haben damals für eine über drei Jahre gesicherte Ausbildungsquote von 2,9 Prozent und rund 4000 Auszubildende gestimmt, allerdings bei uneinheitlichem Ausbildungsentgelt. In den folgenden Jahren haben wir uns dann für die Anpassung der Vergütungen stark gemacht. 2012 ist uns nun tarifvertraglich die Abschaffung dieser sogenannten Cluster-Bezahlung gelungen. Kaufleute bekommen ab Juni 2013 wieder genauso viel wie technische Berufe. Aber auch für dual Studierende steigt die Vergütung um 6,5 Prozent – das sind Riesenerfolge! [...]

jav.info: *Wie können sich eure Auszubildenden bei Tarifrunden einbringen?*

Florian: Da gibt es wirklich viele Möglichkeiten: einerseits im Rahmen der Forderungsfindung in Betrieben, Landesfachbereichen und bundesweiten Konferenzen, andererseits durch Kontaktpflege oder Azubi-Befragungen. Außerdem gibt es Mittagspausenaktionen, bei denen eine Beteiligung möglich ist, ebenso betriebliche Aktionen oder den klassischen Arbeitskampf, also die Arbeitsniederlegung. Mittlerweile machen wir auch Aktionen im Internet. Zur Abschaffung der Cluster-Bezahlung haben wir z. B. die Facebook-Gruppe „Cluster Buster" gegründet und darüber einen sehr erfolgreichen Flashmob organisiert.

jav.info: *Zeigen die Auszubildenden denn großes Interesse für solche Angebote?*

Florian: Ja, und auf unsere Azubis und Studierenden ist wirklich Verlass! Wenn wir zur Beteiligung aufrufen, stehen sie für ihre Interessen auf der Matte. Das ist wirklich großartig! Uns ist wichtig, dass Auszubildende und Studierende von Anfang an eingebunden sind. Schließlich geht es um ihre Forderungen, für die sie mit uns auf der Straße stehen. Natürlich diskutieren wir nach Aktionen auch das Ergebnis. Genauso groß ist das Interesse bei Verhandlungen. Sobald im Fachbereich Jugendthemen im Spiel sind, wie jetzt die Übernahme und Auszubildendenquote, sind die jungen Erwachsenen überproportional vertreten. Das schätzen wir sehr und das bringt uns in unserer Arbeit extrem weiter.

jav.info: *Du machst seit 2007 Vorstandsarbeit. Welchen persönlichen Stellenwert hat Tarifpolitik bei deiner gewerkschaftlichen Arbeit?*

Florian: In der Tarifpolitik geht es um Gerechtigkeit und Beteiligung. Beides ist mir sehr wichtig. Durch meine Arbeit habe ich das Glück, beides hautnah mitzuerleben. Ich bin nicht nur bei Tarifverhandlungen, sondern auch bei Gesprächen im kleinen Kreis oder bei der Schlichtungskommission dabei. Das macht Spaß. Außerdem ist sie unser Kerngeschäft als Gewerkschaft – Tarifpolitik können wir verdammt gut und füllen sie mit Leben!

jav.info: *Was erwartest du von der Tarifarbeit der ver.di Jugend?*

Florian: Auszubildende sollten hier bei jedem Schritt und quer durch alle Branchen beteiligt sein. Junge Menschen müssen Tarifarbeit erleben und aktiv gestalten können. Es ist unsere Aufgabe, die jungen Leute bei ihren Problemen abzuholen und gemeinsam mit ihnen und unserem tarifpolitischem Werkzeug bessere Konditionen durchzusetzen. Und das gilt nicht nur für Auszubildende und Studierende, sondern auch für alle, die in einer Einstiegsqualifizierung sind. [...]

Aus: http://jav.info/blog/tarifpolitik-koennen-wir-verdammt-gut [zuletzt: 23.07.2019]

1. a) Erstelle auf der Grundlage von M 43 (S. 97) eine Mindmap zu den Aufgaben der Jugend- und Auszubildendenvertretung.
b) Ergänze deine Mindmap um die Aspekte Wahl der Jugend- und Auszubildendenvertretung und Jugend- und Auszubildendenversammlung. Recherchiere dazu im Internet mithilfe der Arbeitstechnik „Informationen im Internet recherchieren" (S. 214 f.)

EINSTEIGEN

2. Listet zu zweit die im Interview M 44 (S. 98) genannten Tätigkeiten und Arbeitsfelder des Auszubildendenvertreters auf. Vergleicht eure Ergebnisse anschließend mit einem Partnertandem.

3. Erläutere, warum es für Florian Moser so wichtig ist, dass die Azubis und Studierenden „für ihre Interessen auf der Matte stehen" (M 44, S. 98, Z. 26 f.).

WEITER-ARBEITEN

4. Mitglieder der Jugend- und Auszubildendenvertretung halten ihre Arbeit für besonders wichtig (M 45, S. 99). Bereitet in Kleingruppen ein Rollenspiel zwischen Jugend- und Auszubildendenvertretern und neuen Auszubildenden vor, die von der Arbeit der Jugend- und Auszubildendenvertreter überzeugt werden sollen (siehe Unterrichtsmethode „Rollenspiel", S. 220). Bezieht dabei auch die Ergebnisse aus Aufgabe 3 mit ein.

VERTIEFEN

5. Ein Unternehmer will keine Jugend- und Auszubildendenvertretung einrichten. Es gäbe doch schon einen Betriebsrat, der sich auch für die Interessen der Auszubildenden und jungen Arbeitnehmerinnen und Arbeitnehmer einsetze. Schreibe ihm einen Brief, in dem du versuchst, ihn zu überzeugen trotzdem eine Jugend- und Auszubildendenvertretung einzurichten.

▲ 1, 2, 3, 4   ▲▼ 1, 2, 3, 4   ▲▼▲ 1, 3, 5

Info 6 — Mitbestimmung im Betrieb

Die Beteiligung der Arbeitnehmerinnen und Arbeitnehmer am Willensbildungsprozess im Unternehmen wird als → **betriebliche Mitbestimmung** bezeichnet. Dazu wählen die Mitarbeiterinnen/Mitarbeiter ihre Vertreterinnen und Vertreter. Die → **Gewerkschaften** haben bei diesen Wahlen im Unternehmen ein besonderes Vorschlagsrecht für Kandidatinnen/Kandidaten. Die gewählten Vertreterinnen und Vertreter der Arbeitnehmenden bilden den sogenannten → **Betriebsrat.**

Der Betriebsrat nimmt vorrangig auf alle Fragen Einfluss, die sich für die Arbeitnehmerinnen und Arbeitnehmer an ihrem Arbeitsplatz stellen. Das kann von der Einführung von Kurzarbeit oder Überstunden, die Einführung neuer technischer Anlagen, die Höhe von Akkord- und Prämienzuschlägen bis hin zu Sozialplänen im Falle einer Betriebsschließung reichen. Dazu leitet der Betriebsrat auch alle Anregungen aus der Belegschaft nach einer entsprechenden Prüfung an die Arbeitgeberinnen und Arbeitgeber weiter. Neben der Einflussnahme der Vertreterinnen/Vertreter der Arbeitnehmerschaft auf unternehmerische Entscheidungen, wie Arbeitsbedingungen oder die Entwicklung und Zukunft der Arbeitsplätze gibt es weitere Ziele der Mitbestimmung. Durch eine konstruktive Zusammenarbeit von Arbeitgeberinnen/Arbeitgebern und Beschäftigten sollen die Mitarbeitermotivation und damit Leistungsfähigkeit des Unternehmens gesteigert und Konflikte zwischen Unternehmerinnen/Unternehmern und Arbeitnehmerinnen/Arbeitnehmern verhindert werden.

Eine wichtige Aufgabe des Betriebsrats ist es außerdem, zu kontrollieren, dass die zugunsten von Arbeitnehmerinnen und Arbeitnehmer erlassenen Gesetze, Verordnungen, Unfallverhütungsvorschriften, → **Tarifverträge** und Betriebsvereinbarungen eingehalten werden.

Dafür muss der Betriebsrat auf gleicher Augenhöhe mit den Arbeitgeberinnen und Arbeitgebern im Betrieb arbeiten können. Deshalb besitzt der Betriebsrat eine ganze Reihe von **Beteiligungsrechten**, auf die er sich bei seiner Arbeit berufen kann. Zum einen müssen dem Betriebsrat alle relevanten Informationen über die Pläne der Arbeitgeberinnen und Arbeitgeber frühzeitig zur Verfügung gestellt werden (Informationsrecht). Vorschläge des Betriebsrats, zum Beispiel zur Personalplanung oder zur Teilnahme von Beschäftigten an beruflicher Weiterbildung, müssen die Arbeitgeberinnen/Arbeitgeber lediglich zur Kenntnis nehmen und prüfen (Vorschlagsrecht). Bei Kündigungen muss der Betriebsrat dagegen angehört werden (Anhörungsrecht). Hält sich eine Arbeitgeberin/ein Arbeitgeber nicht daran, so ist die Kündigung unwirksam. Hinsichtlich der Arbeitsplatzgestaltung, der Personalplanung, in Fragen der Berufsbildung, vor geplanten Betriebsänderungen und bei der Einführung neuer Techniken im Betrieb hat der Betriebsrat ein Recht zu beraten, d. h. die Arbeitgeberinnen und Arbeitgeber müssen die Entscheidungen mit dem Betriebsrat diskutieren (Beratungsrecht). Weitergehende Mitbestimmungsrechte hat der Betriebsrat vor allem im sozialen Bereich. Das heißt, dass die Arbeitgeberinnen und Arbeitgeber, zum Beispiel bei Fragen der Ordnung des Betriebs, der Lage der täglichen Arbeitszeit, der Aufstellung des Urlaubsplans oder der Ausgestaltung und Verwaltung von Sozialeinrichtungen, beispielsweise eines Pausenraums, sogar auf die Zustimmung des Betriebsrats angewiesen sind.

In Betrieben mit Betriebsrat und mindestens fünf Arbeitnehmerinnen/Arbeitnehmern, die das 18. Lebensjahr noch nicht vollendet haben oder zu ihrer Berufsausbildung beschäftigt sind (Auszubildende, Anlernlinge, Praktikantinnen/Praktikanten, Umschülerinnen/Umschüler und Volontärinnen/Volontäre) und das 25. Lebensjahr noch nicht vollendet haben, kann auch eine → **Jugend- und Auszubildendenvertretung** gegründet werden. Ihre Aufgabe ist es, die besonderen Interessen der jugendlichen Arbeitnehmer sowie der Auszubildenden beim Betriebsrat vorzutragen und dafür zu sorgen, dass die Belange dieser Arbeitnehmerinnen und Arbeitnehmer vom Betriebsrat angemessen berücksichtigt werden.

4. Traumziel Selbstständigkeit? – Gründung, Zielsetzungen und Verantwortung von Unternehmen

Ein Unternehmen gründen

Der Weg in die berufliche Selbstständigkeit kann eine Alternative zum Angestelltenverhältnis oder anderen abhängigen Beschäftigungsverhältnissen sein. Um seine eigene Chefin bzw. sein eigener Chef zu werden, ist nicht immer die „geniale Geschäftsidee" nötig, aber die Anforderungen an Person, Können und Durchhaltevermögen sind hoch.

M46 Mal schnell ein Startup gründen?

Marina: „Ich möchte am liebsten meinen Beruf wechseln, die Arbeit im Büro macht mir keinen Spaß mehr. Ich glaube, ich mache mich selbstständig."
Tim: „Womit denn? Kannst du denn noch ein Handwerk oder etwas, das gebraucht wird?"
Marina: „Naja, ich habe eine tolle Geschäftsidee, auf die hat mich meine Katze gebracht! Das Haustierfutter der Großkonzerne ist einfach nicht gut genug. Meine „Mauzi" bekommt nur selbstgemachtes Futter aus nachhaltig angebauten Biozutaten. Ich habe jetzt schon Geheimrezepte für neues Katzen- und Hundefutter entwickelt. Meine ganze Nachbarschaft testet das mit ihren Haustieren und alle sind begeistert!"
Tim: „Das könnte tatsächlich eine Marktlücke sein! Es gibt ja Millionen von Haustierbesitzern!"
Marina: „Ja, es ist großartig! Ich will erst einen eigenen Online-Shop aufmachen. Mit dem eingenommenen Geld eröffne ich dann Filialen in Großstädten. Nach und nach wird daraus meine eigene neue Haustierfutterkette und ich werde reich!"
Tim: „Haha, du denkst ja schon im ganz großen Stil! Ich glaube es ist gar nicht so einfach ein Startup zu gründen und zum Erfolg zu führen!"
Marina: „Was bitte ist denn ein Startup?
Tim: „Startups sind junge Unternehmen mit einer innovativen Geschäftsidee. Die Gründerinnen und Gründer von Startups bringen etwas völlig neues oder ein bereits existierendes, aber verbessertes Produkt auf den Markt. Ihre Devise entspricht deinen Vorstellungen: ‚Think big!', das heißt sie wollen, dass ihr Unternehmen schnell wächst und an Wert gewinnt."
Marina: „Aber ich will doch bloß Haustierfutter verkaufen!"
Tim: „Schon, aber das macht dich zur Kleinunternehmerin! Bereits bei einem eigenen kleinen Online-Shop musst du ganz viele rechtliche Sachverhalte beachten. Außerdem musst du unternehmerisch planen und handeln, vor allem, wenn aus dem Online-Shop mal ein großes Unternehmen werden soll. Zum Beispiel musst du dir überlegen ..."

PERLEN IM NETZ

https://www.junge-gruender.de/magazine-und-blogs-fuer-gruender/

Die Internetseite Junge Gründer listet zahlreiche Blogs und Pages, die über Neuigkeiten aus der Startup-Szene berichten. Recherchiere, wie sich das Startup von Rubin Lind bis heute weiterentwickelt hat.

M 47 Ein junger Unternehmensgründer

[...] Rubin hat viel geschafft. Mit 17 hat er sein erstes Start-up-Unternehmen gegründet, [...] Skills4School ist eine Onlinelernplattform, die Schülern helfen soll, sich besser auf die Klausuren vorzubereiten. [...]

Die Fragen der App werden [...] von eigenen Redakteuren geschrieben, sind aber auf den Lehrplan abgestimmt und jeweils nach Bundesländern, Schulformen und Fächern getrennt. Wenn man die Fragen nicht beantworten kann, gibt es Tipps. Mithilfe einer Übersicht können die Schüler ihren Fortschritt und die noch zu lernenden Inhalte überprüfen.

Gründer zu werden war nicht Rubins Traum. Zuvor hatte er wenig mit Wirtschaft zu tun. „Ich bin da so reingerutscht", erzählt er. „Meine Motivation bei Skills4School war nicht, das große Geld zu machen. Mein Ziel war es damals, ein Produkt zu entwickeln, das andere Leute brauchen", so Rubin Lind.

Die Idee für das Projekt entstand aus dem eigenen Bedürfnis heraus: [...] „Ich konnte mich vor der Klausur nicht selbst abfragen, um herauszufinden, was ich kann und was noch nicht. Das hat mir und auch anderen gefehlt. [...]"

Die erste Reaktion seiner Eltern: „Wir haben nur ein Haus! Wir würden das ungern verlieren!" Doch Rubin überzeugte sie, dass sie nicht ihr Hab und Gut verlieren würden, wenn er doch scheitern sollte. Ohne seine Eltern wäre es für den damals 17-Jährigen schwer gewesen, ein Unternehmen zu gründen. Der Bürokratieaufwand war sehr hoch, andauernd musste er zum Amtsgericht rennen.

Zusätzlich stellt der Bildungsmarkt eine Herausforderung für Start-up-Gründer dar. Hier kann man nicht besonders schnell viel Geld verdienen. Viele Gründer scheitern, nur wenige, so wie Rubin Lind, sind erfolgreich. [...]

Doch staatliche Förderprogramme oder Stiftungen fördern neue Ideen in dem Bereich oft nur, wenn das Produkt fünf Jahre erfolgreich läuft und sich didaktisch bewährt hat. „Aber wie soll man fünf Jahre am Markt überleben ohne zusätzliches Geld?", fragt Lind. Diese erste Finanzierung sei ein Grund, weshalb viele junge Gründer scheitern.

Doch wie hat es Rubin Lind geschafft? „Ich bin nie den Programmweg gegangen, sondern habe mir immer gedacht, dass wir schon unseren Investor finden werden." Natürlich sei der Weg hart, das solle man nicht unterschätzen. Start-ups könne zwar angeblich jeder gründen, aber nur die qualitativ hochwertigen, guten Produkte, die es zudem schaffen, Umsatz zu machen, werden im Endeffekt Bestand haben, sagt Lind.

Viele denken, dass man viel Geld braucht, um zu starten, aber man sollte einfach mit dem Kleinsten anfangen. Groß zu denken, „think big", ist wichtig, aber dann sollte man sich fokussieren, um Stück für Stück voranzukommen. Um richtig loslegen zu können, hat Rubin früh angefangen, ein Konzept für die App zu schreiben. [...]

Dieses hat er dann bei Wettbewerben wie Startup Teens oder dem Gründer-Slam vorgestellt und damit sogar Preise gewonnen. Wettbewerbe seien wichtig, um ein Netzwerk aufzubauen, meint Lind. [...]

Zum anderen hat er nach Kooperationspartnern gesucht. Er hat mit den Kultusministerien, Lehrern, Schülern und Investoren gesprochen und sich Feedback geholt, um das Produkt weiterzuentwickeln. Mit der Zeit hat er aus den an seinem Projekt Interessierten ein Team aufgebaut.

„Ich glaube, es ist nicht wichtig, alles zu können. Ich muss nicht programmieren können, ich muss nur Leute, die sich zum Beispiel mit Design und Interface auskennen, finden und zusammenbringen", erzählt Lind. Gründereigenschaften seien andere: Diplomatie, Teamwork, Verhandlungsgeschick und präsentieren zu können. [...]

In einigen Momenten vergisst man beinahe, dass Rubin noch vor einem Jahr zur Schule gegangen ist. [...]

Doch nicht alle reagieren [...] positiv auf sein Alter: [...] Es gäbe einige Leute, die sich fragen, woher Rubin meine, das Wissen nehmen zu können, ein Unternehmen aufzubauen ohne Ausbildung oder BWL-Abschluss [d.h. einen Abschluss in Betriebswirtschaftslehre]. Rubin Lind glaubt, dass dies nicht unbedingt entscheidend ist. Wichtig sei eine Denkweise, die man sich aneignen muss, um ein Unternehmen zu gründen und zu führen. Dieses Entrepreneur-Denken [d.h. Denken als Unternehmer] könne jeder lernen. [...]

Aus: Steffens, Marie: Junger Gründer. Am Anfang hatten seine Eltern Angst vor der großen Pleite. In: Welt vom 07.04.2018, online: https://www.welt.de/wirtschaft/article175232597/Rubin-Lind-Mit-der-App-Skills4School-will-der-junge-Gruender-das-Lernen-vereinfachen.html [zuletzt: 24.07.2019]

M48 Zehn Schritte, um durchzustarten – Der Unternehmensgründungszyklus

1 How to Startup: Habe ich das Gründer-Gen?
Um erfolgreich zu gründen, muss man eine ganze Reihe an speziellen Eigenschaften mitbringen. Angefangen bei einer hohen Leistungsbereitschaft, einem gesunden Maß an Risikobereitschaft, einer hohen Belastbarkeit und der Fähigkeit, Menschen zu motivieren. Zudem sollten Sie auch fachlich ausreichend gewappnet sein, um in ihrem Markt bestehen zu können. Daneben spielen aber auch Faktoren wie Ihre familiäre Situation, Ihr aktueller beruflicher Status und Ihre finanzielle Lage eine wichtige Rolle. [...]

2 Die Idee als Grundstein jeder Entwicklung
[...] Manche Start-ups haben [...] eine Marktlücke entdeckt, andere sind als Copycats unterwegs [d.h. sie kopieren vorhandene Ideen oder Produkte]. Eine ganz neue Idee setzen tatsächlich die wenigsten Start-ups um.
Somit beginnt die Suche [...] damit, dass man sich bereits am Markt etablierte, erfolgreiche Geschäftsmodelle anschaut und daraus dann die eigene Idee entwickelt. [...]

3 Ein valides [d.h. gesichertes] Geschäftsmodell entwickeln
Viele Gründer sprechen gerne und viel von ihrer Idee. Doch bereitet es ihnen oftmals Schwierigkeiten, die Idee in 3 bis 5 Sätzen zusammenzufassen. Also unser Tipp: halten Sie Ihre Idee fest. Im nächsten Schritt müssen Sie kritisch prüfen, ob diese auch tatsächlich umgesetzt, also als Produkt bzw. Dienstleistung am Markt platziert werden kann und langfristigen wirtschaftlichen Erfolg verspricht. [...]

4 Feedback, Feedback, Feedback: starten Sie mit dem Minimum Viable Product
[...]. Anstatt auf einen langen Produktentwicklungszyklus zu setzen und erst das endgültig entwickelte Produkt an den Markt zu bringen, platziert man ein sogenanntes Minimum Viable Produkt (MVP) [...]. Bei diesem MVP handelt es sich um eine einfache Version des eigenen Produktes mit minimalen Anforderungen und Eigenschaften, das nur die nötigsten Funktionen erhält, potenziellen Kunden aber bereits einen Mehrwert bietet. Dieses wird am Markt platziert, um von Kunden Feedback einzuholen. [...]

5 Das passende Gründerteam bestimmt den Erfolg
Die Zusammenstellung des Gründerteams ist [...] eine Kernkomponente für den späteren Unternehmenserfolg. [...]

6 Markt und Wettbewerber im Detail kennen
[...] Den eigenen Markt sollte man [...] wie seine Westentasche kennen. Eine unzureichende Marktanalyse ist einer der häufigsten Gründe für das Scheitern einer Gründung. [...]
Bei der Konkurrenzanalyse werden alle verfügbaren Informationen über die wichtigsten Konkurrenten gesammelt und ausgewertet. Die Ergebnisse sollten dann in Ihre Unternehmensstrategie einfließen. [...]

PERLEN IM NETZ

https://www.startupteens.de

Die Initiative Startup Teens richtet sich an Schülerinnen und Schüler im Alter von 14 bis 19 Jahren, die sich über Startups informieren wollen oder Unterstützung bei der Gründung ihres eigenen Startups brauchen. Neben hilfreichen Informationen werden ein Online-Training, Mentoring, Events und die Möglichkeit zur Teilnahme am Startup Teens Business Plan Wettbewerb angeboten.

7 Und trotzdem einen Businessplan schreiben

[…] Zuallererst bereiten Sie sich damit intensiv auf Ihre Gründung vor und setzen sich mit Ihrer Geschäftsidee, den Chancen und Risiken sowie ihren Zielen auseinander. […]
Gleichzeitig ist der Businessplan aber auch Ihr Planungstool. Im Businessplan legen Sie Ihre Ziele […] fest und können später die Umsetzung anhand der ursprünglichen Planung überprüfen. […]. Der Businessplan ist aber auch das Dokument, auf das Banken oder Investoren setzen, wenn Sie auf Kapitalsuche sind. […]
Damit der Businessplan den genannten Anforderungen gerecht wird und sowohl für externe Zwecke wie auch als internes Planungs- und Steuerungsinstrument Anwendung finden kann, bietet sich folgende Struktur an:

- Executive Summary: Zusammenfassung bzw. Kurzporträt des Geschäftsmodells
- Vorstellung des Gründers bzw. des Gründerteams
- Erläuterung der Geschäftsidee (Produkt bzw. Dienstleistung)
- Marktübersicht/Zielgruppe/Absatzchancen
- Vorstellung der Marketingstrategie
- Unternehmensorganisation (Rechtsform, Standort, Personal)
- Der Finanzplan (mindestens 3-Jahresplanung)

[…]

8 How to Startup: die passende Rechtsform

Grundsätzlich gibt es in Deutschland eine ganze Reihe an verschiedenen Rechtsformen für die Unternehmensgründung. Bei Teamgründungen […] kommt im Endeffekt direkt die GmbH [Gesellschaft mit beschränkter Haftung] infrage, da häufig auch zeitnah Investoren gewonnen werden sollen. […] Als Alternative für den Start ist durchaus auch die Unternehmergesellschaft möglich. […]

9 Die ersten Finanzierungsschritte planen & Pitch it [d. h ein Verkaufs-/ Vertragsgespräch zum Erfolg führen]

Start-ups verfolgen in der Regel einen klassischen Finanzierungszyklus, der sich über die folgenden Phasen erstreckt:

Phase	Höhe	Wer?
Start	häufig nicht viel	Der Gründer selbst sowie Family & Friends
Start	bis 500 000 Euro	Business Angels [d.h. Investoren, die sich finanziell beteiligen und zugleich Know-How einbringen], High-Tech Gründerfonds
Series A	1 Mio. Euro	Venture Capital Fonds [d.h. Investoren bringen gegen Unternehmensanteile Wagniskapital in junge Unternehmen ein]
Series B	bis 10 Mio. Euro	Bestehende Investoren, Private Equity Fonds [d.h. Investoren bringen Kapital ein, um das Unternehmswachstum am Markt zu beschleunigen]
[…]		

Am schwierigsten sind […] die ersten Phasen. Wenn es erstmal läuft und die operativen Ergebnisse stimmen, lassen sich spätere Finanzierungsrunden meist einfacher umsetzen. […] Noch vor der Gründung […] [bieten Förderprogramme und Gründerfonds Zuschüsse.] […] Business Angels gibt es Deutschland auch immer zahlreicher. […]

10 Läuft's? Oder müssen Sie pivoten [d. h. das Geschäftsmodell radikal ändern]?
[…] Was […], wenn trotz regelmäßiger Verbesserung das finale Produkt am Ende doch nicht am Markt akzeptiert wird? […] Fehler gehören zum Start-up-Alltag dazu […]. Sie sollten nochmal am Anfang ansetzen, den gesamten […] Gründungszyklus Revue passieren lassen und sich erneut die folgenden Fragen stellen:
- Passt das Gründerteam tatsächlich zusammen?
- Ist die Geschäftsidee wirklich dazu geeignet, langfristig am Markt erfolgreich zu sein?
- Ist das Produkt evtl. zu kompliziert, um vom Markt akzeptiert zu werden?
- Fehlt es uns an Marktorientierung bzw. werden die Bedürfnisse der Kunden befriedigt?
- Ist die Finanzplanung realistisch und lässt sich das Produkt monetarisieren?
- Setzen wir die richtigen Prioritäten und fokussieren wir uns auf die wichtigen Punkte?
- Haben wir den Vertrieb tatsächlich im Griff?

Unter Umständen lohnt es sich sogar, das gesamte Geschäftsmodell in Frage zu stellen […]. Zahlreiche Beispiele wie Twitter, die als Podcasting-Plattform begonnen haben […] Nokia als Gummistiefelhersteller […] zeigen, dass Start-up-Pivots manchmal ein strategisches Instrument sein können, um im Rahmen einer Neuausrichtung tatsächlich erfolgreich zu sein.

Aus: Homepage des Portals Für-Gründer.de. How to Startup: 10 Schritte, um durchzustarten, online: https://www.fuer-gruender.de/wissen/geschaeftsidee-finden/how-to-startup/ [zuletzt: 24.07.2019]

M49 Branchen von Startups

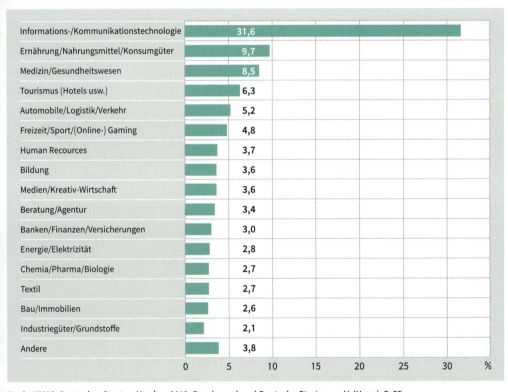

Nach: KPMG, Deutscher Startup Monitor 2018, Bundesverband Deutsche Startups e. V. (Hrsg.), S. 25
(Angaben in Prozent, Rundungsdifferenzen möglich)

M50 Defizite bei Unternehmensgründerinnen und Unternehmensgründern

Soviel Prozent der Gründer in der IHK-Gründungsberatung im Jahr 2017 ...

- ... haben kaufmännische Defizite (Preiskalkulation/Kostenberechnung, Betriebswirtschaft): 38
- ... haben sich zu wenig Gedanken zum Kundennutzen ihrer Geschäftsidee gemacht: 35
- ... haben die Finanzierung ihres Start-Ups nicht gründlich genug durchdacht: 34
- ... äußern unklare Vorstellungen zur Kundenzielgruppe: 32
- ... schätzen den zu erwartenden Umsatz unrealistisch hoch ein: 29
- ... können ihre Produktidee nicht klar beschreiben: 23
- ... haben unzureichende Fach-/Branchenkenntnisse: 18

Quelle: Deutscher Industrie- und Handelskammertag e.V. (Hrsg.), DIHK-Gründungsreport 2018, Berlin 2018, S. 9.

M51 Die Bedeutung von Unternehmensgründungen für Wirtschaft und Gesellschaft

[...] In Deutschland sind 2017 über 380 000 Gründerinnen und Gründer in die unternehmerische Selbständigkeit gestartet. Start-ups und Unternehmensgründungen in der gewerblichen Wirtschaft, im Handel, im Handwerk bis hin zu Existenzgründungen in den Freien Berufen haben für die Volkswirtschaft eine große Bedeutung: Sie schaffen nicht nur neue Arbeitsplätze, sondern fördern auch die Wettbewerbs- und Innovationsfähigkeit und halten die Soziale Marktwirtschaft fit.

[...] Gründerinnen und Gründer verwirklichen innovative Ideen und fördern damit Fortschritt, Wachstum und Wettbewerbsfähigkeit. Rund 15 Prozent der Existenzgründer gingen 2017 mit einer Neuheit auf den regionalen, deutschen oder weltweiten Markt. Jede fünfte Gründung ist „digital", das heißt die Digitalisierung oder der Einsatz von digitalen Technologien ist entscheidend für die Realisierung des Geschäftskonzepts.

Die Gründung einer selbständigen Existenz hat positive Beschäftigungseffekte. Neugründungen entlasten den Arbeitsmarkt und schaffen Arbeitsplätze. Jährlich entstehen durch Neugründungen rund 430 000 neue Vollzeitbeschäftigungsverhältnisse.

[...] Durch neue Unternehmensgründungen wächst die Zahl der Akteure im Wettbewerbsgeschehen. Junge Unternehmen fordern nicht nur bestehende Unternehmen mit neuen Produkten, Dienstleistungen, Prozessen und Geschäftsmodellen heraus, sondern treiben auch den Wettbewerb an. In der digitalen Welt werden zunehmend die innovativen Start-ups Motor des Wandels.

[...] Selbständige Unternehmen tragen zur Stabilität unserer demokratischen Gesellschaftsordnung bei. Wirtschaftliche Verantwortung wird auf viele Schultern verteilt, "Machtkonzentration" verhindert und unternehmerische Freiheit gefördert. Die Gründerszene ist heterogen und vielfältig. Menschen mit ausländischer Herkunft erlangen eine zunehmende Bedeutung. Die Zahl der Selbständigen mit Migrationshintergrund ist seit 2005 um 30 Prozent auf rund 750 000 angestiegen.

[...]

Aus: Homepage des Bundesministeriums für Wirtschaft und Energie: Dossier Existenzgründung, Existenzgründung – Motor für Wachstum und Wettbewerb, online: https://www.bmwi.de/Redaktion/DE/Dossier/existenzgruendung.html [zuletzt: 27.07.2019]

EINSTEIGEN

1. a) Arbeite aus M 46 (S. 101) die Zukunftspläne von Marina heraus und beschreibe in eigenen Worten, was ein Startup ist.
   b) Versetzt euch zu zweit in die Situation von Marina und Tim (M 46, S. 101). Erstellt eine Liste mit zehn Punkten, die Marina beachten muss, wenn der Online-Shop gegründet werden soll. Vergleicht eure Liste anschließend mit einem Partnertandem.

2. a) Beschreibe auf der Grundlage von M 47 (S. 102 f.) wie Rubin Lind es gelungen ist, sein Startup zum Erfolg zu führen.
   b) Formuliert zu zweit Tipps, die Marina bei der Gründung ihres Online-Shops (M 46, S. 101) von Rubin Lind (S. M 47, S. 102 f.) übernehmen könnte.

3. a) Nenne mithilfe von M 46 (S. 101) und M 47 (S. 102 f.) Motive für die Gründung eines eigenen Unternehmens.
   b) Vergleiche die Motive für die Gründung eines eigenen Unternehmens mit deinen eigenen Berufsvorstellungen. Beurteile, ob die Motive mit deinen Vorstellungen weitgehend übereinstimmen oder ob es starke Abweichungen gibt.

WEITERARBEITEN

4. Erläutere auf der Basis von M 47 (S. 102 f.), M 48 (S. 103 ff.) und Info 7 (S. 111), welche Eigenschaften und Fähigkeiten jemand braucht, um sich als Unternehmerin/Unternehmer oder als Managerin/Manager selbstständig zu machen.

5. a) Entwickelt in Sechsergruppen eine Geschäftsidee für ein Startup.
   b) Erstellt mithilfe von M 48 (S. 103 ff.) und eigener Internetrecherchen (siehe Arbeitstechnik „Informationen im Internet recherchieren", S. 214 f.) einen Entwurf für einen Businessplan.
   c) Präsentiert euren Entwurf und lasst euch von euren Mitschülerinnen/Mitschülern und einer Jury Rückmeldungen geben. Ladet in die Jury neben Wirtschaftslehrkräften auch eine Unternehmerin/einen Unternehmer aus eurer Region ein.
   d) Befragt die Unternehmerin/den Unternehmer im Anschluss an die Präsentationen zum Thema Startups (siehe Arbeitstechnik „Expertenbefragung", S. 96 f.).

6. a) Analysiere das Schaubild M 49 (S. 105) mithilfe der Arbeitstechnik „Diagramme beschreiben" (S. 204).
   b) Erkläre mithilfe von M 48 (S. 103 ff.) und Info 7 (S. 111), warum Startups vor allem in Großstädten gegründet werden.

VERTIEFEN

7. a) Mehr als 80 % aller Startups scheitern in den ersten drei Jahren. Führe auf der Basis von M 50 (S. 106) in eigenen Worten Gründe für diese sehr hohe Quote des Scheiterns an.
   b) Ein weiterer wichtiger Grund für das Scheitern von Startups ist ein nicht ausreichender bzw. negativer Cashflow. Recherchiere im Internet, was Cashflow heißt und erkläre dessen Bedeutung für Startups (s. Arbeitstechnik „Informationen im Internet recherchieren", S. 214 f.).

8. a) Erstelle auf der Grundlage von M 51 (S. 106) und Info 7 (S. 111) eine Mindmap zur Bedeutung von Unternehmensgründungen für Wirtschaft und Gesellschaft.

b) Die Gründung von kleinen und mittleren Unternehmen (KMU) ist für unsere Volkswirtschaft von großer Bedeutung: Sie machen 99 % aller Unternehmen aus und stellen über 50 % der Arbeitsplätze sowie über 80 % der Ausbildungsplätze bereit. Recherchiere im Internet weitere Fakten und Zahlen, mit denen die Bedeutung der Gründung von KMU belegt werden kann (siehe Arbeitstechnik „Informationen im Internet recherchieren", S. 214 f.). Erweitere deine Mindmap anschließend um diese Informationen.

9. Führe eine SWOT-Analyse zur Frage durch: „Möchte ich beruflich in einem abhängigen Beschäftigungsverhältnis, z. B. als Angestellte/Angestellter, arbeiten oder mich lieber als Unternehmensgründerin/Unternehmensgründer selbstständig machen?" (siehe Arbeitstechnik „SWOT-Analyse", S. 108 ff.).

▲ 1, 2a, 3a, 4, 5, 7a, 8, 9   ▼ 1, 2, 3, 4, 5, 6a, 7, 8, 9   ▲▼ 2b, 3, 4, 5, 6b, 7, 8, 9

Arbeitstechnik

SWOT-Analyse

Eine SWOT-Analyse dient in der Wirtschaft zur Entwicklung von Strategien, um ein Unternehmen für die Zukunft möglichst gut auszurichten. Die Abkürzung SWOT steht für Strenghts (Stärken), Weakness (Schwächen), Opportunities (Chancen) und Threats (Risiken). In einer SWOT-Analyse werden zunächst die Stärken und Schwächen, die in einem Unternehmen selbst liegen, gesammelt (interne Faktoren). Dann werden Chancen und Risiken untersucht, die für das Unternehmen aus seiner Umgebung erwachsen und die nicht vom Unternehmen selbst beeinflusst werden können (externe Faktoren). Die internen Faktoren und die externen Faktoren werden in einer sogenannten Matrix übersichtlich einander gegenübergestellt und untersucht. Ziel der SWOT-Analyse ist es, herauszufinden, wie das Unternehmen mit seinen Stärken und Schwächen auf Bedingungen und Veränderungen in seiner Umgebung am besten reagieren kann.
Eine SWOT-Analyse kann auch dir helfen, die eigene Zukunft strategisch zu planen. Wie du eine SWOT-Analyse durchführen kannst, zeigen dir die folgenden Schritte und das Beispiel.

Schritt 1: Ziel definieren
SWOT-Analysen eignen sich für viele Zusammenhänge, in denen man seinen eigenen Ausgangspunkte genau unter die Lupe nehmen und unter Einbeziehung der Einflüsse aus der Umgebung geschickte Strategien für die Zukunft entwickeln will. Dabei ist es jedoch wichtig, dass das Ziel der jeweiligen Analyse genau definiert wird.

In unserem Beispiel stellen sich für dich die Fragen: Wo stehe ich aktuell? Möchte ich beruflich in einem abhängigen Beschäftigungsverhältnis, z. B. als Angestellte/Angestellter, arbeiten oder mich lieber als Unternehmensgründerin/Unternehmensgründer selbstständig machen? Wie kann ich meine Pläne am besten verwirklichen?
Ziel ist es also, dass du dir darüber klar wirst, welche Form des Beschäftigungsverhältnisses für dich geeignet ist.

Schritt 2: Interne Analyse
In diesem Schritt werden eigene Stärken und Schwächen ermittelt. Dabei können geeignete Leitfragen hilfreich sein.

Für deine SWOT-Analyse musst du zunächst die Matrix in dein Heft übernehmen. Zur internen Analyse beantwortest du die kursiv gedruckten Fragen in den jeweiligen Spalten.

SWOT-Analyse: Welche Form des Beschäftigungsverhältnisses ist für mich geeignet – Selbstständigkeit oder abhängiges Beschäftigungsverhältnis?	Externe Faktoren	
Interne Faktoren — **Stärken (Strenghts)** *Was läuft aktuell gut? Welche sind meine Stärken? Was kann ich besser als viele andere?*		
Interne Faktoren — **Schwächen (Weakness)** *Was ist aktuell schwierig? Welche Schwächen habe ich? Was können viele andere besser als ich?*		

Schritt 3: Externe Analyse

In diesem Schritt werden externe Chancen und Risiken ermittelt. Passende Leitfragen können dies unterstützen.

Zur externen Analyse erweiterst du deine Matrix, indem du die kursiv gedruckten Fragen zu den externen Faktoren in den jeweiligen Spalten beantwortest.

SWOT-Analyse: Welche Form des Beschäftigungsverhältnisses ist für mich geeignet – Selbstständigkeit oder abhängiges Beschäftigungsverhältnis?	Externe Faktoren	
	Opportunities (Chancen) *Welche Chancen bieten mir Selbstständigkeit bzw. abhängiges Beschäftigungsverhältnis? Welche beruflichen Gelegenheiten in meinem Umfeld kann ich nutzen? Welche wirtschaftlichen, gesellschaftlichen und politischen Entwicklungen kommen mir zugute?*	**Threats (Risiken)** *Welche Risiken gehen mit Selbstständigkeit bzw. einem abhängiges Beschäftigungsverhältnis einher? Welche Probleme gibt es in meinem Umfeld? Welche wirtschaftlichen, gesellschaftlichen und politischen Entwicklungen sind negativ? Mit was muss ich rechnen?*
Interne Faktoren — **Stärken (Strenghts)** *Was läuft aktuell gut? Welche sind meine Stärken? Was kann ich besser als viele andere?*		
Interne Faktoren — **Schwächen (Weakness)** *Was ist aktuell schwierig? Welche Schwächen habe ich? Was können viele andere besser als ich?*		

Schritt 4: Analyse der Zusammenhänge und Ableitung strategischer Maßnahmen

In diesem Schritt werden die Zusammenhänge zwischen internen Stärken/Schwächen und externen Chancen/Risiken analysiert. Daraus werden strategische Maßnahmen abgeleitet.

Nimm die internen und die externen Faktoren genau in den Blick und reflektiere darüber, welche Zusammenhänge zwischen den beiden Bereichen bestehen. Überlege dir, wie du die Frage nach dem für dich geeigneten beruflichen Beschäftigungsverhältnis beantwortest. Leite dann strategische Maßnahmen ab, um das für dich geeignete Beschäftigungsverhältnis zu erreichen. Hierbei können dir die kursiv gedruckten Leitfragen helfen. Notiere in die betreffenden Spalten aber auch eigene Analyseergebnisse.

SWOT-Analyse: Welche Form des Beschäftigungsverhältnisses ist für mich geeignet – Selbstständigkeit oder abhängiges Beschäftigungsverhältnis?		Externe Faktoren	
		Opportunities (Chancen) Welche Chancen bieten mir Selbstständigkeit bzw. abhängiges Beschäftigungsverhältnis? Welche beruflichen Gelegenheiten in meinem Umfeld kann ich nutzen? Welche wirtschaftlichen, gesellschaftlichen und politischen Entwicklungen kommen mir zugute?	**Threats (Risiken)** Welche Risiken gehen mit Selbstständigkeit bzw. einem abhängiges Beschäftigungsverhältnis einher? Welche Probleme gibt es in meinem Umfeld? Welche wirtschaftlichen, gesellschaftlichen und politischen Entwicklungen sind negativ? Mit was muss ich rechnen?
Interne Faktoren	**Stärken (Strenghts)** Was läuft aktuell gut? Welche sind meine Stärken? Was kann ich besser als viele andere?	*Welche Stärken kann ich nutzen, um von den Chancen zu profitieren?* *Wie kann ich mir Vorteile gegenüber anderen Stelleninteressierten verschaffen?*	*Welche Stärken kann ich nutzen, um Risiken zu reduzieren?* *Wie kann ich Probleme und Risiken vermindern?*
	Schwächen (Weakness) Was ist aktuell schwierig? Welche Schwächen habe ich? Was können viele andere besser als ich?	*Welche Schwächen hindern mich daran, die Chancen zu nutzen?* *Wie kann ich meine Schwächen vermindern, um gegenüber anderen Stelleninteressierten aufzuholen?*	*Welche Schwächen hindern mich daran, drohende Gefahren abzuwehren?* *Wie kann ich trotz meiner Schwächen Probleme und Risiken vermindern?*

Schritt 5: Zusammenfassung der Ergebnisse und Präsentation

Der große Nutzen einer SWOT-Analyse ergibt sich durch die Entwicklung von Strategien für die Zukunft. Dazu müssen die Analyseergebnisse in einer Zusammenfassung auf den Punkt gebracht werden. Eine Präsentation der Ergebnisse vor anderen hilft dabei, zu überprüfen, ob wichtige Faktoren übersehen wurden und ob die entwickelten Strategien logisch und nützlich sind.

Um die Ergebnisse deiner SWOT-Analyse zusammenzufassen, solltest du die einzelnen Felder der Matrix nochmals genau in den Blick nehmen und die Zusammenhänge zwischen den Feldern in wenigen Sätzen beschreiben. Am Ende deiner Zusammenfassung führst du die strategischen Maßnahmen an, die du aus der SWOT-Analyse abgeleitet hast.

Zur Präsentation kannst du die einzelnen Teile der Matrix in digitalen Folien per Beamer vorstellen. Abschließend kannst du die wichtigsten Punkte aus deiner Zusammenfassung vorstellen, zu denen du deine Zuhörerinnen und Zuhörer um Rückmeldungen bittest.
Überlege dir vorab auch Fragen, die du den bei deiner Präsentation anwesenden Personen stellen kannst, um ein Gespräch in Gang zu bringen. Aus dem Austausch mit den Zuhörenden kannst du wichtige Punkte mitnehmen, um deine SWOT-Analyse und die daraus abgeleiteten strategischen Maßnahmen noch zu verbessern.

Gründung von Unternehmen

Info 7

Unternehmensgründungen sind für Wachstum und Weiterentwicklung der Wirtschaft sehr bedeutend. Sie stärken den Wettbewerb am Markt, bringen Innovationen und schaffen neue Arbeitsplätze. Daher fördert die Politik Existenzgründungen von Unternehmen unter anderem durch Gründungsberatung und Gründungsfinanzierungsprogramme auf allen Ebenen, von der Gemeindeebene bis hin zur Ebene der Europäischen Union. Darüber hinaus werden Unternehmensgründerinnen und -gründer aber auch von Banken, anderen Unternehmen, Zusammenschlüssen von Gründerinitiativen und Privatpersonen gefördert.
Bei Unternehmensgründungen ist das **Networking/Netzwerken**, d. h. der Aufbau und die Pflege von zahlreichen Kontakten sehr wichtig, um nicht nur finanzielle Unterstützung zu erhalten, sondern auch um das notwendige Know-how für den Aufbau und die Führung eines eigenen Unternehmens sowie für Produktion, Logistik und Absatz der Waren oder Dienstleistungen zusammenzubringen. Gründerinnen und Gründer von **Startups**, d. h. Jungunternehmen, die mittels einer innovativen Geschäftsidee schnell wachsen wollen, schließen sich daher häufig zu Teams zusammen und lassen sich oft in Berlin, Hamburg oder anderen Großstädten nieder. Branchen von herausgehobener Bedeutung sind für sie digitale Medien und industrielle Technologie. Die Metropolen bieten für Startups eine stark ausgebaute Infrastruktur sowie ein großes Netz an Personen, Einrichtungen und Veranstaltungen, die ihnen von Nutzen sein können. Nicht alle Unternehmensgründerinnen und -gründer planen jedoch mit einem immens schnellen Wachstum und einer Entwicklung hin zu einem Großunternehmen. Mehrheitlich beziehen sich Existenzgründungen auf **kleine und mittlere Unternehmen (KMU)** wie z. B. kleine Internet-Shops, Imbissbuden und Schreinereien. Ob KMU oder Startup, Gründerinnen und Gründer müssen in jedem Fall eine **Unternehmerpersönlichkeit** sein oder entwickeln, um langfristig Erfolg zu haben. Dazu gehören Eigenschaften wie z. B. Leistungsbereitschaft und -fähigkeit, Motivation, Stressresistenz, Gründergeist, ein Mindestmaß an wirtschaftlichen sowie unternehmerischen Fachkenntnissen und die Fähigkeit viele rechtliche und bürokratische Herausforderungen zu meistern. Darüber hinaus muss Risikobereitschaft vorhanden sein, denn über 80 % aller Jungunternehmen scheitern in den ersten drei Jahren nach ihrer Gründung. Vor diesen Hintergründen ist es wichtig, sich darüber klar zu werden, ob man den Schritt in die **berufliche Selbstständigkeit** vorzieht oder eher in einem **abhängigen Beschäftigungsverhältnis**, d. h. in Anstellung bei einer Arbeitgeberin bzw. einem Arbeitgeber, arbeiten möchte. Einige Klein- und Kleinstunternehmer/innen machen auch einen ebenfalls herausfordernden Spagat, indem sie sich in Teilzeit abhängig beschäftigen lassen und nebenbei ihr kleines Unternehmen führen.

Ziele von Unternehmen

Das ökonomische Prinzip besagt, dass man entweder mit vorhandenen Mitteln möglichst viel erreichen möchte oder ein bestimmtes Ziel mit so wenig Aufwand wie möglich erreicht. Gewinne sind dabei ein Ziel, das jedes Unternehmen auf lange Sicht verfolgen muss, aber es gibt auch zahlreiche weitere Ziele.

M 52 Die ökonomischen Ziele Umsatz und Gewinn

Ein Unternehmen kann auf Dauer nur bestehen, wenn es Umsatz und Gewinn erzielt. Der Umsatz (auch Erlös genannt) gibt an, wie viel Geld ein Unternehmen in einer bestimmten Zeit durch den Verkauf seiner Produkte oder Dienstleistungen eingenommen hat. Das ist aber noch nicht der Gewinn. Das Unternehmen hat Kosten, muss Steuern und Sozialabgaben zahlen. Der Gewinn berechnet sich aus dem Umsatz abzüglich der gesamten Kosten und Steuern und Abgaben.

Ein Beispiel: Ein Unternehmen verkauft im Monat 100 Fahrräder für 300,– € pro Stück. Die monatlichen Kosten (Löhne, Miete, Einkauf, …) des Unternehmens belaufen sich auf 25 000,– €. Der Rest wird mit 35 % versteuert.

M 53 Kostenarten eines Unternehmens

In einem Unternehmen fallen zahlreiche Kosten an, die nach Kostenarten unterschieden werden:

Einzelkosten
Kosten, die einem Produkt oder einer Leistung, die für eine Kundin/einen Kunden erbracht wird, eindeutig zugerechnet werden können. Dazu zählen z. B. Materialkosten und Lohnkosten für die direkte Fertigung des Produkts bzw. Erbringung der Leistung.

Gemeinkosten
Kosten, die anfallen, um das Unternehmen insgesamt betreiben zu können. Sie können einem Produkt oder einer erbrachten Leistung nicht direkt zugeordnet werden. Dazu gehören z. B. Kosten für Gebäude, Lagerhaltung, Versicherungen und Lohnkosten für die Verwaltung des Unternehmens.

Variable Kosten
Kosten, die sich abhängig von der Produktionsmenge bzw. vom Beschäftigungsgrad ändern. Dazu zählen z. B. Kosten für Rohstoffe, Fracht bzw. Transport, Provisionen und Akkordlöhne (d. h. Löhne, die pro produzierter Stückzahl gezahlt werden). Variable Kosten können zugleich Einzelkosten oder Gemeinkosten sein.

Fixkosten
Kosten, die über einen bestimmten Zeitraum und unabhängig von der Menge an produzierten Gütern bzw. angebotenen Leistungen nahezu gleich bleiben. Beispiele für Fixkosten sind Mieten, Versicherungen, Abschreibungen, Zinsen für Kredite und Energiekosten. Fixkosten sind immer Gemeinkosten. Umgekehrt gilt jedoch nicht dasselbe, da zu den Gemeinkosten auch variable Kosten zählen, z. B. Energiekosten schwanken von Jahr zu Jahr.

Ein Beispiel:
Ein Unternehmen stellt im Monat März 5 000 Schulrucksäcke her und verkauft diese zum Preis von 39,00 € pro Stück.
Für diesen Zeitraum fallen die folgenden Kosten an.
- *Auslieferung/Versand: 2 €/Stück*
- *Steuern: 45 000 €*
- *Versicherungen: 4 000 €*
- *Stoffe, Reißverschlüsse etc.: 3,50 €/Stück*
- *Instandhaltung der Maschinen, Gebäude etc.: 1 500 €*
- *Abschreibungen an Maschinen etc.: 1 500 €*
- *Zinsen für aufgenommene Kredite: 800 €*

- Akkordlohn: 2 €/Stück
- Gehälter Büropersonal, Verwaltung, Löhne Arbeiterinnen/Arbeiter (Grundlöhne): 51 000 €
- Miete Büro und Lager: 7 000 €
- Energiekosten: 3 000 €
- Provisionen für Zwischenhändler: 1 €/Stück
- Sonstige Fixkosten: 3 000 €

M 54 Worum geht es den Unternehmen?

Autobauer BMW steckt sich ehrgeizige Ziele

[...] München. (red.) BMW hat sich für die Zukunft ehrgeizige Ziele gesteckt. [...] So will BMW bereits im Jahr 2023 und damit zwei Jahre früher als bisher geplant 25 elektrifizierte Fahrzeuge anbieten. Gleichzeitig soll der Absatz der mit Strom betriebenen Autos jedes Jahr um mindestens 30 Prozent gesteigert werden. [...]
Zeitgleich versucht BMW ein umfangreiches Sparprogramm umzusetzen. [...] Tatsache ist aber, dass BMW in den nächsten vier Jahren zwölf Milliarden Euro einsparen will, um Kapital für Investitionen zu haben.
[...] Von BMW wurde [...] bestätigt, dass die Belegschaft in den nächsten Jahren unter dem Strich nicht wachsen werde. Wenn an neuen Standorten, wie dem Forschungs- und Entwicklungszentrum, Personal eingestellt werde, würden woanders im Unternehmen Arbeitsplätze über Fluktuation wegfallen, hieß es. [...]

Aus: Neuer CEO. Autobauer BMW steckt sich ehrgeizige Ziele, in: Wiener Zeitung vom 18.07.2019, online: https://www.wienerzeitung.at/nachrichten/wirtschaft/international/2019103-Autobauer-BMW-steckt-sich-ehrgeizige-Ziele.html [zuletzt: 24.07.2019]

Leipziger Firma macht Mitarbeiter fit

[...] Leipzig. Für Arbeitgeber ist es wichtig, dass ihre Mitarbeiter gesund und fit sind, damit sie effizient und konzentriert arbeiten können. Dafür setzen viele Firmen auf eine Betriebliche Gesundheitsförderung (BGF). Laut der Industrie- und Handelskammer Leipzig (IHK) bieten 62 Prozent der sächsischen Unternehmen mit 50 bis 250 Mitarbeitern gesundheitsfördernde Maßnahmen an. Ziel der BGF ist es die Belastungen der Mitarbeiter zu verringern und die eigenen Ressourcen zu stärken. Es geht um ein gutes Betriebsklima, sowie um die Vereinbarkeit von Beruf und Privatleben der Mitarbeiter. [...]

Aus: Grziwa, Nicole: Leipziger Firma macht Mitarbeiter fit, in: Leipziger Volkszeitung vom 23.03.2019, online: https://www.lvz.de/Mehr/Gesundheit/Aktuelles/Leipziger-Firma-macht-Mitarbeiter-fit [zuletzt: 28.07.2019]

So will Bosch bis 2020 CO_2-neutral werden

[...] Der Technologie-Konzern Bosch wird von Ende 2020 an weltweit keinen CO_2-Fußabdruck mehr hinterlassen. „Der Klimawandel wartet nicht", sagt Bosch-Chef Denner bei der Bilanzpressekonferenz. „Wir übernehmen Verantwortung für den Klimaschutz und handeln deshalb jetzt."
[...] Mehr als ein Fünftel [des bisherigen CO_2-Ausstoßes von Bosch] soll künftig durch klassisches Energiesparen wegfallen. Die restlichen unvermeidbaren CO_2-Emissionen will Denner durch den Zukauf von Ökostrom und durch Kompensationsleistungen [...] hereinholen. Hier investiert Bosch in „hochwertige" Umweltprojekte [...].

Aus: Mayr, Stefan: So will Bosch bis 2020 CO_2-neutral werden, in: Süddeutsche Zeitung vom 09.05.2019, online: https://www.sueddeutsche.de/wirtschaft/bosch-klimaneutral-co2-1.4439849 [zuletzt: 24.07.2019]

Großmetzgerei Dietz ist insolvent

Die Metzgereikette Dietz aus Bietigheim-Bissingen, die in der Region Stuttgart 20 Filialen betreibt, ist zahlungsunfähig. Das Unternehmen soll aber erhalten bleiben, bis zum Herbst ist der Betrieb gesichert. Der Insolvenzverwalter sucht nach einem Investor. […]

Aus: jui: Großmetzgerei Dietz ist insolvent, in: Stuttgarter Nachrichten vom 05.07.2017, online: http://www.stuttgarter-nachrichten.de/inhalt.unternehmen-aus-bietigheim-bissingen-grossmetzgerei-dietz-ist-insolvent.27a90608-a436–4568–9ff3–2b33b3fe1e38.html [zuletzt 24.07.2019]

Weg frei für mehr Lohn im Einzelhandel: Verdi nimmt an

Stuttgart (dpa/lsw) Die Beschäftigten im baden-württembergischen Einzelhandel erhalten ab sofort mehr Geld. Die Tarifkommission von Verdi stimmte am Donnerstag dem Abschluss mit den Arbeitgebern mehrheitlich zu, wie ein Gewerkschaftssprecher in Stuttgart mitteilte. Die Arbeitgeber hatten die Einigung schon vorher in ihren Gremien abgesegnet. […]

Aus: wgr / © dpa

M 55 Nicht immer geht es nur ums Geld – Unternehmensziele sind vielfältig

Unternehmen vergrößern

Sozialkompetenzen fördern

Produkte verbessern

Sicherheitsstandards einhalten

Betriebsabläufe verbessern

Personalkosten und Produktionskosten minimieren

Umweltschutz

Neue Produkte entwickeln

CO_2-Emissionen verringern

Datenschutz

Betriebsklima verbessern

Weiterbildung fördern

Umsatz und Gewinn steigern

Vereinbarkeit von Beruf und Familie fördern

Mitarbeitende und Zulieferer angemessen entlohnen

Förderung und Schutz von Mitarbeitenden mit einer Behinderung

Gesundheit der Mitarbeitenden schützen

positiv in Gemeinde und Gesellschaft hineinwirken

Ressourcen schonen

höhere Marktanteile erreichen

Betriebliche Mitbestimmung ermöglichen

M56 Zielkonflikte und Zielharmonie – Fallbeispiele

1. Ein Unternehmen, das Produktverpackungen herstellt, bietet jeden Mittwochspätnachmittag kostenlose Betriebssportkurse für die Mitarbeiterinnen und Mitarbeiter an. Um die Produktivität zu erhöhen, entscheidet die Unternehmensleitung, dass fortan die Fließbänder, an denen die Mitarbeiterinnen und Mitarbeiter Schachteln zusammenfalten, schneller laufen sollen.

2. Ein Automobilkonzern verbessert die Katalysatoren seiner neuen Automodelle. In den nächsten drei Jahren sollen außerdem zwei neue Werke in Südamerika eröffnet werden, die Fahrzeugteile kostengünstiger produzieren und nach Deutschland liefern, wo die neuen Automodelle letztlich zusammengebaut werden.

3. Ein großer Online-Warenversandhändler verpflichtet sich, dem Betriebsrat zukünftig mehr Mitsprache bei der Etablierung von Unternehmenszielen zu gewähren. Es sollen außerdem an allen Standorten Jugend- und Auszubildendenvertretungen eingerichtet werden.

4. Die drei größten Supermarktketten kündigen an, die Verpackungen von vielen Waren künftig umweltfreundlicher zu gestalten, um Plastikmüll zu vermeiden. Die Preise für diese Produkte werden im Durchschnitt um 20% erhöht.

5. Ein Hersteller von Smartphones beabsichtigt, neue Geräte zu entwickeln, die sich nahezu zu 100% durch Sprache und Geste steuern lassen. Dazu soll ein Innovationsentwicklungszentrum entstehen, in dem 80 neue Mitarbeiterinnen und Mitarbeiter beschäftigt werden.

6. Eine große Möbelhauskette bietet ihren Angestellten die Möglichkeit, dass sie ihre Kinder mit zur Arbeit nehmen und in den unternehmenseigenen Kinderhorten betreuen lassen können. Um den Unternehmensumsatz zu steigern, sollen einige Filialen in Zukunft auch nachts geöffnet sein.

M57 Diversity Management – für Vielfalt und gegen Diskriminierung am Arbeitsmarkt

„Vielfalt ist eine wirtschaftliche und gesellschaftspolitische Notwendigkeit"
Diskriminierung am Arbeitsmarkt gibt es in Deutschland nach wie vor häufig. Unternehmen müssten den Mitarbeitern vorleben, dass kein Raum für Vorurteile und Diskriminierung sei, sagte Diversity-Expertin Aletta Gräfin von Hardenberg im Dlf [Deutschlandfunk]. Dazu gehöre es auch, die Rekrutierungsprozesse [d.h. die Prozesse, in welchem neue Mitarbeiterinnen und Mitarbeiter eingestellt werden] zu verändern.

Aletta Gräfin von Hardenberg im Gespräch mit Kate Maleike [Mitarbeiterin des Deutschlandfunks]
Kate Maleike: Egal, welches Alter, egal, welche Herkunft, egal, welche Hautfarbe: Ein vorurteilsfreies Arbeitsumfeld, das wünschen sich sehr viele in Deutschland, doch es gibt immer noch Diskriminierung, zum Beispiel bei der Arbeitssuche. Die Charta der Vielfalt ist eine Arbeitgeberinitiative, die seit 2006 versucht, mit einer Art Selbstverpflichtung eben genau dieses vorurteilsfreie Arbeitsumfeld zu schaffen. Und jedes Jahr gibt es einen Diversity-Tag, also einen Tag der Vielfalt, der mit vielen Aktionen bundesweit zeigen soll, dass die Unternehmen viel davon haben, wenn sie eben Vielfalt leben. Die Geschäftsführerin der Charta der Vielfalt ist Aletta Gräfin von Hardenberg. Guten Tag, Frau Hardenberg!
Aletta Gräfin von Hardenberg: Hallo!
[...]
Maleike: Was bedeutet es, ein Unternehmen zu sein, das Diversity lebt?
Hardenberg: Also es geht natürlich maßgeblich um ein vorurteilsfreies Arbeitsumfeld, und da geht es um jegliche Dimension, egal, wie vielfältig Menschen sind, und sie sollen nach ihren Talenten beurteilt werden und eingesetzt werden und nicht wer oder was sie sind, und das ist ganz wichtig.[...]
Maleike: Natürlich möchte man gerne in einem Unternehmen arbeiten, das vorurteilsfrei ist, aber tatsächlich sieht die Arbeitswelt immer noch anders aus. Was sind denn die größten Probleme zurzeit?
Hardenberg: Ich glaube, Vorurteile, unbewusste Vorurteile sind dabei ganz wichtig, und die werden momentan ja leider in unserer Gesellschaft durch viele Strömungen auch noch unterstützt und den Menschen teilweise auch Angst gemacht vor Andersartigkeit. Wenn man also Menschen, die anders sind, egal, ob schwul oder lesbisch oder mit Migrationshintergrund oder auch die Thematik alt und jung, hat jeder gleich ein Bild im Kopf, und das zu überwinden und sich vielleicht mal zu überlegen, wofür es doch gut ist, das ist die große Herausforderung, und damit setzen sich immer mehr Unternehmen auseinander, um eine solche Unternehmenskultur auch sicherzustellen.
[...]
Maleike: Also das eine ist, zu zeigen, wir sind offen für diese Themen, wir sind offen für diese Menschen, aber welche Instrumente sind es konkret?
Hardenberg: Na ja, also wenn ich über die Belegschaft rede, sind natürlich ganz oft Workshops, wo es ganz bewusst darum geht, wie gehe ich mit unbewussten Vorurteilen um oder mit Vorurteilen um, aber es ist auch ganz wichtig, dass von der Geschäftsleitung vorgegeben wird, in unserer Organisation hat so was keinen Raum, und das vorgelebt wird.
[...]
Maleike: Eine Möglichkeit, Vielfalt im Unternehmen zu leben, ist natürlich, eine Personalpolitik zu betreiben, die Vielfalt auch zeigt. Bedeutet das, dass in den Personalabteilungen das Problem zu finden ist?
Hardenberg: Ach, das würde ich gar nicht sagen, dass sie besonders in den Personalabteilungen sitzen, aber da sitzen auch Menschen aus unserer Gesellschaft. Und es ist nicht damit getan, sagen wir jetzt mal, unser Herzstück, die Charta der Vielfalt zu unterschreiben, und die hänge ich mir jetzt an die Wand und sage, ich lebe danach – ich muss auch wirklich meine Prozesse verändern. [...] Wenn ich meinen Rekrutierungsprozess noch immer so mache, wie ich ihn schon immer gemacht habe, mit dem gleichen Team, da sitzen zwei, sagen wir jetzt mal, mittelalterliche Männer oder auch zwei mittelalterliche Frauen, die selber keine Vielfalt abbilden, dann ist es ganz schwer, das umzusetzen. Also die Prozesse müssen wirklich angefasst und geändert werden, zum Beispiel gemischte Auswahlteams, die Führungskräfte müssen vorbereitet werden. Keiner sagt, dass es einfach ist, ein solches Team zu führen, also

man muss da auch sensibilisiert sein und vielleicht auch begleitet werden, um in der Lage zu sein, vielleicht auch mal solche Spannungen auszuleiten […] Wenn eine Unternehmung gemeinsam alt wird und der Altersdurchschnitt bei weit über 40 liegt, da muss ich mir überlegen, wie komme ich an jüngere Menschen, um das wieder aufzumischen? Also diese Herausforderungen, die Arbeitgeber momentan in unserem Land haben, kann ich mit einem aktiven Diversity-Management beheben oder unterstützen. […]

Aus: Maleike, Kate: Diversity-Tag. „Vielfalt ist eine gesellschaftliche und politische Notwendigkeit", Kate Maleike im Gespräche mit Aletta Gräfin von Hardenberg, in: Homepage des Deutschlandfunk, 28.05.2019, online: https://www.deutschlandfunk.de/diversity-tag-vielfalt-ist-eine-wirtschaftliche-und.680.de.html?dram:article_id=449973 [zuletzt: 25.07.2019]

M 58 Dimensionen und Beispiele von Diversity Management

Dimension	Beispiele
Alter	– Altersgemischte Arbeitsteams: Ältere und jüngere Mitarbeiterinnen/Mitarbeiter helfen sich mit ihrem Wissen und Können gegenseitig. – …
Menschen mit Behinderung	– Für Menschen mit Behinderung werden passend ausgestatte Arbeitsplätze eingerichtet, z. B. für blinde Menschen Vorlesefunktionen am Computer und eine Tastatur für Blindenschrift. – …
Ethnische Herkunft und Nationalität	– Für neue Mitarbeiterinnen/Mitarbeitern, die nicht oder nur wenig Deutsch können, werden kostenlose Sprachkurse angeboten. – …
Geschlecht	– Frauen und Männer erhalten für die gleichen Tätigkeiten grundsätzlich eine gleiche Bezahlung. – …
Religion und Weltanschauung	– Feiertage unterschiedlicher Religionen werden bei der Urlaubsplanung berücksichtigt. – …
Sexuelle Orientierung	– Für Führungskräfte und alle anderen Beschäftigten werden klare Leitlinien für eine respektvollen Umgang mit allen Kolleginnen und Kollegen, unabhängig von deren sexueller Orientierung, aufgestellt. – …

EINSTEIGEN

1. a) Lies den Text M 52 (S. 112). Berechne, wie hoch der Gewinn im angeführten Beispiel ist.
   b) Erst wenn dieser Gewinn größer ist als alles, was abgezogen werden muss, ist das Unternehmen im Plus. Diese Gewinnschwelle heißt „Break Even Point". Berechne viele Fahrräder das Unternehmen verkaufen muss, um die Break Even-Schwelle zu überschreiten.

2. a) Erkläre auf der Grundlage von M 53 (S. 112 f.) in eigenen Worten, was man unter Einzelkosten und Gemeinkosten versteht.
   b) Erläutere einer Partnerin bzw. einem Partner ausgehend von den Definitionen und dem Beispiel in M 53 (S. 112 f.) Unterschiede zwischen Fixkosten und variablen Kosten.
   c) Ordne die Kosten aus dem Beispiel in M 53 (S. 112 f.) in eine Tabelle ein und berechne wie hoch die jeweiligen Kosten insgesamt sind.

variable Kosten	Fixkosten

d) Berechne den Gewinn des Unternehmens aus dem Beispiel in M 53 (S. 112 f.) im Monat März.

3. Erkläre zu den Zeitungsmeldungen M 54 (S. 113 f.) in eigenen Worten, worum es den Unternehmen jeweils geht.

4. Arbeite mit einer Partnerin/einem Partner. Übernehmt die Tabelle mit den „Zielen von Unternehmen" in eure Hefte und ordnet die Unternehmensziele aus M 55 (S. 114) passend ein.

Ökonomische Ziele 	Ökologische Ziele 	Soziale Ziele 
…	…	…

WEITER-ARBEITEN

5. a) Ordne den Zeitungsmeldungen M 54 (S. 113 f.) Unternehmensziele aus M 55 (S. 114) passend zu. Beachte dabei, dass zu einzelnen Meldungen mehrere Ziele passen können.
b) Erstellt zu zweit eigene Beispiele zu den Unternehmenszielen M 55 (S. 114), die in Teilaufgabe 5a) nicht zugeordnet werden konnten.

6. a) Analysiere die Fallbeispiele M 56 (S. 115). Gib an, welche Unternehmensziele (M 55, S. 114) jeweils verfolgt werden.
b) Bewerte mithilfe von Info 8 (S. 127 f.) zu den einzelnen Fallbeispielen aus M 56 (S. 115), ob jeweils Zielharmonien oder Zielkonflikte bestehen. Erkläre deine Bewertungen kurz.

VERTIEFEN

7. Erkläre auf der Grundlage von M 57 (S. 115 ff.), was Diversity Management bedeutet und warum es ein wichtiger Teil der Unternehmenskultur ist.

8. Ergänzt zu dritt mithilfe von M 57 (S. 115 ff.) und eigenen Überlegungen weitere Beispiele zu den einzelnen Dimensionen von Diversity Management in M 58 (S. 117).

9. Entwickelt zu fünft ein Rangfolge der Unternehmensziele aus M 55 (S. 114) nach den Kategorien
– „sehr wichtig",
– „wichtig",
– „weniger wichtig",
– „unwichtig".
Vergleicht die von euch erstellte Rangfolge mit der einer anderen Gruppe und diskutiert die Unterschiede.

▲ 1a, 2, 3, 4, 5, 6a, 7   ▲▼ 1, 3, 4, 5b, 6a, 7, 8, 9   ▲▼▲ 2a, 2c, 3, 4, 5, 6, 7, 8, 9

Verantwortung von Unternehmen im Spannungsfeld unterschiedlicher Interessen

Unternehmen haben mit Menschen und Institutionen zu tun, die unterschiedliche Interessen verfolgen. Dabei geht es nicht nur um Gewinnmaximierung, sondern auch um die Übernahme sozialer und ökologischer Verantwortung. Dabei kann es jedoch auch zu Problemen und Konflikten kommen.

M 60 Eigentum verpflichtet!

> **Art. 14. GG**
> (1) Das Eigentum und das Erbrecht werden gewährleistet. Inhalt und Schranken werden durch die Gesetze bestimmt.
> (2) Eigentum verpflichtet. Sein Gebrauch soll zugleich dem Wohle der Allgemeinheit dienen. [...]

Aus: Grundgesetz für die Bundesrepublik Deutschland vom 23.05.1949. Zuletzt geändert am 13.07.2017.

M 61 Wenn die unternehmerische Verantwortung ausbleibt – der Abgasskandal (I)

Abgasskandal: Noch mehr Manipulationen bei Audi?
Audi will den Diesel-Skandal endgültig hinter sich lassen – das macht das Unternehmen derzeit auf dem Automobilsalon in Genf deutlich. Der Ingolstädter Autobauer setzt auf Elektromobilität und präsentiert vier neue vollelektrische Modelle. „Wir wollen wirklich grün sein", so der neue Audi-Chef Bram Schot bei der Vorstellung der Fahrzeuge. Doch der Diesel-Skandal lässt Audi nicht los. Neue Details kommen ans Licht. [...]
Nach [...] Informationen [des Bayerischen Rundfunks] waren bei der VW-Tochter Audi Manipulationen der Abgassoftware nicht nur darauf ausgerichtet, die Zulassungsbehörden hinters Licht zu führen. Es wurde auch eine Strategie entwickelt, um Fahrzeuge bei Abgastests von Umweltbehörden und dem ADAC [Allgemeiner Deutscher-Automobilclub e. V.] sauberer erscheinen zu lassen als im Normalbetrieb. [...]
Demnach trieb die Entwickler bei Audi damals eine Sorge um: Beim so genannten Artemis-Test des Umweltbundesamtes und beim Eco-Test des ADAC schnitten Diesel-Fahrzeuge des Herstellers nicht gut ab. Daher erarbeiteten Techniker Strategien, damit die Motor-Software die Prüfzyklen von Umweltbundesamt und ADAC auf dem Prüfstand erkennt. [...]
War die Prüffahrt vorbei, sollte die Abgasreinigung auf „Normalbetrieb" umgestellt werden. [...]
In einer tabellarischen Übersicht fassten Audi-Mitarbeiter die Vor- und Nachteile der Strategien zusammen; auch die „Aufdeckungswahrscheinlichkeit" wurde abgewogen. Den Beteiligten war klar, dass die Sache „politisch kritisch" war. Einer der Software-Entwickler versah vor diesem Hintergrund eine am 8. Dezember 2009 an einen größeren Verteiler verschickte E-Mail mit der Warnung: „Die mitgeschickte Präsentation bitte gleich wieder löschen [...]. Das Ding darf nicht in falsche Hände geraten!" [...]
Auf [...] Anfrage [des Bayerischen Rundfunks] wollte ein Audi-Sprecher den Vorgang „wegen der laufenden Ermittlungen" nicht kommentieren. [...]

Neustart im Schatten des Diesel-Skandals
Dass Audi die Diesel-Krise nicht einfach abschütteln kann, zeigt auch die Lage in Ingolstadt. 44 000 Beschäftigte arbeiten dort im größten Werk des Konzerns. 2017 bauten sie rund 538 000 Autos. In diesem Jahr [2019] werden nach [...] Informationen [des Bayerischen Rundfunks] nur noch 441 000 Fahrzeuge gefertigt – fast 20 Prozent weniger als zwei Jahre zuvor, so interne Planzahlen. Betriebsbedingte Kündigungen sind bei Audi zwar bis 2025 ausgeschlossen, der neue Vorstand will aber Personal abbauen und ganze Schichten streichen. Morgen wird Audi seine Jahreszahlen vorlegen und die künftige Unternehmensstrategie erläutern.

Aus: Meyer-Fünffinger, Arne/Streule, Josef: Abgasskandal: Noch mehr Manipulationen bei Audi?, in: Homepage von Das Erste/ARD, PlusMinus, 14.03.2019, online: https://www.daserste.de/information/wirtschaft-boerse/plusminus/sendung/audi-krise-autobauer-100.html [zuletzt: 25.07.2019]

Arbeiter an der Fertigungslinie im Audi-Werk Ingolstadt

M 62 Wenn die unternehmerische Verantwortung ausbleibt – der Abgasskandal (II)

Folgen des Dieselskandals
VW steckt in der Vergangenheit fest
[...]
Trotz „Dieselgate" und drohenden Fahrverboten: Bei Volkswagen sprudelt das Geld nur so in die Kasse. Die Rekordzahlen 2017 lassen beinahe vergessen, dass der Abgasskandal mit Millionen manipulierter Dieselmotoren VW noch lange beschäftigen wird. Denn viele VW-Kunden mit einem „Schummel-Diesel" klagen gegen Händler oder den Hersteller. Und das ist nicht die einzige juristische Front, an der VW kämpfen muss.
Allein für Vergleiche [d. h. Zahlungen an Geschädigte gegen Einstellung von laufenden Gerichtsverfahren] in Nordamerika hat VW über 25 Milliarden Euro verbucht. Aber auch in Deutschland wollen zahlreiche Autobesitzer, die einen manipulierten Diesel der VW-Gruppe fahren, eine Entschädigung. Die US-Kanzlei Hausfeld, die VW-Kunden in dem Skandal vertritt, forderte den Autobauer auf, in Deutschland zugelassene Diesel mit Betrugs-Software zurückzunehmen. [...]
Insgesamt sind nach Angaben aus Kreisen etwa 15 000 Kundenklagen anhängig – bei insgesamt etwa 2,25 Millionen Autos mit Schummel-Software in Deutschland. Weltweit geht es in dem im September 2015 in den USA aufgeflogenen Abgasskandal um rund 11 Millionen Autos. [...]

Investoren klagen auf Schadenersatz
Der Abgasskandal hat nicht nur Volkswagen, sondern auch die Aktionäre viel Geld gekostet. Denn unmittelbar nach Aufdeckung des Abgasbetrugs durch die US-Behörden im September 2015 brach der Kurs der VW-Aktie ein – zeitweise verloren die Vorzugspapiere fast die Hälfte ihres Werts. Anleger erlitten zwischenzeitlich erhebliche Verluste. Investoren wie die Sparkassentochter Deka, die als Musterklägerin gegen VW auftritt, verlangen Schadenersatz. Der Vorwurf: VW habe die Märkte zu spät über das Dieseldrama informiert.
Im Musterverfahren am Oberlandesgericht Braunschweig geht es um Schadenersatzansprüche von 3,1 Milliarden Euro, rund 1600 Klagen wurden bisher am Landgericht Braunschweig ausgesetzt. Insgesamt belaufen sich die Forderungen der 1650 eingereichten Klagen überwiegend institutioneller Anleger auf mehr als neun Milliarden Euro. [...]

Laufende Ermittlungsverfahren
Damit nicht genug – es laufen auch Ermittlungsverfahren gegen Volkswagen-Mitarbeiter, darunter frühere oder aktuelle Manager. Ermittelt wird gegen 49 mutmaßlich Beteiligte – gegen 39 wegen der Software-Manipulation rund um den Stickstoffdioxidausstoß, gegen 6 im Zusammenhang mit falschen CO_2- und Verbrauchsangaben.
In drei Fällen geht es um Marktmanipulation, hinzukommen Ermittlungen gegen einen Mitarbeiter, der zum Löschen von Daten aufgerufen haben soll. Und: Die Staatsanwaltschaft Braunschweig ermittelt gegen unbekannt wegen des Verdachts auf Marktmanipulation im Zusammenhang mit dem Ausstoß des Klimagases Kohlendioxid.

Aus: wgr / © dpa

M63 Stakeholder – Anspruchsgruppen von Wirtschaftsunternehmen

Es gibt viele Personen und Institutionen, die Erwartungen an ein Unternehmen haben. Sie werden als Stakeholder oder Anspruchsgruppen bezeichnet. Jeder Stakeholder vertritt seine Ansprüche gegenüber dem Unternehmen und versucht, es in seinem Interesse zu beeinflussen. Dabei kann es um wirtschaftliche Ziele, aber auch um soziale, ökologische und politische Interessen gehen. Umgekehrt wirken sich Entscheidungen des Unternehmens auf die Stakeholder und damit neben der Wirtschaft häufig auch auf Umwelt, Gesellschaft und Politik aus.

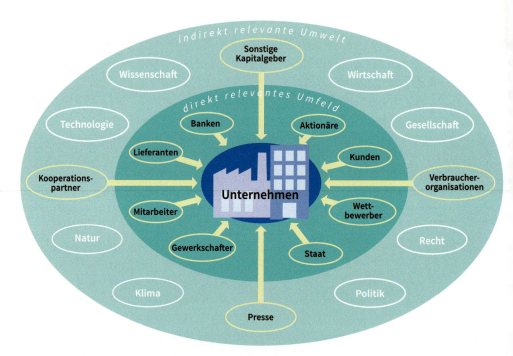

M64 Planspiel: Stakeholder beraten zur Zukunftsstrategie eines Automobilkonzerns

Ablauf des Planspiels:
I. Die Sitzung ist aufgeteilt in drei Sitzungsrunden, die jeweils zehn Minuten dauern.
II. Nach jeder Sitzungsrunde gibt es eine zehnminütige Sitzungspause. In jeder Pause:
   – führen die einzelnen Sitzungsteilnehmenden persönliche Gespräche mit anderen Sitzungsteilnehmenden und versuchen, sie davon zu überzeugen für gemeinsame Positionen einzutreten;
   – geben einzelne Sitzungsteilnehmende Interviews;
   – protokollieren die Zuhörerinnen und Zuhörer die Positionen und Hauptargumente der Sitzungsteilnehmenden;
   – überlegen die Moderatorinnen und Moderatoren, welchen Sitzungsteilnehmenden sie mehr Redezeit einräumen müssen.
III. Am Ende des Planspiels:
   – geben die Zuhörenden den Sitzungsteilnehmenden Rückmeldungen;
   – reflektiert ihr gemeinsam in der Klasse, welche neuen Erkenntnisse zu den Herausforderungen, vor denen Wirtschaftsunternehmen stehen, ihr gewonnen habt;
   – bewertet ihr gemeinsam, wie gut das Planspiel verlief und was bei weiteren Planspielen verbessert werden könnte.

Besondere Punkte zur Vorbereitung des Planspiels:
- Die Zuhörenden stellen einen Konferenztisch und Stühle für zwölf Gesprächsteilnehmende in die Mitte des Sitzungsraumes. Außen herum stellen sie Tische und Stühle für vier Reporterinnen/Reporter sowie ausreichend Stühle für die Zuhörenden auf. Außerdem basteln sie Namensschilder für die Sitzungsteilnehmenden und positionieren diese für alle sichtbar auf dem Konferenztisch. Weiterhin fertigen sie für alle Kopien des Vorschlagspapiers zur Zukunftsstrategie des Automobilkonzerns an und legen diese bereit.
- Die Moderatorinnen/Moderatoren werden zu Beginn der Sitzung alle kurz begrüßen und die Punkte aus dem Vorschlagspapier zur Zukunftsstrategie des Automobilkonzerns vorlesen. Sie überlegen vor der Sitzung, in welcher Reihenfolge sie die Sitzungsteilnehmenden zu einer kurzen persönlichen Vorstellung zu Beginn auffordern und wen sie dann zu einem ersten inhaltlichen Wortbeitrag auffordern werden. Sie bereiten außerdem ein Protokoll vor, in welchem sie während der Sitzung fortlaufend notieren, welche/r Sitzungsteilnehmende wieviel Redezeit hatte. Für den Abschluss der Sitzung bereiten die Moderatorinnen/Moderatoren passende Worte zur Beendigung der Sitzung vor. Sie stellen sich eine Uhr und eine Glocke bereit, mit der sie zur Ruhe mahnen und Pausen einläuten können.
- Die Sitzungsteilnehmenden finden sich in ihre jeweiligen Rollen ein und notieren sich vor der Sitzung schlagkräftige Argumente für ihre Position. Sie überlegen vorab auch, welche Positionen die anderen Sitzungsteilnehmenden wahrscheinlich einnehmen werden.
- Die Reporterinnen/Reporter bereiten Fragen für die Interviews sowie die Technik für die Aufnahme und Präsentation der Interviews vor.

Vorschlag des Vorstands zur Zukunftsstrategie des Automobilkonzerns „Deutsche Motorenbauer (DMB)" für die nächsten fünf Jahre:
(1) Einstellung der Produktion von Dieselfahrzeugen.
(2) Senkung der Produktion von Benzinfahrzeugen auf 30 % aller produzierten Fahrzeuge.
(3) Erhöhung des Anteils von Elektrofahrzeugen auf 70 % der gesamten Produktion.
(4) Bau neuer Werke für die Produktion von Teilen von Elektrofahrzeugen in China und in Mexiko. Aus Kostengründen Schließung einiger Werke in Deutschland.
(5) Verbesserung des Unternehmensimages, das unter dem Abgasskandal schwer gelitten hat.
(6) Deutlich höhere Marktanteile im Automobilmarkt weltweit.
(7) Deutliche Steigerung von Umsatz und Gewinn.
(8) Mehr Umwelt- und Klimaschutz.
(9) Verstärkte Einbeziehung aller Stakeholder in die zukunftsstrategischen Planungen des Konzerns.

Rolle zwei Gesprächsmoderatorinnen/-moderatoren:
Als Moderierende erteilt ihr den Sitzungsteilnehmenden das Wort. Ihr achtet darauf, dass jede Teilnehmerin/jeder Teilnehmer in etwa die gleiche Redezeit hat. Zugleich solltet ihr aber auch Diskussionen zulassen.

Rolle Chief Executive Officer (CEO, d. h. Geschäftsführerin/Geschäftsführer) des Automobilkonzerns „Deutsche Motorenbauer (DMB)":
Dein Anliegen ist es, für die vorgeschlagene Zukunftsstrategie zu werben und sie durchzusetzen.

Rolle Vorsitzende/r der Gewerkschaft „Vereinigte Automobilarbeiter/innen":
Die Gewerkschaft wehrt sich dagegen, dass es aufgrund der zunehmenden Umstellung auf Elektromobilität zu Standortschließungen in Deutschland kommen soll. Du vertrittst die Interessen der Mitarbeiterinnen und Mitarbeiter.

Rolle CEO des Zulieferunternehmens von Diesel- und Benzinmotoren „Verbrennungsmotoren AG":
Der Automobilkonzern war bislang der größte Kunde deines Unternehmens. Du willst die vorgeschlagene Zukunftsstrategie grundlegend verändern.

Rolle CEO des Zulieferunternehmens von Batterien für Elektroantriebe „E-Batterien AG":
Du begrüßt die vorgeschlagene Zukunftsstrategie und trittst für eine komplette Umstellung des Automobilkonzerns auf Elektromobilität ein.

Rolle Vorsitzende/r des Verbands „Vereinigte Autofahrer/innen e. V.:
Du vertrittst die Interessen der über 20 Millionen Mitglieder des Verbandes. Den Ausstieg aus der Produktion von Dieselfahrzeugen lehnst du ab. Dir missfällt, dass die Dieselfahrer/innen durch den Abgasskandal und die Fahrverbote in vielen Städten ohnehin schon sehr benachteiligt worden sind. Ferner befürchtest du, dass Elektrofahrzeuge so teuer werden, dass sich viele Verbraucherinnen/Verbraucher gar kein Auto mehr leisten können. Außerdem müsse der Automobilkonzern dringend an seinem Unternehmensimage arbeiten.

Rolle Bundesumweltminister/in:
Du trittst vehement für mehr Umwelt- und Klimaschutz ein.

Rolle Bundeswirtschaftsminister/in:
Du begrüßt die Vorschläge des Vorstandes. Zugleich ist dir aber auch wichtig, dass der Automobilkonzern seinen Hauptsitz in Deutschland behält und möglichst viele Arbeitsplätze erhält bzw. schafft.

Rolle Hauptvertreter/in der Aktionärsversammlung:
Dir ist vor allem wichtig, dass der Konzern wieder mehr Umsatz und Gewinn macht. Außerdem trittst du dafür ein, dass das Automobilunternehmen eine zukunftssichernde Unternehmensstrategie entwickelt.

Rolle Vorstandvorsitzende/r der großen Geschäftsbank „Global Mobility Bank":
Du findest mehrere Vorschläge zur Zukunftsstrategie bedenklich. Wenn nicht nachgebessert wird, soll der Automobilkonzern den beantragten Kredit in Höhe von 800 Millionen Euro nicht erhalten.

Rolle Vorsitzende/r des Umweltschutzverbandes „Rettet Klima und Umwelt e. V.":
Du befürwortest eine komplette Umstellung der Produktion auf Elektrofahrzeuge. Zugleich trittst du dafür ein, dass der Automobilkonzern insgesamt noch umwelt- und klimafreundlicher arbeiten soll. Außerdem liegt die Zukunft der Mobilität deiner Ansicht nach nicht im Automobilverkehr, sondern im Bahn- und Radverkehr – danach müsste sich die Zukunftsstrategie des Automobilkonzerns eigentlich ausrichten.

Rolle vier Journalistinnen/Journalisten der Fernsehanstalt „Wirtschafts-TV":
Ihr führt in den Sitzungspausen zweiminütige Hintergrundinterviews mit den Beteiligten zu den laufenden Gesprächen und ihren Positionen. Diese nehmt ihr per Video auf. Ihr stellt kritische Fragen, vor allem zum Thema Umwelt- und Klimaschutz. Die Videos werden für alle sichtbar gezeigt, bevor die nächste Sitzungsrunde weitergeht.

Rolle Zuhörende:
Ihr beobachtet den Gesprächsverlauf genau. Dazu sprecht ihr vor der Sitzung untereinander ab, wer welche Sitzungsteilnehmerin/welchen Sitzungsteilnehmer besonders genau in den Blick nimmt. In den Pausen notiert ihr die Positionen und die genannten Hauptargumente. Am Ende des Planspiels fasst ihr zusammen, was die einzelnen Gesprächsteilnehmenden eingebracht haben und gebt ihnen eine Rückmeldung zu den Punkten:
a) Inhalt und Überzeugungskraft der Argumente,
b) sprachlicher Ausdruck,
c) Gesamteindruck hinsichtlich des Auftretens,
d) Punkte, die verbessert werden könnten.

EINSTEIGEN

1. a) Analysiere die Karikatur M 59 (S. 119) mithilfe der Arbeitstechnik „Karikaturen analysieren", S. 215.
   b) Erläutert mithilfe von Info 8 (S. 127 f.) zu zweit, welche Verantwortung aus Art. 14 GG für Wirtschaftsunternehmen hervorgeht (M 60, S. 119). Führt eigene Beispiele für einzelne Punkte unternehmerischer Verantwortung an.
   c) Setze die Karikatur M 59 (S. 119) in Verbindung mit dem Gesetzesauszug M 60 (S. 115). Erkläre, welche Zusammenhänge und Probleme deutlich werden.

2. a) Erläutere auf Basis von M 61 (S. 120) und M 62 (S. 121), um was bei dem Abgasskandal in den Jahren 2015 bis 2019 ging.
   b) Beschreibt zu zweit auf der Grundlage von M 61 (S. 120) und M 62 (S. 121) die Folgen des Abgasskandals für die Konzerne VW und Audi.

WEITER-ARBEITEN

3. a) Erkläre anhand von M 63 (S. 122) in eigenen Worten, was man unter „Stakeholdern" versteht und führe fünf Beispiele für Stakeholder aus dem direkt relevanten Umfeld von Wirtschaftsunternehmen an.
b) Erstellt zu dritt auf der Basis von M 61 (S. 120), M 62 (S. 121), M 63 (S. 122) und durch eigene Überlegungen eine Übersicht zu den Folgen des Abgasskandals für die einzelnen Stakeholder im direkt relevanten Umfeld von VW und Audi.

VERTIEFEN

4. a) Beurteile das Handeln der Konzerne VW und Audi im Abgasskandal ausgehend von Art. 14 GG (M 60, S. 119) und den Ausführungen in Info 8 (S. 127 f.) zu unternehmerischer Verantwortung. Begründe deine Auffassung.
b) Recherchiert in Kleingruppen im Internet, welche Automobilkonzerne außer VW und Audi noch in den Abgasskandal verwickelt waren und wie sie sich dazu verhalten haben (siehe Arbeitstechnik „Informationen im Internet recherchieren, S. 214 f.). Beurteilt, ob sich diese Unternehmen verantwortungsvoll verhalten haben und begründet eure Auffassung.
c) Diskutiert in der Klasse, wie ihr als Besitzerinnen und Besitzer von Dieselfahrzeugen reagiert hättet, wenn ihr von der in euren Fahrzeugen verbauten Schummel-Software erfahren hättet.

5. a) Führt das Planspiel M 64 (S. 122 ff.) durch (siehe Unterrichtsmethode „Planspiel", S. 217).
b) Erörtert nach der Durchführung des Planspiels M 64 (S. 122 ff.) die Fragen:
    – Zwischen welchen Stakeholdern eines Unternehmens (M 63, S. 122) sind häufige Konflikte grundsätzlich wahrscheinlich und aus welchen Gründen?
    – Wie schwer ist für Unternehmerinnen/Unternehmer, ihrer Verantwortung in vollem Umfang gerecht zu werden?
    – Welche Möglichkeiten der Partizipation haben die unterschiedlichen Stakeholder, insbesondere die Vertreterinnen/Vertreter der Gewerkschaften und der Verbände? Wie könnten sie zusätzlichen Druck aufbauen, um die Entscheidungen in ihrem Sinne zu beeinflussen?

6. Der Abgasskandal in der Automobilindustrie wirft unter anderem die Frage auf: Wie können die durch den Automobilverkehr verursachten Abgasemissionen in Zukunft deutlich reduziert werden?
a) Recherchiert in Kleingruppen, welche Positionen (1) Gewerkschaften der Automobilbranche, (2) Verbände der Automobilbranche, (3) zivilgesellschaftliche Organisationen, (4) die im Bundestag vertretenen Parteien zu dieser Frage vertreten (siehe Arbeitstechnik „Informationen im Internet recherchieren", S. 214 f.).
b) Recherchiert in den Kleingruppen welche analogen und digitalen Partizipationsmöglichkeiten die einzelnen Akteure haben.

7. In der Gesellschaft gibt es eine Vielzahl von Einstellungen und Entwicklungen, die sich auf Unternehmen auswirken können. Diskutiert in der Klasse, wie Unternehmen hinsichtlich ihrer Unternehmenskultur und der Arbeit an ihrem Image auf die folgenden Beispiele reagieren können und zu welchen Schwierigkeiten es dabei kommen kann:
- Protestbewegungen und zahlreiche Vertreterinnen/Vertreterinnen der Wissenschaft fordern die strikte Einhaltung von Klimaschutzzielen;
- Bürgerinnen/Bürger in bislang vor allem landwirtschaftlich geprägten Regionen sprechen sich für die Ansiedlung von mehr mittleren und großen Industrieunternehmen aus;
- Gewerkschaftsmitglieder kämpfen für eine stärkere Förderung der Vereinbarkeit von Familie und Beruf;
- Verbände von Verbraucherinnen/Verbrauchern fordern eine deutliche Reduzierung von Verpackungsmüll.

▲ 1a, 1b, 2, 3, 4a, 5a, 6, 7   ▲▽ 1, 2, 3, 4, 5a, 6, 7   ▲▽▲ 1c, 2a, 3b, 4, 5, 6, 7

Ziele und Verantwortung von Unternehmen   Info 8

Wirtschaftsunternehmen können langfristig nur bestehen, wenn sie Gewinn erzielen. Dazu müssen sie mit dem Absatz ihrer Produkte oder dem Verkauf ihrer Dienstleistungen mehr Umsatz machen als Kosten anfallen. Die Unternehmen versuchen folglich, einen möglichst großen Anteil am Markt zu erreichen. Darum arbeiten sie laufend daran, ihre Angebote erfolgreich am Markt zu platzieren und Produkte weiterzuentwickeln oder neue Produkte zu erzeugen.

Neben solchen **ökonomischen Zielen** sind **soziale Ziele** wichtig. Schließlich hängt der Erfolg eines Unternehmens maßgeblich auch von seinen Mitarbeiterinnen und Mitarbeitern sowie von seinem **Unternehmensimage**, d. h. der Wahrnehmung und dem Ruf des Unternehmens in der Öffentlichkeit, ab. Zu den sozialen Zielen gehören z. B. die Sicherheit der Arbeitsplätze, eine angemessene Bezahlung und faire Arbeitsbedingungen.

Um ein angenehmes und produktives Betriebsklima zu schaffen, müssen Unternehmen auch mit gesellschaftlicher Vielfalt gut umgehen. Vor allem große Betriebe nehmen durch **Diversity Management** die Vielfalt ihrer Mitarbeiterinnen und Mitarbeiter sensibel in den Blick und ergreifen Maßnahmen, um jede Einzelne/jeden Einzelnen besonders zu fördern und um zugleich einen Rahmen von gegenseitigem Respekt und konstruktiver Zusammenarbeit zu schaffen. Hierzu zählen z. B. geeignete Arbeitsplätze für Menschen mit Behinderung, familienfreundliche Arbeitsmöglichkeiten, die gegenseitige Bereicherung von jungen und älteren Mitarbeitenden, das Eintreten für die Gleichberechtigung aller Geschlechter und ein wertschätzender Umgang miteinander, unabhängig von Herkunft und sexueller Orientierung der/des Einzelnen.

Über die ökonomischen und die sozialen Ziele hinaus, müssen Unternehmen auch **ökologische Ziele** verfolgen. Sie beziehen sich auf die Umwelt. Zu ihnen gehören beispielsweise der Umweltschutz, der Einkauf nachhaltig erstellter Waren, eine umweltschonende Fertigung oder Produktion sowie der sorgfältige Umgang mit → **Ressourcen**.

Mit dem Anstreben und der Umsetzung von ökonomischen, sozialen und ökologischen Zielen wird **unternehmerische Verantwortung** übernommen. Diese Verantwortung bezieht sich nicht nur auf das betriebsinterne Leben, sondern auch auf das enge und weite Umfeld von Unternehmen. In diesem Umfeld ist ein verantwortungsvoller Umgang mit **Stakeholdern**, d. h.

mit zahlreichen Menschen und Institutionen, die verschiedene Interessen und Ansprüche an ein Unternehmen herantragen, von hoher Bedeutung. Stakeholder wie z. B. Kundinnen/Kunden, Zulieferer und Banken werden ihre Geschäftsbeziehungen mit dem Unternehmen in der Regel nur dann weiterführen bzw. ausweiten, wenn es nicht ausschließlich nach dem Prinzip der Gewinnmaximierung handelt.

Im weiteren Umfeld müssen Unternehmen außerdem z. B. gegenüber staatlichen Einrichtungen und Verbraucherverbänden zeigen, dass sie ihre Geschäfte verantwortungsvoll führen und zumindest punktuell bemüht sind, positiv in Staat und Gesellschaft hineinzuwirken, denn ihr wirtschaftlicher Erfolg wird auch von der direkten oder indirekten Unterstützung dieser Stakeholder beeinflusst.

Die Vielfalt der unternehmerischen Ziele und der Ansprüche, die Stakeholder gegenüber den Unternehmen einbringen, unter einen Hut zu bringen, ist nicht einfach. Ziele können sich gegenseitig unterstützen, dann spricht man von **Zielharmonie**. Ein Beispiel für die Zielharmonie von sozialen und ökonomischen Zielen ist: Einem Unternehmen ist daran gelegen, gut qualifizierte Mitarbeiterinnen und Mitarbeiter zu haben, es bietet daher Weiterbildungen an. Die Mitarbeiterinnen und Mitarbeiter erwerben zusätzliche Kenntnisse und Fähigkeiten, können mehr Geld verdienen und bleiben länger in dem Unternehmen. Das Unternehmen spart dann die Kosten für Neueinstellungen und kann sich auf die Kompetenz des erfahrenen und weitergebildeten Personals verlassen.

Unterschiedliche Unternehmensziele können aber auch miteinander in Konkurrenz stehen, man spricht dann von einem **Zielkonflikt**. Beispielsweise können ökologische Ziele in Konkurrenz zu ökonomischen Zielen stehen. Denkbar wäre, dass ein Unternehmen einen preiswerten aber umweltschädlichen Rohstoff einsetzt statt eines teuren, aber weniger umweltbelastenden Materials, weil es wichtiger erscheint, Kosten zu senken als die Umwelt zu schonen. Viele Zielkonflikte können durch ein kluges Unternehmensmanagement jedoch zumindest abgemildert werden. Dabei setzen sehr viele Wirtschaftsunternehmen zunehmend auf Lösungen, die ökologische und soziale Ziele stärker als früher berücksichtigen. Die Erkenntnis, dass die Zukunft von uns allen von einem höheren Schutz von Umwelt, Tieren und Menschen abhängt, scheint zu wachsen und ein unternehmerisches Handeln im Sinne von mehr → **Nachhaltigkeit** zu begünstigen.

5. Selber tätig werden – Eine Schülerfirma/Schülergenossenschaft gründen

Die Entwicklung einer Geschäftsidee

Wollt ihr mit eurer Schülerfirma oder Schülergenossenschaft erfolgreich sein, dann braucht ihr eine gute Geschäftsidee. Da sind eurer Kreativität keine Grenzen gesetzt. Allerdings solltet ihr prüfen, ob bei möglichen Kundinnen und Kunden wirklich ein Bedarf besteht. Was ist eure Geschäftsidee?

M 65 Schülerfirmen/Schülergenossenschaften und ihre Geschäftsideen

Schüler helfen Tieren (ShT)
Walterichschule Murrhardt Gemeinschaftsschule
Schülerinnen und Schüler erwirtschaften durch verschiedene Aktionen Geld (z. B. Pausenhofverkäufe, eigener Laden, etc.) Geld, um Tierschutzprojekte im In- und Ausland zu unterstützen. Sie besuchen die geförderten Einrichtungen, z. B. ein Tierschutzheim in Ungarn, auch selbst.
Weitere Informationen: http://www.walterichschule-murrhardt.de/ShT/index.php?id=11 [zuletzt: 26.07.2019]

Overclothescompany
Schulzentrum Oberes Elztal
Schülerinnen und Schüler bedrucken fair und biologisch produzierte T-Shirts, Kapuzenpullis und Sportbeutel mit einer Transferpresse mit ihrem Schullogo und verkaufen diese. Sponsoren haben mittlerweile der Schülerfirma den Kauf einer eigenen Transferpresse ermöglicht. Der Gewinn wird dem Förderverein gespendet und kommt so der Schulgemeinschaft zu gute.
Weitere Informationen: http://www.schulzentrum-oberes-elztal.de/werkrealschule/aktivitaeten.html [zuletzt: 26.07.2019]

Neonboards
Hardbergschule Mosbach
Schülerinnen und Schüler stellen Longboards her, verkaufen diese und warten sie. Des Weiteren werden si[e] als Mentorinnen und Mentoren tätig. Mit ihren Tes[t]boards gehen sie an andere Schulen und Institutione[n] und bieten kostenlose Longboardfahrworkshops an. Weitere Informationen: https://neonboards.hardenbergschule.de [zuletzt: 09.09.2019]

Samurai Games
Johanna-Geissmar-Gymnasium Mannheim
Schülerinnen und Schüler betätigen sich als Spieleautoren und entwickeln Spielideen, die si[e] vom Setting über die Spielmechanik bis hin zum Balancing zu funktionierenden Spielkon[]zepten ausarbeiten. Auch die Spiel-Illustrationen und sonstige Grafiken wie Logo, Verpa[]ckungen, Flyer, Plakate erstellen und digitalisieren die Schülerinnen und Schüler selber. De[r] professionelle Druck erfolgt dann extern, damit sie marktfähige Produkte anbieten könne[n]. Sie verkaufen die selbst erstellten Spiele lokal und über das Internet.
Weitere Informationen: http://samurai-games.de [zuletzt: 26.07.2019]

M 66 Das magische Dreieck eurer Schülerfirma/Schülergenossenschaft

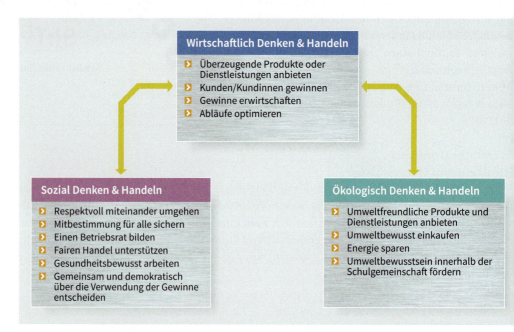

Nach: Haarmann, Moritz Peter: Die mitbestimmte Schülerfirma – demokratisch und nachhaltig wirtschaften, Düsseldorf 2018, S. 14

M 67 Eine Geschäftsidee entwickeln

M 68 Auf dem Schulhof

Carina: „Puh, war die Stunde gerade anstrengend. Ich habe Kopfweh vor lauter nachdenken über eine gute Geschäftsidee. Die bisherigen Vorschläge finde ich nicht so toll."
Mike: „Lass uns doch eine Ideenbox aufstellen, an der möglichst alle Schülerinnen und Schüler unserer Schule vorbeilaufen. Alle sind dann eingeladen, eine Geschäftsidee zu notieren und einzuwerfen. Wir können auch einen Preis ausloben für die beste Geschäftsidee, die wir dann aufgreifen. Das könnte vielleicht ein Anreiz sein."
Ena: „Das ist voll anonym. Ich finde wir sollten statt einer solchen Box lieber eine Ideenwand im Eingangsbereich aufstellen. Dann kann auch jeder die Ideen der anderen sehen und sich dadurch inspirieren lassen. So können auch schon vorhandene Ideen verbessert werden."
Carina: „Ach, da schmieren die anderen doch immer nur dumme Sprüche drauf und wir müssen uns die ganze Zeit darum kümmern, immer für Stifte und Zettel sorgen und so. Dann lass uns doch lieber mal eine Umfrage in einer oder zwei großen Pausen durchführen und uns nach Geschäftsideen erkundigen. Dann können wir bei Unklarheiten auch gleich noch einmal Rückfragen stellen."
Mike: „Oder wir kombinieren alle drei Ideen miteinander. Dann haben wir die Vorteile von allen drei Wegen ausgenutzt."

PERLEN IM NETZ
http://schuelerfirmen.com/

Die Initiative zur Betreuung und Förderung von Schülerfirmen will Hilfestellung bei der Gründung und Durchführung von Schülerfirmen geben.

M 69 Casting für Geschäftsideen

1. „Mir ist wichtig, dass die Geschäftsidee auch umsetzbar ist. Nichts ist doofer, als wenn wir in fünf Wochen das Ding wieder an den Nagel hängen. Dann wäre es schade um die schöne Zeit."

2. „Ich will, dass alle Spaß haben. Jede oder jeder soll bei der Umsetzung der Geschäftsidee eine Tätigkeit finden können, die ihr/ihm Spaß macht."

3. „Ist unsere Schule denn überhaupt ein geeigneter Ort für die Umsetzung dieser Geschäftsidee? Oder: Wie schaffen wir einen geeigneten Platz in unserer Schule dafür?"

PERLEN IM NETZ

https://www.
unternehmergeist-
macht-schule.
de/SharedDocs/
Downloads/
materialien-
schueler/
Schuelerfirmen-
Tipps-von-
Schuelern-
fuer-Schueler.
pdf?__
blob=publication
File

Das Bundesministerium für Wirtschaft und Energie bietet Tipps von Schülerinnen und Schülern für Schülerinnen und Schüler rund um die Gründung und Führung einer Schülerfirma/Schülergenossenschaft.

4. „Alle sollen sich einbringen können. Ich will nicht, dass die Arbeit an einigen wenigen hängen bleibt. Jeder soll eine Aufgabe haben."

5. „Haben wir denn überhaupt die entsprechenden Räumlichkeiten?"

6. „Ich weiß gar nicht, ob ich genügend Fachwissen bzw. die notwendigen Fähigkeiten dafür habe, die Geschäftsidee Wirklichkeit werden zu lassen. Aber vielleicht können wir uns da auch Hilfe von außen holen."

7. „Wir sollten prüfen, ob es überhaupt einen Bedarf für unser Produkt oder unsere Dienstleistung gibt. Nichts ist enttäuschender als viel Arbeit zu investieren, und dann interessiert sich keiner dafür."

8. „Können wir unsere Zielgruppe überhaupt mit unserem Produkt erreichen?"

9. „Wie viel Startkapital brauchen wir denn, um die Materialien für die Geschäftsidee zu kaufen?"

10. „Wir brauchen einen großen Absatzmarkt, sonst ist unsere Schülerfirma bald pleite."

11. „Für mich ist zentral, dass die Geschäftsidee sozial und ökologisch vorbildlich durchzuführen ist. Wir sollten Ideen sammeln, wie wir diese Geschäftsidee besonders umweltfreundlich und sozial organisieren können."

12. „Wir dürfen nicht mit Profis konkurrieren. Wenn es jemanden gibt, der das hauptberuflich und professionell macht, sollten wir vielleicht die Finger davon lassen. Es sei denn, unser Produkt ist besser."

Nach: Haarmann, Moritz Peter: Die mitbestimmte Schülerfirma – demokratisch und nachhaltig wirtschaften, Düsseldorf 2018, S. 18–19.

EINSTEIGEN

1. a) Beschreibe die Geschäftsideen der Schülerfirmen in M 65 (S. 129 f.) einer Partnerin/einem Partner. Worin unterscheiden sie sich?
   b) Begründe deiner Partnerin/deinem Partner, welche Geschäftsidee aus M 65 (S. 129 f.) du am überzeugendsten findest. Notiere deine Kriterien schriftlich.
   c) Recherchiert unter https://www.bundes-schuelerfirmen-contest.de weitere Geschäftsideen, die euch überzeugen. Stelle mindestens drei weitere Geschäftsideen deiner Partnerin/deinem Partner vor.

2. Prüfe auf der Grundlage von M 66 (S. 130) die Geschäftsideen aus M 65 (S. 129 f.).

3. Führt mithilfe der Leitfragen in M 67 (S. 131) ein Brainstorming durch, um Geschäftsideen zu sammeln.

4. a) Arbeitet aus M 68 (S. 131) die Vor- und Nachteile der Ideenbox, der Ideenwand und der Umfrage zum Finden von neuen Geschäftsideen heraus.
   b) Entscheidet gemeinsam in der Klasse, ob ihr eine Ideenbox für Geschäftsideen aufstellen wollt.

5. a) Arbeitet aus M 69 (S. 131 f.) Kriterien für eine gute Geschäftsidee heraus.
   b) Prüft damit eure Geschäftsideen aus Aufgabe 3 oder aus eurer Ideenbox.

WEITER-ARBEITEN

6. Wenn ihr eine Geschäftsidee entwickelt habt, prüft noch einmal, ob sich damit alle Ecken des magischen Dreiecks (M 66, S. 130) abdecken lassen.

VERTIEFEN

▲ 1, 3, 4, 5   ▽ 1, 2, 3, 4, 5, 6   ▲▽ 2, 3, 6

Die Gründung eurer Schülerfirma oder Schülergenossenschaft

Habt ihr eine tolle Geschäftsidee entwickelt, heißt es die Arbeit zu organisieren. Aber wie soll eure Schülerfirma oder Schülergenossenschaft aussehen? Wer trifft Entscheidungen?

M 70 Energiedetektive am Gymnasium

Frankfurt/Oder. Die Energiedetektive des Carl-Friedrich-Gauß-Gymnasiums schlossen einen Kooperationsvertrag mit der Stadt.
Knapp ein Jahr nach der Gründung der Schülerfirma luden deren zehn Mitglieder Frankfurts Oberbürgermeister zu einer Sitzung ein. Ziel der Energiedetektive ist, den Energieverbrauch der Schule zu senken, erklärte Geschäftsführer Marc Fabian Eger. „Und wir wollen Schülern der 7. Klasse vermitteln, wie wichtig Umweltschutz ist", fügte er hinzu. Dabei wurde der Geschäftsbericht für 2017 vorgestellt. Außerdem standen der Arbeitsplan für das neue Jahr und der Finanzbericht auf der Tagesordnung. Nach der Gründung der Schüler-GmbH am 7. April 2017 hatte jedes Mitglied fünf Euro eingezahlt. Anschließend beantragte die Firma Fördermittel und erhielt 300 Euro von der Sparkasse, bei der auch ein Konto eröffnet wurde. Mit diesem Startkapital finanzierten die zehn Jugendlichen Schaltsteckdosen zum Preis von 59,32 Euro für im Gymnasium verwendete Smartboards. Diese Geräte verbrauchen mehr Strom als herkömmliche Projektoren, selbst im Standby-Modus.
Weiterhin entwickelten die Schülerinnen und Schüler einen Energiecheck, den sie bereits bei Firmen ausprobiert haben. Zu den sonstigen Vorhaben zählen die Einführung eines Projekttags, die Auswertung der Energiekosten des Schulhauses, Untersuchung der Thermostate und das Anwerben neuer Mitglieder.
Dr. Martin Wilke lobte das Projekt. Beim Thema Energiesparen sei naturwissenschaftlicher Sachverstand von Vorteil, „und wo ist der besser vorhanden als am Gauß?", so der Oberbürgermeister. „Vor allem habe ich auch den Eindruck, dass euch das Spaß macht." Er und Marc

Fabian Eger unterschrieben einen Energiesparvertrag zwischen der Stadt, den Stadtwerken, dem Gymnasium und der Schüler-GmbH. Anschließend wählten die Energiedetektive ihren Geschäftsführer und stellvertretenden Geschäftsführer für das kommende Jahr.

Aus: gla: Schülerfirma unterzeichnete Kooperationsvertrag mit dem Stadt: Energiedetektive am Gymnasium. In Der Oderlandspiegel vom 31. März/1. April 2018, S. 3.

M71 Abteilungen einer Schülerfirma/Schülergenossenschaft

Malia: Ich weiß gar nicht so richtig, was ich in der Schülerfirma machen soll. Ich finde die Idee ja grundsätzlich gut, aber was gibt es da zu tun und wie kann ich mich einbringen.
Ben: Du hast doch schon die Klassenkasse geführt, willst du dich nicht um die Finanzen kümmern. Du kannst doch überlegen, wie wir das Startkapital zusammenbekommen und wie wir auch weiterhin dann zahlungsfähig sind. Außerdem müssen wir ja auch über unsere Einnahmen und Ausgaben Buch führen. Du hast doch auch einen eigenen Haushaltsplan für dein Taschengeld und deine Einnahmen aus deinem Ferienjob.
Malia: Stimmt. Das könnte ich eigentlich machen.
Yoko: Nein, leb' doch lieber deine Kreativität mit mir zusammen aus. Ich würde gerne mit dir zusammen überlegen, wie wir unser Produkt bei der Zielgruppe anbringen. Mit welchen Werbeaktionen erreichen wir unsere Zielgruppe? Und wie soll das Logo aussehen? Da habe ich schon ein paar Ideen. Willst du das nicht?
Malia: Werbung? Das ist nicht meines. Mir fallen nicht so tolle Sprüche ein.
Yoko: Aber du kannst doch super zeichnen.
Michaela: Deshalb brauchen wir dich in der Produktion unserer Produkte. Wir sollten zwar noch überlegen, was die einzelnen Schritte bei der Produktion sind, um in möglichst wenig Zeit möglichst viel zu produzieren, aber gleichzeitig auch nicht die Umwelt zu belasten. Aber dein Zeichentalent brauchen wir wirklich.
Rudi: Nein, nein. Du bist doch so beliebt. Wir brauchen dich bei der Gewinnung von neuen Mitgliedern unserer Firma, damit wir die ganzen Arbeiten überhaupt bewältigen können. Du kennst doch so viele in der Schule. Außerdem kannst du doch durch deinen Ferienjob billiger an die Rohstoffe für unser Produkt rankommen. Ich finde, dass du da am besten aufgehoben bist.
Malia: Und jetzt? Wie soll ich mich entscheiden?

● **PERLEN IM NETZ**
https://www.junge-gruender.de/magazine-und-blogs-fuer-gruender/

Die Internetseite Junge Gründer listet zahlreiche Blogs und Pages, die über Neuigkeiten aus der Startup-Szene berichten. Recherchiere, wie sich das Startup von Rubin Lind bis heute weiterentwickelt hat.

M72 Beschaffung, Produktion und Absatz

Die Produkte einer Firma müssen hergestellt, verarbeitet und verkauft werden. Dafür gibt es meistens verschiedene Abteilungen. Zum einen gibt es eine Abteilung „Beschaffung", die z. B. für den Einkauf der nötigen Rohmaterialien oder halbfertigen Produkte zur Fertigung des Endprodukts zuständig ist. Die Abteilung „Produktion" sorgt dann dafür, dass die Produkte hergestellt werden. Die Abteilung „Verkauf" ist für den Absatz der Produkte zuständig. Aus dem Absatz kommen die Einnahmen (Erlöse), die die Ausgaben (Kosten) für den Einkauf (Beschaffung) decken.

Die Beschaffung (Einkauf) …
- beschafft Materialien, Halbfertigerzeugnisse, Betriebsmittel sowie Arbeitskräfte,
- ermittelt den Bedarf und die Bezugsquellen,
- übernimmt Bestellung und Lieferungsüberwachung.

Die Produktion (Fertigung) …
- stellt die Produkte her,
- übernimmt Entwicklung, Fertigungsplanung, Kalkulation, Arbeitsvorbereitung, Herstellung und Qualitätskontrolle.

Der Absatz (Verkauf) …
- recherchiert die Marktchancen der Produkte,
- ist verantwortlich für Marketing, Auftragsbearbeitung, Kundenpflege, Verkauf (auch Versand) und Rechnungsstellung.

M73 Beispielsatzung einer Schülerfirma

§ 1 Anliegen und Leistungen
Die Schülerfirma „?" ist ein pädagogisches Projekt der … (Schule) […]
Die Beziehungen zwischen Schule und Schülerfirma werden vertraglich geregelt. Die Geschäftsidee der Schülerfirma ist ein erweitertes Versorgungsangebot an der Schule. Die Schülerfirma bietet folgende Leistungen an: Die Leistungen der Schülerfirma richten sich nach Bedarf und können verändert werden.

§ 2 Mitgliederschaft
Es können nur Personen in der Schülerfirma mitarbeiten, die
- Schüler, Lehrer oder pädagogische Mitarbeiter sind
- sofern sie Schüler sind und das Einverständnis der Eltern vorweisen können
- sich mit der Satzung einverstanden erklären. Über Ausnahmeregelungen entscheidet der Vorstand.

Aufnahmeanträge sind an den Vorstand zu richten. Neu aufgenommene Mitglieder unterzeichnen einen Arbeitsvertrag.
Die Mitgliedschaft in der Schülerfirma endet
- auf Wunsch des Mitgliedes
- bei Entlassung oder Ausschluss.

Ein Mitglied kann bei grober Verletzung der von ihm übernommenen Pflichten ausgeschlossen werden. Es muss ihm jedoch Gelegenheit gegeben werden, sich zu den Vorwürfen zu äußern. Über den Ausschluss entscheidet der Vorstand.

§ 3 Organe der Schülerfirma
Hauptversammlung:
- Versammlung der Aktionäre
- Wahl des Aufsichtsrates
- Entlastung von Aufsichtsrat und Vorstand
- Beschlüsse über Satzungsänderungen
- Beschlüsse über Gewinnverteilung

Aufsichtsrat:
- Überwachendes Organ
- Überwachung der Geschäftsführung
- Wahrung der Rechte der Aktionäre
- Berichterstattung zur Hauptversammlung

– Prüfung des Jahresabschlusses, des Geschäftsberichtes und des Vorschlages zur Gewinnverteilung

Vorstand:
– leitendes Organ
– Geschäftsführung und -leitung
– Erstellung des Jahresabschlusses
– Einberufung der Hauptversammlung
– Bericht über Stand und Entwicklung der Schülerfirma

§ 4 Leitung und Aufbau der Schülerfirma
Die Leitung der Schülerfirma kommt jährlich zu einer Hauptversammlung zusammen. Dieser wählt den Aufsichtsratz, der aus drei Personen besteht. Der Aufsichtsrat wählt den Vorstand. Der Vorstand führt die Geschäfte gemäß Satzung.
Die Schülerfirma hat folgende Abteilungen:
– Finanzabteilung
– Marketingabteilung
– Personalabteilung
– Einkauf und Verkauf
[…]

Aus: Homepage der Universität Potsdam, Kopiervorlagen, online: https://www.uni-potsdam.de/fileadmin01/projects/me-prooek/Schülerfima/KV_Satzung-Schuelerfirma.pdf [zuletzt: 29.07.2019]

M 74 Organe und Gremien einer Schülergenossenschaft

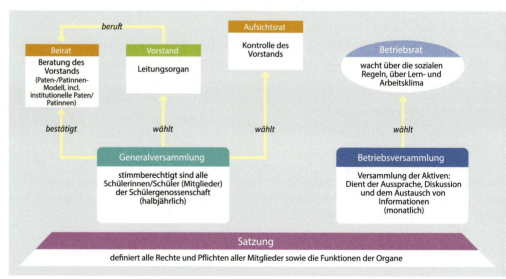

Nach: Haarmann, Moritz Peter: Die mitbestimmte Schülerfirma – demokratisch und nachhaltig wirtschaften, Düsseldorf 2018, S. 42.

EINSTEIGEN

1. Arbeite aus M 70 (S. 133 f.) die Funktionsweise der Schülerfirma „Energiedetektive" heraus. Orientiere dich dabei an folgenden Leitfragen:
   – Welche Geschäftsidee verfolgen die Energiedetektive?
   – Wie sieht die Arbeit der Energiedetektive aus?
   – Welche Organe gibt es bei den Energiedetektiven?

2. Arbeitet aus M72 (S. 134f.) und M73 (S. 130) sowie Info 9 (S. 137) die Unterschiede zwischen einer Schülerfirma und einer Schülergenossenschaft heraus.

3. a) Erkläre mithilfe von M72 und des Videos unter Perlen im Netz (S. 134), wie die betrieblichen Abläufe Beschaffung, Produktion und Absatz zusammenhängen und welche Abteilungen einer Firma daran beteiligt sind.
   b) Ordne die Aufgaben, die Malia (M71, S. 134) übernehmen kann, den Abteilungen „Finanzierung", „Produktion", „Beschaffung" und „Absatz" zu.
   c) Schreibe auf der Grundlage von M71 (S. 134) für die Abteilungen „Finanzierung", „Produktion", „Beschaffung" und „Absatz" eine Stellenausschreibung, in der du auf Aufgabenbeschreibung und Anforderungen der Bewerberinnen und Bewerber eingehst.

4. a) Überlegt gemeinsam in der Klasse, welche Abteilungen eure Schülerfirma/Schülergenossenschaft braucht.
   b) Erstellt in der Klasse einen Plan, wie die Prozesse Beschaffung, Produktion und Absatz in eurer Schülerfirma/Schülergenossenschaft ablaufen sollen und wie sie miteinander zusammenhängen.
   c) Überlegt für jede Abteilung, welche Interessen und Fähigkeiten hier besonders gefragt sind.

5. Arbeite aus M73 (S. 135f.) die Organe mit ihren Aufgaben heraus und übertragt das auf eure konkrete Geschäftsidee.

VERTIEFEN

6. Schreibt eine Satzung für eure Schülerfirma oder eure Schülergenossenschaft.

▲ 1, 2, 3, 4, 5, 6   ▲▽ 1, 2, 3, 4, 5, 6   ▲▽▲ 1, 2b, 3b, 5, 6

Schülerfirma/Schülergenossenschaft

Info 9

Eine → **Schülerfirma** ist ein Projekt, bei dem die Schülerinnen und Schüler eigenständig eine Geschäftsidee entwickeln, ein Unternehmen gründen und diese Geschäftsidee wirklich umsetzen. So können unternehmerisches Denken und Handeln eingeübt werden. Je nachdem kann die Schülerfirma im Rahmen des Unterrichts, als AG oder in der Freizeit geführt werden.
Im Gegensatz zu Schülerfirmen in Form einer AG oder GmbH werden in → **Schülergenossenschaften** Entscheidungen nicht von Einzelnen, sondern immer gemeinsam und demokratisch getroffen. Um Mitglied der Genossenschaft zu werden, muss man Anteile erwerben. Dabei gibt es unterschiedliche Möglichkeiten: Entweder kann jede und jeder nur einen Geschäftsanteil erwerben oder es besteht die Möglichkeit auch mehrere Anteile zu erwerben. Letztlich kann aber auch automatisch jeder Schülerin und jedem Schüler ein Geschäftsanteil zugeteilt werden. Jedes Mitglied der Genossenschaft hat aber, egal, wie viele Anteile sie oder er hat, das gleiche Mitbestimmungsrecht. Außerdem gilt in Genossenschaften immer das Prinzip der Solidarität. Es geht darum, sich zusammenzutun und zusammen für ein gemeinsames Ziel zu arbeiten. Genau wie echte Genossenschaften werden Schülergenossenschaften in zentralen Fragen durch einen genossenschaftlichen Partner, meist eine Genossenschaft in der Region, unterstützt. Jede Schülergenossenschaft ist darüber hinaus auf Nachhaltigkeit ausgerichtet.
In beiden Formen werden kommunikative Fähigkeiten in der Teamarbeit, Kreativität und Gestaltung beim Marketing und je nach Geschäftsidee weitere Fähigkeiten und Fertigkeiten gefördert.

Kompetenztraining

WISSEN

1. Erstelle zum Kapitel „Auf dem Weg zum eigenen Beruf – Chancen in der Arbeitswelt" eine ABC-Liste. In einer ABC-Liste notierst du dir bei dem jeweiligen Buchstaben des ABCs Begriffe, die dir zu einem Thema einfallen und den entsprechenden Anfangsbuchstaben haben, z. B. bei **A** Arbeitsvertrag, Ausbildung, …, bei **M** Mitbestimmung, bei **S** Studium, etc.

A _____

B _____

C _____

D _____

… _____

2. Bringe die folgenden Begriffe zum Arbeitskampf in eine richtige Reihenfolge.

A: Forderung der Gewerkschaften (Lohnerhöhung, Ausgleichszahlungen, etc.)

B: Urabstimmung der Gewerkschaftsmitglieder über Streik

C: Tarifverhandlungen zwischen Gewerkschaften und Arbeitgebern, evtl. begleitet von Warnstreiks

D: Aussperrung als Gegenmaßnahme der Arbeitgeber

E: Streik

F: Ende der Friedenspflicht durch Erklärung des Scheiterns

G: Gegenangebot der Arbeitgeber

H: Mögliches Schlichtungsverfahren

3. Erstelle zu folgenden Begrifflichkeiten einen „Spickzettel", auf dem du alle wichtigen Informationen notierst.

- Arbeitslosigkeit
- Jugendarbeitsschutz
- Ausbildungsvertrag
- Lohnentwicklung
- Betriebsrat
- Unternehmenserfolg

1. Analysiere auch unter Bezugnahme auf das Jugendarbeitsschutzgesetz folgenden Fall. Notiere, wer welche Argumente vorbringen wird.

ANALYSIEREN

Svenja ist 17 Jahre alt. Nachdem sie die Gemeinschaftsschule abgeschlossen hat, wusste sie zuerst nicht, welche Ausbildung sie machen soll. Schließlich hat sie dann nach langer Suche doch einen Ausbildungsplatz als Schlosserin gefunden. Der große und angesehene Betrieb liegt ganz in ihrer Nähe. Auch in wirtschaftlich schwierigen Zeiten hatte der Betrieb keine Entlassungen vorgenommen. Deshalb identifizieren sich die Mitarbeiter auch mit der Firma.
Auch die Berufsschule macht Svenja Spaß, und ihre Leistungen sind zufriedenstellend. Bisher ist sie sehr gerne zur Arbeit gegangen.
Doch seit die Auftragsbücher der Firma gut gefüllt sind, hat sich das geändert. Svenja muss zunächst Überstunden machen, so dass sie zum Teil auf 43 Arbeitsstunden pro Woche kommt. Außerdem hat ihr Ausbilder sie aufgefordert, auch nach einem sechsstündigen Berufsschultag nachmittags die Kollegen im Betrieb zu unterstützen. Jetzt soll sie auch noch am Wochenende beim Aufstellen und der Inbetriebnahme der neuen Maschinen helfen. Dabei hat Svenja am Wochenende doch ein wichtiges Fußballspiel und will anschließend auf das Konzert in Stuttgart fahren. Svenja reicht es. Sie hat einen Termin mit ihrem Ausbilder und einem Vertreter der Jugend- und Auszubildendenvertretung gemacht.

1. a) Beschreibe das Bild und deute es in Zusammenhang mit dem Bildtitel.
   b) Beurteile, ob die Situation von Startup-Gründern hier zutreffend dargestellt wird. Begründe dein Urteil anhand von mindestens sechs Punkten.

URTEILEN

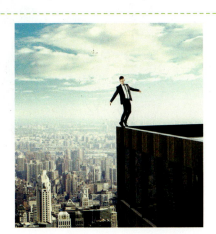

Ein Startup-Gründer

> „Wirtschaftliches Handeln ist kein Selbstzweck, d. h. es darf nicht willkürlich sein, sondern soll der Gesellschaft dienen."

Prof. Dr. Andreas Scherer, Professor für Betriebswirtschaftslehre, Universität Zürich

> „The Social Responsibility of Business is to increase its profits."

Prof. Dr. Milton Friedmann (1912–2006), bedeutender Wirtschaftswissenschaftler, Nobelpreisträger für Wirtschaftswissenschaften 1976

2. a) Erkläre die Bedeutung der beiden Zitate in eigenen Worten.
   b) Positioniere zu dich zu den beiden Zitaten anhand von Argumenten bzw. Gegenargumenten. Leite daraus ein eigenes Urteil ab.

Handeln

1. Gestaltet in Vierergruppen ein Rollenspiel zu Konflikten zwischen Arbeitnehmerinnen und Arbeitnehmern auf der einen Seite und Arbeitgeberinnen und Arbeitgebern auf der anderen Seite. Spielt verschiedene Lösungsmöglichkeiten durch.

2. Erstellt in Kleingruppen Standbilder, die das Verhältnis von Arbeitgeberinnen/Arbeitgebern und Arbeitnehmerinnen/Arbeitnehmern charakterisieren.

Erarbeiten

1. Analysiere die Karikatur.

2. a) Analysiere das Schaubild.
   b) Erläutere, welche Schlussfolgerungen sich aus den Angaben ableiten lassen.

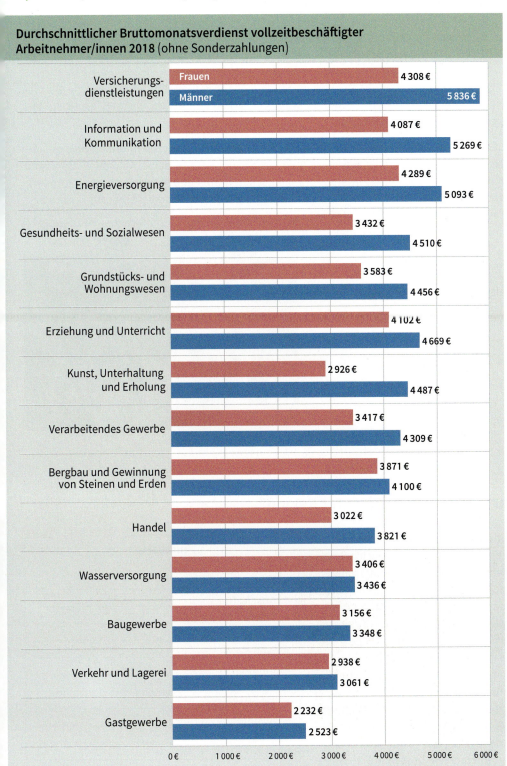

Nach: Statistisches Bundesamt

Weiterdenken

W 1 Ins Studium „reinschnuppern"

Wie läuft der Alltag an einer Hochschule ab? Welche Studienmöglichkeiten gibt es und welche Berufe kann man danach ergreifen? Antworten auf diese und weitere Fragen erhältst du, wenn du an einem Informationstag an einer Hochschule teilnimmst.

Recherchiere auf den Homepages von Hochschulen in deiner Umgebung, wann sie Informationstage anbieten, wie diese ablaufen und wie man sich dazu anmelden kann. Bereite deine Teilnahme an einem Informationstag zusammen mit ebenfalls interessierten Mitschülerinnen und Mitschülern vor. Informiert euch dazu auf den angegebenen Internetseiten, welche Studiengänge und Studienfächer für euch möglicherweise infrage kommen und bestellt Informationsbroschüren der Hochschule bzw. ladet sie online herunter. Erstellt unbedingt auch eine Liste eurer Fragen zum Studium.

Nützliche Hinweise:
www.hochschulkompass.de
www.studienwahl.de
www.berufenet.arbeitsagentur.de
www.studieninfo-bw.de

Auch ein Besuch einer Ausbildungsmesse (hier im Februar 2018 in Mannheim) kann hilfreiche Informationen liefern.

W 2 Infokarte „Unternehmen eurer Region"

Für dich und deine Mitschülerinnen und Mitschüler kann es sehr hilfreich sein, wenn ihr euch schnell über die Unternehmen in eurer Region informieren könnt, z. B. um dort ein Praktikum zu machen oder um sich auf einen Ausbildungsplatz zu bewerben. Erstellt eine (digitale) Infokarte mit Kurzsteckbriefen zu Unternehmen eurer Region. Neben den wichtigsten Informationen (Inhaberin/Inhaber, Anzahl der Mitarbeiterinnen und Mitarbeiter, Produkte, Art der Arbeitsplätze, Ausbildungsbetrieb, etc.) sind die Kontaktdaten (Adresse, Telefonnummer, Website) für eine solche Infokarte wichtig.
Ihr könnt die Orientierung auch noch erleichtern, indem ihr die Unternehmen in bestimmte Gruppen ordnet. Überlegt euch mögliche Überbegriffe.

Infokarte

- Firma: _____
- Anschrift: _____
- Telefon: _____
- Email: _____
- Web-Seite: _____
- Inhaber/in: _____
- Unternehmenszweck: _____
- Arbeitsplätze: _____
- Ausbildungsberufe: _____
- Praktikumsplätze: _____
- … _____

W 3 Einen Podcast erstellen: Porträt einer Unternehmerin/ eines Unternehmers

Sucht nach bekannten Unternehmerinnen und Unternehmern in eurer Region und erstellt einen Podcast über diese Personen. Die eigene Textproduktion, das Einsprechen und Sequenzieren bietet die Möglichkeit, sich intensiv und gleichzeitig spielerisch mit einem Thema auseinanderzusetzen.

Überlegt euch zuerst welche Unternehmerin/welchen Unternehmer ihr porträtieren wollt. Was ist euch dabei besonders wichtig?

Beginnt dann mit der Recherche: Welche Daten und Fakten sind wichtig?

Überlegt euch anschließend eine Struktur: Auf welcher Art soll das Thema präsentiert werden? Als Interview, Nachrichtenbeitrag, Hörspiel, Kommentar? Wer spricht, wer spielt im Hintergrund Töne und/oder Musik ein?

Um einen Audio-Podcast zu erstellen, wird benötigt:
- ein Computer mit Soundkarte und Internetzugang,
- ein Mikrofon,
- Software, um die Dateien zu bearbeiten.

Dana Schweiger ist eine erfolgreiche Unternehmerin und Mitbegründerin eines Versandhandels für Kinderbedarf.

Wie soll es mit unserer Wirtschaft weitergehen? –

Die Bundesrepublik Deutschland stand in ihrer Geschichte bereits vor vielen wirtschaftlichen Herausforderungen. Auch in der Gegenwart kommt es immer wieder zu wirtschaftlichen Entwicklungen, die so nicht vorherzusehen sind. Dabei ist auch immer zu berücksichtigen, dass die Bundesrepublik nicht nur alleine auf nationaler Ebene handeln kann, sondern sie darüber hinaus in die Europäische Union sowie in einen weltweiten internationalen Rahmen eingebunden ist.

Vor welche wirtschaftlichen Herausforderungen steht die Bundesrepublik aktuell auf nationaler, europäischer und globaler Ebene? Welche wirtschaftspolitischen Ziele werden langfristig verfolgt? Wie wird das alles bezahlt? Und welche Folgen ergeben sich durch die Globalisierung?

Nationale und internationale Herausforderungen

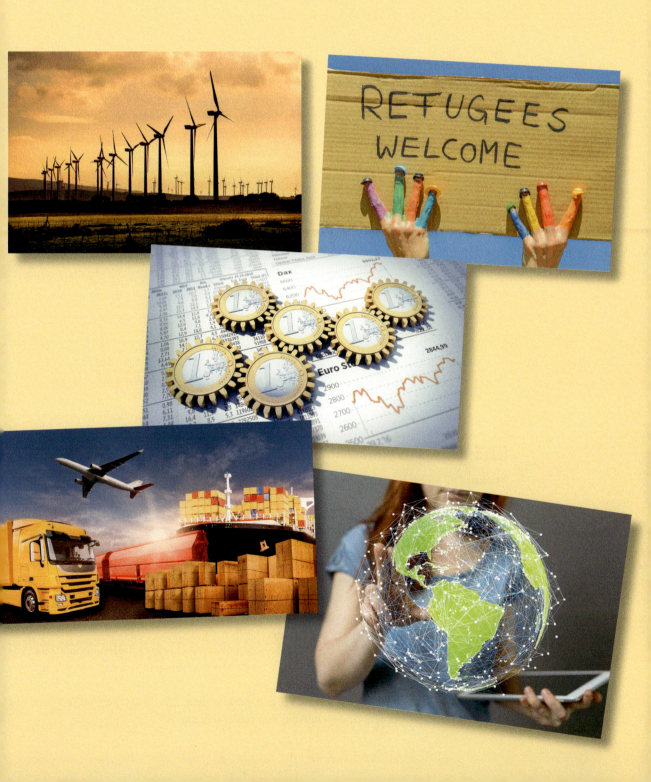

1. Was ist uns am wichtigsten? – Wirtschaftspolitische Zielsetzungen in der sozialen Marktwirtschaft

Die Wirtschaft steuern – aber wohin?

Manche meinen, dass der Markt sich selbst reguliere. Und in gewisser Hinsicht stimmt das auch. Da unser Staat jedoch bestimmte wirtschaftliche Ziele besonders stark verfolgt und unsere Marktwirtschaft gemäß dem Grundgesetz auch „sozial" gestaltet werden soll, greifen Politikerinnen und Politiker, aber auch Unternehmerinnen und Unternehmer sowie Bürgerinnen und Bürger steuernd ein, um den Markt in Teilen zu regulieren. Welche Ziele sollen wirtschaftlich erreicht werden? Und wie können wir in den Markt eingreifen?

M1 Das Magische Sechseck - Ziele der Wirtschafts- und Finanzpolitik

M2 Alles ganz einfach in der Wirtschaftspolitik? – Ein Gespräch (Teil I)

Mirko: Oh Mensch, diese Umweltverschmutzer! Ich finde, die Regierung sollte alle Autos verbieten; oder zumindest die mit solchen Motoren, die viele Schadstoffe ausstoßen. Schließlich ist Umweltschutz ein Staatsziel!

Maya: Tja Mirko, dann müsste aber eine ganze Reihe von Automobilunternehmen ihre Fabriken schließen und damit sehr, sehr viele Menschen in die Arbeitslosigkeit schicken. Dabei ist Vollbeschäftigung auch ein Staatsziel. Ganz zu schweigen davon, dass wir dann kaum noch Autos exportieren könnten und damit neben unserem Wirtschaftswachstum auch unseren Außenhandel ruinieren …

Mirko: Okay, dann sollte man eben die Mineralölsteuer so stark erhöhen, dass kein Mensch mehr Autos kauft, die viel Benzin schlucken.

Maya: Das wäre ein Eingriff in die Preisniveaustabilität. Außerdem treffen hohe Mineralölsteuern alle Menschen, die mit Öl heizen. Und höhere Heizkosten belasten vor allem Menschen, die ohnehin nur wenig Geld haben.

Mirko: Okay, dann ändern wir etwas an den Einkommen. Die Menschen sollten ohnehin gleich viel Geld verdienen, finde ich. Aber wie stellt man das an?

M 3 Angebotsorientierte und nachfrageorientierte Wirtschaftspolitik – Ein Gespräch (Teil II)

Mirko: Also, wenn ich das richtig verstehe, dann sagen viele Unternehmerinnen und Unternehmer, dass der Staat sich besser aus ihren Angelegenheiten heraus halten sollte?

Maya: So ungefähr. Sie fordern die Abschaffung oder Reduzierung von Regulierungen, die Unternehmen davon abhalten könnten, zu investieren. Sie wollen niedrige Steuern für Unternehmen und natürlich einen flexiblen Arbeitsmarkt, so dass man leichter Leute einstellen und auch wieder entlassen kann. Dazu fordern sie geringe Abgaben für Kranken-, Renten- und Pflegeversicherung für die Absicherung der Arbeitnehmerinnen und Arbeitnehmer. Der Wert des Geldes muss aus dieser Sicht stabil sein. Man nennt das Angebotspolitik, weil sie sich nach den Bedürfnissen der Marktanbieter, also der Unternehmen, richtet, die nach dieser Theorie für wirtschaftliches Wachstum entscheidend sind.

Mirko: Aber kommt es nicht auch auf die Menschen an? Die brauchen doch Arbeit, Einkommen und Hilfe in Notlagen.

Maya: So ähnlich sagen das die Verfechterinnen und Verfechter der nachfrageorientierten Wirtschaftspolitik. Sie setzen darauf, dass der Staat in Zeiten von schwacher Konjunktur investiert, um die Wirtschaft anzukurbeln und Arbeitsplätze zu sichern oder sogar neue zu schaffen. Kritikerinnen und Kritiker dieser Theorie sagen aber, dass diese Art von Politik die Inflation antreibe und meist zu einer höheren Verschuldung des Staates führe.

Mirko: Ich sehe schon, dass es da keinen Königsweg gibt. Vielleicht muss man einen Kompromiss aus beiden Ansätzen formen?

M 4 Konjunkturelle Schwankungen

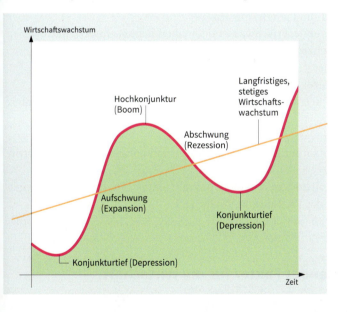

M 5 Wie Wirtschaftspolitik gestaltet sein sollte (I)

[...] Der beste Garant einer positiven Entwicklung wird – ganz im Sinne Ludwig Erhards – ein freier Markt mit geringer Staatsquote und wenig Gängelung, Rechtssicherheit für alle Marktteilnehmer und die Betonung der Selbstverantwortung des Menschen sein.
Lösungen können in einer Zeit der Globalisierung nur noch bedingt im nationalen Rahmen gedacht und umgesetzt werden. Gleichwohl hat [...] auch im staatlichen Rahmen zu gelten:

was dezentral gelöst werden kann, benötigt keine zentralen Vorgaben. Dies wäre auch der notwendige Einstieg in den seit Jahren versprochenen, nie umgesetzten Abbau von Bürokratie – einem weiteren Antrieb wirtschaftlicher Entwicklung und menschlicher Kreativität. [...]

Aus: Homepage Deutschen Arbeitgeber Verband e.V., Unsere Arbeit, Wirtschaftspolitik, online: https://deutscherarbeit geberverband.de/dav_wirtschaftspolitik.html [zuletzt: 13.07.2019]

M 6 Wie Wirtschaftspolitik gestaltet sein sollte (II)

[...] Die Integration in den Arbeitsmarkt ist für die Menschen Voraussetzung für Teilhabe, Selbstbestimmung und Anerkennung. Der erzwungene Ausschluss von Erwerbsarbeit bedeutet deshalb Ausschluss von Teilhabechancen in unserer Gesellschaft. Verantwortliche Politik im Interesse der Menschen darf sich daher niemals mit verbreiteter Arbeitslosigkeit oder gar Langzeitarbeitslosigkeit abfinden. Wirtschafts-, Finanz- und Arbeitsmarktpolitik müssen auf das **Ziel der Vollbeschäftigung in guter Arbeit** ausgerichtet sein. Auch die Unternehmen müssen ihrer beschäftigungspolitischen Verantwortung gerecht werden. [...]

Aus: https://www.spd.de/fileadmin/Dokumente/Beschluesse/Bundesparteitag/20130415_regierungsprogramm_2013_2017.pdf [zuletzt: 06.06.2019]

M 7 Sozial- und Umweltstandards zahlen sich aus

Produktionskosten senken
Allein durch betriebliches Umweltmanagement und Good Housekeeping kann Ihr Unternehmen große Mengen an Energie, Rohstoffen oder Abfällen einsparen – und dies ohne oder mit nur geringem personellen oder finanziellen Aufwand. Weitere technisch anspruchsvolle Umweltmaßnahmen erfordern zwar teils größeren Personal- und Mitteleinsatz. Aber auch hier zahlen sich die Effekte mittel- und langfristig aus.

Je effizienter Ihr Unternehmen Energie, Frischwasser oder Chemikalien einsetzt, desto geringer belastet das die Umwelt. Gleichzeitig sinken Ihre Kosten.

Die wichtigsten Einsparpotenziale:
- Weniger Kosten dank eingesparter Ressourcen wie Energie oder Wasser.
- Geringere Ausgaben für beispielsweise Rohstoffe oder Chemikalien durch effizientere Nutzung.
- Geringere Ausgaben für die Abwasser- und Abgasreinigung.
- Geringere Ausgaben für die Entsorgung dank geringerer Abfallmenge und besserer Sortierung für das Recycling.
- Geringere Ausgaben für den Rohstoffeinkauf dank des effizienten Einsatzes der Materialien und des Wiederverwertens der Produktionsabfälle. [...]

Aus: Leitfaden des Umweltbundesamtes für die Textil- und Schuhbranche, S. 7, online: https://www.umweltbundesamt.de/sites/default/files/medien/publikation/long/4128.pdf [zuletzt: 06.06.2019]

M 8 Energie: entscheidender Faktor für die Wirtschaft

Menschen streiten auf verschiedene Weisen darüber, welche Arten von Energie verwendet und wie sie besteuert werden sollen.

M 9 Wie kann Wohlstand gemessen werden? – Ergänzungen und Alternativen zum Indikator Bruttoinlandsprodukt

Das Bruttoinlandsprodukt (BIP) gibt den gesamten Wert aller Waren und Dienstleistungen an, die im Zeitraum von einem Jahr innerhalb der Wirtschaft eines Landes (Volkswirtschaft) produziert bzw. erbracht wurden. Die Einführung von ständigen Messungen anhand des Indikators (d.h. statistisch verwertbares Anzeichen für einen Zustand bzw. eine Entwicklung) Bruttoinlandsprodukt in den Jahren nach dem Zweiten Weltkrieg galt in Deutschland als großer Fortschritt. Das BIP ermöglichte das Wachstum der deutschen Wirtschaft genau zu beobachten, Vergleiche zu den Volkswirtschaften anderer Staaten zu ziehen und auf Veränderungen wirtschaftlich sowie politisch besser reagieren zu können.

Bereits seit der Einführung des BIP als Indikator für Wirtschaftswachstum und Wohlstand gibt es jedoch auch Kritik. Diese bezieht sich vor allem darauf, dass das Bruttoinlandsprodukt nur gehandelte Leistungen, die einen eigenen Marktwert haben, erfasst. Zentrale Aspekte, die ebenfalls Wohlstand ausmachen, bleiben vom Indikator BIP unberücksichtigt. Dazu zählen z.B. ehrenamtliche Arbeit, Arbeit innerhalb von Familien, umweltschädliche Verhaltensweisen sowie die Auswirkungen wirtschaftlicher Produktion und privaten Konsums auf die Umwelt und das Klima. Mit dem BIP wird die Sichtweise hingegen auf reine Kapitalerträge bzw. -verringerungen und ein möglichst ständiges Wachstum der Wirtschaft verengt.

Um gegenüber dem Bruttoinlandsprodukt auch ökologische und soziale Perspektiven bei der Messung von Wohlstand zu berücksichtigen, wurde in den vergangenen Jahrzehnten eine Reihe von weiteren Indikatoren zur Messung von Wohlstand entwickelt. Unten angeführt sind der Human Development Index (HDI), der Ökologische Fußabdruck und der Genuine Progress Indicator (GPI). Darüber hinaus gibt es weitere mögliche Indikatoren wie z.B. den Nationalen Wohlfahrtsindex und den Gross National Happiness Index (Bruttoglücksprodukt). Diese Indikatoren sollen über das Wirtschaftswachstum hinaus bzw. neben ihm Aspekte wirtschaftlichen Handelns erfassen, die auf ökologische und soziale Nachhaltigkeit hin ausgerichtet werden können. Ähnlich wie der Maßstab Bruttoinlandsprodukt, stellen auch die weiteren Indikatoren zur Wohlstandsmessung bestimmte Sichtweisen in den Vordergrund. Sie können jedoch, je nach den Zielen, die mit der Messung verbunden werden, wichtige Ergänzungen bzw. Alternativen zum BIP sein.

Human Development Index (HDI) (Index für menschliche Entwicklung)

Der HDI arbeitet mit den drei Kriterien: allgemeine Lebenserwartung, durchschnittliche Anzahl an Schuljahren pro Person und BIP pro Kopf.

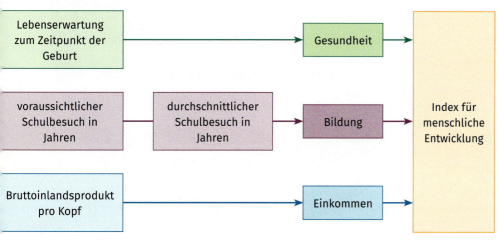

Ökologischer Fußabdruck

Der Ökologische Fußabdruck misst den individuellen Verbrauch an Ressourcen, aber auch den nationalen Ressourcenverbrauch in CO_2-Emissionen in unterschiedlichen Lebens- und Wirtschaftsbereichen.

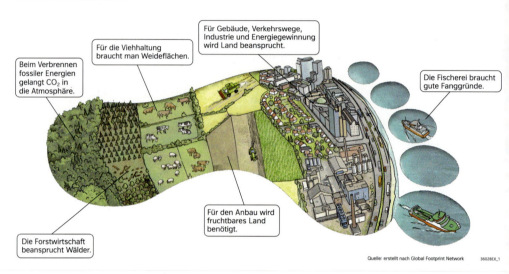

Quelle: erstellt nach Global Footprint Network

Genuine Progress Indicator (GPI)

Der GPI berücksichtigt 26 soziale, ökologische und ökonomische Faktoren, die als umweltverschmutzende und gesundheitsschädliche Investitionen vom BIP abgezogen werden.

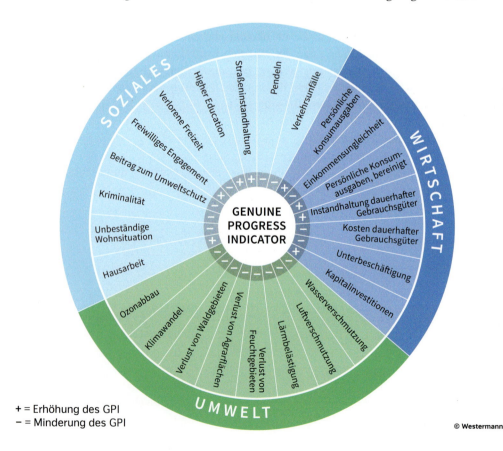

+ = Erhöhung des GPI
− = Minderung des GPI

© Westermann

1. Was ist uns am wichtigsten? – Wirtschaftspolitische Zielsetzungen in der sozialen Marktwirtschaft

EINSTEIGEN

1. a) Arbeite gemeinsam mit einer Partnerin oder einem Partner aus dem Gespräch zwischen Maya und Mirko M 2 (S. 146) und M 3 (S. 147) die in M 1 (S. 146) gezeigten sechs Aspekte des Magischen Sechsecks heraus.
   b) Überlegt gemeinsam, ob ihr euch auf eine Rangfolge der Ziele aus M 1 (S. 146) einigen könnt. Begründet eure Entscheidung schriftlich.

2. Erschließe dir das Diagramm in M 4 (S. 147) mithilfe der Arbeitstechnik „Diagramme beschreiben" (S. 212) und erläutere es zusammen mit einer Partnerin oder einem Partner.

3. Vergleiche die in M 5 (S. 147 f.) und M 6 (S. 148) vorgestellten Positionen zu einer guten Wirtschaftspolitik und begründe, welcher du dich eher anschließen kannst.

4. Auf die Wirtschaftspolitik nehmen verschiedene Akteure Einfluss.
   a) Benenne anhand der Materialien M 5 (S. 147 f.), M 6 (S. 148), M 7 (S. 148) und M 8 (S. 148) die Akteure.
   b) Benenne ausgehend von M 5 (S. 147 f.), M 6 (S. 148), M 7 (S. 148) und M 8 (S. 148) mindestens drei verschiedene Formen der Einflussnahme auf wirtschaftspolitische Entscheidungen. Info 1 (S. 152) kann dir dabei behilflich sein.

WEITERARBEITEN

5. a) Erläutere auf Basis von M 2 (S. 146), dass die Ziele des Magischen Sechsecks M 1 (S. 146) manchmal im Widerspruch zueinander stehen.
   b) M 8 (S. 148) benennt im Rahmen der Energiepolitik ein weiteres Streitthema, anhand dessen Zielkonflikte deutlich werden. Führt in der Klasse eine Pro-Kontra-Debatte (siehe Arbeitstechnik „Pro-Kontra-Debatte" S. 218) durch, in deren Verlauf die Debattenteilnehmerinnen und -teilnehmer auf die Ziele des Magischen Sechsecks (M 1, S. 146) Bezug nehmen.

6. In M 3 (S. 147) erklärt Maya Mirko wesentliche Grundzüge der angebotsorientierten und der nachfrageorientierten Wirtschaftspolitik. Beschreibe, welches staatliche Verhalten in den einzelnen Phasen des in M 4 (S. 147) dargestellten Konjunkturverlaufs wahrscheinlich ist, wenn man eine nachfrageorientierte bzw. eine angebotsorientierte Politik betreibt.

VERTIEFEN

7. In M 7 (S. 148) wird eine Reihe von Argumenten für eine sozial- und umweltverträgliche Produktion benannt.
   a) Nimm kritisch Stellung zu diesen Argumenten, indem du Gegenargumente findest, die eine Unternehmerin oder ein Unternehmer aus dieser Branche anführen könnte.
   b) Formuliere Forderungen, wie Wirtschaftspolitik sozial- und umweltverträgliches Produzieren in der Textil- und Schuhbranche (M 7, S. 148) belohnen sollte.

8. Recherchiere mithilfe der Arbeitstechnik „Informationen im Internet recherchieren" (S. 214 f.), welche wirtschaftspolitischen Maßnahmen die Bundesrepublik Deutschland in den 1970er-Jahren in der Folge der sogenannten Ölkrise ergriffen hat. Waren diese eher angebots- oder nachfrageorientiert? Begründe deine Position.

9. a) Erkläre mithilfe von M 9 (S. 149 f.) welche Ausprägungen von Wohlstand mit dem Indikator Bruttoinlandsprodukt gemessen werden können und worin Grenzen dieses Indikators bestehen.

b) Recherchiert in Kleingruppen auf Basis von M 9 (S. 149 f.) wie die Indikatoren HDI, Ökologischer Fußabdruck und GPI den Indikator Bruttoinlandsprodukt bei der Messung von gesellschaftlichem Wohlstand ergänzen können. Erstellt zu euren Ergebnissen eine digitale Präsentation und tragt sie in der Klasse vor.

c) Diskutiert in der Klasse welcher der vorgestellten Indikatoren für die Messung von gesellschaftlichem Wohlstand euch als Ergänzung zum Indikator BIP am wichtigsten ist. Begründet eure Auffassungen.

▲ 1a, 2, 3, 4, 5a, 6   ▼ 1, 2, 3, 4b, 5a, 6, 7a, 9a, 9b   ▲▼ 2, 3, 4b, 5, 6, 7, 8, 9

Info 1 Entscheidungen treffen im Magischen Sechseck

Mittels seiner → **Wirtschaftspolitik** nimmt der Staat Einfluss auf das wirtschaftliche Geschehen. Die Ziele des Staates im Hinblick auf die Wirtschaft wurden im sog. Stabilitäts- und Wachstumsgesetz 1967 formuliert. Damals waren das stabile Preise, geringe Arbeitslosigkeit, ein ausgeglichener Außenhandel – d. h. dass Einfuhren und Ausfuhren in einem gesunden Verhältnis zueinander stehen – sowie ein stetiges, angemessenes Wirtschaftswachstum. Diese Ziele bestehen auch heute noch. Doch mittlerweile sind zwei weitere Ziele hinzugekommen. Die Erhaltung einer lebenswerten Umwelt und der Vorsatz einer gerechten Verteilung von Einkommen und Vermögen. Inwieweit diese ziemlich offen formulierten Ziele erreicht werden, versucht man anhand verschiedener Indikatoren (Hinweise) zu messen. So werden beispielsweise Arbeitslosigkeitsquoten, Inflationsraten oder die Entwicklungen des Bruttoinlandsprodukts gemessen. Das **Magische Sechseck** ist ein anschauliches Modell, mit dessen Hilfe man erklären kann, wieso und wann die Politik welche Entscheidungen trifft, um die genannten Ziele der Wirtschaftspolitik zu erreichen. „Magisch" heißt es deswegen, weil es unmöglich ist, allen sechs Ecken mit einer Entscheidung gleichzeitig näher zu kommen. Das liegt daran, dass die Ziele der Wirtschaftspolitik teilweise miteinander im Konflikt stehen. Beispielsweise führt Wirtschaftswachstum meist auch zu mehr Beschäftigung; es treibt aber in der Regel auch die → **Inflation** an, was dem Ziel der Preisniveaustabilität zuwider läuft.

Menschen, Parteien und Verbände streiten darüber, welche wirtschaftspolitischen Maßnahmen der Staat ergreifen soll. Und es besteht eine grundsätzliche Uneinigkeit darüber, wie stark der Staat in das Wirtschaftsgeschehen eingreifen soll. Diesem Streit liegen unterschiedliche Auffassungen über das Verhältnis von Staat und Wirtschaft zugrunde. Und es gibt unterschiedliche Meinungen darüber, welche der Ziele des magischen Sechsecks Vorrang haben sollen.

Um ihre **wirtschaftspolitischen Ziele** durchzusetzen, bedienen sich Menschen verschiedener Formen der Beteiligung an den Entscheidungen. Sie können Parteien, deren wirtschaftspolitische Programme ihnen zusagen, wählen. Sie können sich in Verbänden organisieren. Und sie können sich in Form von Demonstrationen oder Petitionen – das sind Eingaben an Parlamente – an ihre Volksvertreter wenden. Wegen der Einbindung Deutschlands in die Europäische Union wird Wirtschaftspolitik nicht länger nur im nationalen Parlament, sondern auch auf europäischer Ebene bestimmt. Die Übernahme von Ehrenämtern stellt eine sehr wichtige Beteiligungsform dar. Unsere Demokratie wird durch ehrenamtliches Engagement lebendiger und von Menschen mitgetragen, die sich einbringen. In all diesen Bereichen gilt daher gerade auch für Kinder und Jugendliche das Prinzip: „Einmischen erwünscht!". Denn die junge Generation trägt die Verantwortung für den Fortbestand und die Weiterentwicklung unserer Demokratie in der Zukunft sowie für das Eintreten demokratischer Ideale, insbesondere den Schutz von Menschenrechten und die Bewahrung der Umwelt, in der ganzen Welt.

2. Was dient dem Gemeinwohl und wie finanzieren wir es? – Der schwierige Spagat zwischen freier Wirtschaft und Sozialpolitik

Der Bundeshaushalt

Wie jede Familie oder jedes Unternehmen braucht auch der Staat Geld, um seine Aufgaben wahrnehmen zu können. Dies bekommt er zum größten Teil durch Privatpersonen oder Unternehmen, die hier in Deutschland ihre Steuern zahlen.

M 10 Einnahmen und Ausgaben des Bundeshaushalts 2017

Einnahmen: 331 038 991 000 Euro, davon die drei größten Anteile:
- Steuern: 309 375 983 000 Euro
- Erhebung der streckenbezogenen Maut: 4 653 697 000 Euro
- Abführungen der Bundesanstalt für Immobilienaufgaben: 2 265 000 000 Euro

Ausgaben: 331 038 991 000 Euro, davon die drei größten Anteile:
- Rentenversicherung und Grundsicherung im Alter und bei Erwerbsminderung: 96 530 937 000 Euro
- Leistungen nach dem Zweiten und Dritten Buch Sozialgesetzbuch (u. a. Arbeitslosengeld II, auch Hartz IV genannt): 37 365 080 000 Euro
- Verzinsung der Staatsschulden: 17 533 332 000 Euro

Die drei Ministerien mit den höchsten Ausgaben:
1. Bundesministerium für Arbeit und Soziales: 135 850 672 000 Euro
2. Bundesministerium der Verteidigung: 36 950 529 000 Euro
3. Bundesministerium für Verkehr und digitale Infrastruktur: 27 930 413 000 Euro

(Werte gerundet)

Quelle: Bundesministerium der Finanzen, online: www.bundeshaushalt.de [zuletzt: 06.06.2019]

PERLEN IM NETZ

www.bundeshaushalt.de

Auf dieser Seite des Bundesfinanzministeriums kannst du dich interaktiv über die verschiedenen Ausgaben und Einnahmen des Staates informieren.

M 11 Der Bundeshaushalt im Laufe der Jahre

Entwicklung der Einnahmen des Staates
Der Weg zum Haushaltsausgleich ohne Neuverschuldung
2010 bis 2016: Ist; 2017: Soll; 2018: Regierungsentwurf; 2019 bis 2021: Finanzplan. Angaben in Mrd. €

Quelle: Bundesministerium der Finanzen, Juli 2017   Angaben Jahre 2018 bis 2021: auf Schätzung basierend

● PERLEN IM NETZ
www.steuerzahler.de

Auf der Homepage vom Bund der Steuerzahler Deutschland e.V. kannst du dir die sogenannte Schuldenuhr anschauen. Dort wird der aktuelle Schuldenstand der Bundesrepublik Deutschland gezeigt, zudem die Verschuldung pro Kopf und der Zuwachs an Schulden pro Sekunde.

M12 Sinn oder Unsinn: Ist die „Schwarze Null" erstrebenswert?

Im Jahr 2014 wurde erstmals seit 1969 wieder ein Bundeshaushalt ohne neue Schulden erreicht. Dies nennt man auch „Schwarze Null", in Anlehnung daran, dass z. B. auf Kontoauszügen positive Beträge schwarz und nicht rot markiert werden. Doch ist es wirklich so wichtig, dass der Staat keine „Miesen" macht? Ein Streitgespräch soll das klären.

> Die „Schwarze Null" ist wichtig, weil sie Vertrauen in die Politik schafft – Privatleute können auch nicht beliebig viele Schulden machen …

> Wenn wir jetzt zu viel sparen, wird sich das später rächen. Wichtige Investitionen, etwa im Straßenbau, bleiben auf der Strecke, das wird in den kommenden Jahren richtig teuer!

> Je mehr Schulden wir jetzt machen, desto mehr belasten wir die nachfolgenden Generationen – man muss sich nur anschauen, wie viele Zinsen wir jetzt schon zahlen!

> Die „Schwarze Null" ist reine Symbolpolitik und hat keinen effektiven Nutzen. Es muss jedes Jahr aufs Neue geschaut werden, ob neue Schulden nötig sind oder nicht. Herrscht eine Wirtschaftskrise, muss der Staat den Unternehmen helfen, damit die Arbeitslosigkeit nicht steigt.

> Unsere Wirtschaft brummt und wir sind international als Wirtschaftsmacht angesehen – und das ohne neue Schulden. Wir taugen damit als Vorbild für andere Länder.

> In wirtschaftlich stabilen Zeiten ist die „Schwarze Null" sicher gut, doch wenn die Arbeitslosigkeit steigt und die Steuereinnahmen zurückgehen, muss der Staat mehr investieren, sonst entsteht ein Teufelskreis!

> Der Staat sollte nicht unnötig viel Geld ausgeben, besser ist es, mehr private Investoren miteinzubeziehen.

> Deutschland ist kein sozial gerechtes Land. Der Staat muss endlich mehr Geld für Krankenhäuser, Schulen und für die Renten ausgeben. Das geht nun einmal nur mit neuen Schulden. Durch die niedrigen Zinsen ist das doch kein Problem!

Was dient dem Gemeinwohl und wie finanzieren wir es? – Der schwierige Spagat zwischen freier Wirtschaft und Sozialpolitik

EINSTEIGEN

1. Analysiert zu zweit die Einnahmen und Ausgaben des Bundeshaushaltes 2017 in M 10 (S. 143) und berechnet
   - wie viel Prozent der Einnahmen auf Steuern beruhen.
   - wie viel Prozent der Ausgaben für die Rentenversicherung und die Grundsicherung im Alter anfallen.
   - wie viel Prozent der Ausgaben für die Zinszahlungen der Staatsschulden anfallen.

2. a) Analysiere die Grafik in M 11 (S. 153) mithilfe der Arbeitstechnik „Diagramme beschreiben" (S. 212) und beschreibe mit eigenen Worten, wie die Entwicklung der Einnahmen und Ausgaben in den letzten Jahren verlaufen ist.
   b) Berechne, wie sich die Ausgaben und Einnahmen von 2010 bis 2017 verändert haben. Finde mit deiner Nachbarin/deinem Nachbarn Argumente, wieso Ausgaben und Einnahmen stetig steigen.

WEITER-ARBEITEN

3. a) Recherchiert zu zweit auf der Internetseite www.bundeshaushalt.de für ein Bundesministerium eurer Wahl, welche Einnahmen und Ausnahmen bestehen. Achtet in der Klasse darauf, dass so viele Ministerien wie möglich abgedeckt sind.
   b) Gestaltet anschließend ein Plakat, in dem ihr das Ministerium mit Ministerin/Minister sowie den zu erledigenden Aufgaben vorstellt und die drei größten Einnahmen und Ausgaben auflistet. Hängt alle Plakate anschließend im Klassenzimmer auf.

4. Die Berechnungen für den Bundeshaushalt für die Jahre 2018–2021 aus M 11 (S. 153) waren zur Zeit der Anfertigung des Diagramms Schätzungen.
   a) Beschreibe, wie sich Ausgaben und Einnahmen von 2018 bis 2021 nach dieser Planung gegenüber den Vorjahren verändern (M 11, S. 153).
   b) Überprüft durch eigene Recherchen im Internet zu zweit, ob die damaligen Prognosen eingetreten sind (siehe Arbeitstechnik „Informationen im Internet recherchieren", S. 206 f.). Gebt an, wie weit die Schätzungen von den tatsächlichen Zahlen auseinanderliegen.

5. a) Lest euch zu zweit das Streitgespräch in M 12 (S. 154) vor und nehmt dabei unterschiedliche Rollen ein.
   b) Überlegt euch gemeinsam jeweils noch ein weiteres Argument für jede Seite.
   c) Führt anschließend in der Klasse ein eigenes Streitgespräch mithilfe der Unterrichtsmethode „Ein Streitgespräch führen" (S. 156 f.) zur Frage der „Schwarzen Null" durch.

VERTIEFEN

6. Diskutiert in Vierergruppen,
   - was langfristig passieren würde, wenn ein Staat dauerhaft mehr ausgibt als er einnimmt. Erklärt dies an zwei selbst erdachten Beispielen.
   - wie sich eine schwere Wirtschaftskrise auf den Haushalt auswirkt und welche Maßnahmen ein Staat dann ergreifen könnte.

▲ 1, 2a, 3, 4a, 5a, 5b   ▲▼ 1, 2, 3, 4, 5   ▲▼▲ 1, 2, 4, 5a, 5b, 6

Unterrichtsmethode

Ein Streitgespräch führen

Bei einem Streitgespräch geht es nicht darum, dass man sich richtig zofft, sondern dass man eine polarisierende, also sehr lebhafte Diskussion mit vielen guten Argumenten führt. Dabei wird die Klasse in verschiedene Gruppen eingeteilt, denen jeweils eine bestimmte Rolle zukommt. Es kann passieren und ist sogar erwünscht, dass man dabei auch Rollen einnimmt, mit deren Position man eventuell persönlich nicht überstimmt. Dieser Wechsel der Perspektive trägt dazu bei, dass man am Ende der Diskussion zu einem fundierten, also gut begründeten eigenen Urteil gelangt.

Phase 1: Organisation
Ein Streitgespräch muss sorgfältig organisiert werden. Zuerst muss Klarheit über die Fragestellung herrschen: Über welches Thema soll „gestritten" werden? Danach werden insgesamt vier Gruppen gebildet:

(1) Es gibt eine Gesprächsleiterin bzw. einen Gesprächsleiter. Diese Person diskutiert nicht aktiv mit, sondern ist dafür verantwortlich, dass alles fair verläuft. Sie achtet darauf, dass jede Gruppe ungefähr gleich lange spricht und niemand unterbrochen wird. Sie darf Teilnehmerinnen bzw. Teilnehmern das Wort entziehen und es anderen erteilen. Außerdem legt sie in Absprache mit der Lehrerin bzw. dem Lehrer einen Zeitrahmen für das Streitgespräch fest und überwacht dessen Einhaltung.

(2/3) Für das Streitgespräch werden Parteien gebildet, die sich streiten. Bei den Streitparteien sollte darauf geachtet werden, dass sie gleich groß sind. Wer in welche Gruppe kommt, kann ausgelost oder von der Lehrerin bzw. dem Lehrer bestimmt werden.

(4) Außerdem gibt es die Beobachtenden. Sie beobachten das Streitgespräch genau und sollen in der Auswertung ihre Eindrücke wiedergeben, z. B. zu den Fragen, welche Partei überzeugender argumentiert hat, welche Argumente im Streitgespräche gefehlt haben, welche Argumente besonders stark waren, etc.

Phase 2: Vorbereitung
Sind die Streitparteien eingeteilt, werden die Rollen ausgemacht. Je nachdem, welche Thematik zur Diskussion steht, können nun verschiedene Rollen ausgedacht werden. Zum Beispiel zur Frage, ob man die Steuern erhöhen sollte, kann es Vertreterinnen und Vertreter der Regierung geben, Vertreterinnen und Vertreter der Arbeitnehmer und Arbeitgeber, der Sozialverbände und andere.

Auf kleinen Zetteln notiert sich jede/jeder anschließend kurze Statements und schlagkräftige Argumente, die sie bzw. er während des Streitgesprächs vorbringen möchte. Zum Schluss ernennt jede Gruppe eine Sprecherin oder einen Sprecher, die bzw. der ein längeres Statement vorträgt, das die Position der Gruppe darlegt.

Phase 3: Das Streitgespräch
Das Streitgespräch beginnt, indem sich alle Streitparteien in Position bringen. Die Diskussionsgruppen sitzen sich gegenüber, die Beobachtenden sitzen am Rand und die Gesprächsleiterin bzw. der Gesprächsleiter ganz vorn. Die Gesprächsleiterin bzw. der Gesprächsleiter begrüßt und benennt alle Streitparteien, daraufhin stellt sie/er die Diskussionsfrage. Die Gesprächsleiterin/der Gesprächsleiter bestimmt, welche Gruppe zuerst sprechen darf. Dann werden zuerst die jeweiligen Statements vorgetragen, bevor jede Gruppe abwechselnd ihre Argumente darlegen darf.

Auf die Argumente einer Streitpartei können die anderen Streitparteien mit Gegenargumenten und weiteren Argumenten für die eigene Position reagieren, so dass ein echtes Streitgespräch entsteht. Die Gesprächsleiterin bzw. der Gesprächsleiter achtet auf die Einhaltung der Zeit und darauf, dass alle Streitparteien ungefähr einen gleich langen Redeanteil im Streitgespräch haben. Dazu kann die gesprächsleitende Person Streitparteien auch das Wort entziehen und anderen Streitparteien das Wort erteilen.

Phase 4: Auswertung
Nachdem alle Argumente vorgetragen wurden, erfolgt die Auswertung. Zuerst tragen die Beobachtenden ihre Eindrücke vor und schildern, welche Statements und Argumente sie besonders überzeugend fanden. Danach dürfen sich alle anderen äußern. Im Anschluss könnt ihr eine Abstimmung in der Klasse darüber durchführen, für welche Streitpartei sich die meisten entscheiden.

Die Bedeutung von Steuern

Steuern machen den weitaus größten Teil der Einnahmen des Staates aus. Dabei gibt es ganz unterschiedliche Arten von Steuern. Mit manchen kommen wir alle nahezu tagtäglich in Berührung, andere sind nur für bestimmte Berufsgruppen relevant. Die staatlichen Steuereinnahmen werden unterschiedlich auf den Bund, die Bundesländer sowie die Städte und Kommunen verteilt.

M13 Lohnsteuer, Umsatzsteuer, Energiesteuer – die zentralen Steuern zur Finanzierung des Staates

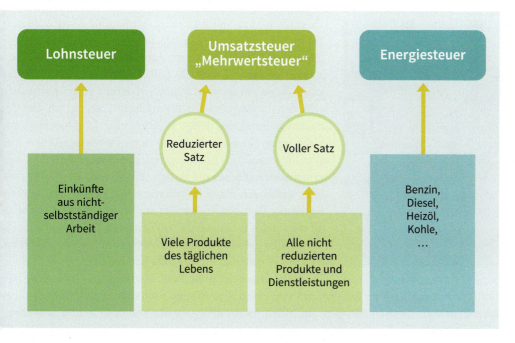

M 14 Welche Steuern gibt es, und wie werden die Einnahmen verteilt?

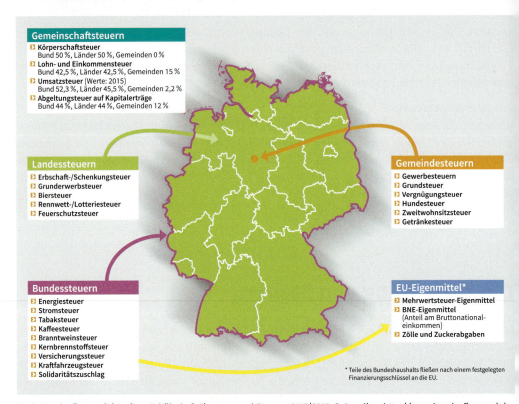

Gemeinschaftsteuern
- Körperschaftsteuer
  Bund 50 %, Länder 50 %, Gemeinden 0 %
- Lohn- und Einkommensteuer
  Bund 42,5 %, Länder 42,5 %, Gemeinden 15 %
- Umsatzsteuer (Werte: 2015)
  Bund 52,3 %, Länder 45,5 %, Gemeinden 2,2 %
- Abgeltungsteuer auf Kapitalerträge
  Bund 44 %, Länder 44 %, Gemeinden 12 %

Landessteuern
- Erbschaft-/Schenkungsteuer
- Grunderwerbsteuer
- Biersteuer
- Rennwett-/Lotteriesteuer
- Feuerschutzsteuer

Gemeindesteuern
- Gewerbesteuern
- Grundsteuer
- Vergnügungsteuer
- Hundesteuer
- Zweitwohnsitzsteuer
- Getränkesteuer

Bundessteuern
- Energiesteuer
- Stromsteuer
- Tabaksteuer
- Kaffeesteuer
- Branntweinsteuer
- Kernbrennstoffsteuer
- Versicherungsteuer
- Kraftfahrzeugsteuer
- Solidaritätszuschlag

EU-Eigenmittel*
- Mehrwertsteuer-Eigenmittel
- BNE-Eigenmittel
  (Anteil am Bruttonationaleinkommen)
- Zölle und Zuckerabgaben

* Teile des Bundeshaushalts fließen nach einem festgelegten Finanzierungsschlüssel an die EU.

Nach: Bundesfinanzministerium: Schülerheft Finanzen und Steuern 2017/2018, S. 9, online: http://www.bundesfinanzministerium.de/Web/DE/Service/Publikationen/Unterrichtsmaterialien/arbeitsblaetter.html [zuletzt: 28.09.2018]

M 15 Nichts als Steuern! – Ein Tag im Leben der Familie Moritz

Es vergeht kein Tag im Leben von Familie Moritz, an dem sie nichts mit Steuern zu tun hat. Schon morgens geht es los, wenn Vater Jonathan zur Arbeit ins Büro fährt und noch schnell an einer Tankstelle hält. Er betankt seinen Wagen, kauft dabei ein frisches Sandwich, trinkt einen Kaffee und gibt den Lottoschein für die nächste Ziehung ab. Bei der nächsten Sparkasse tätigt er noch eine Überweisung und zieht seine aktuellen Kontoauszüge – gestern wurden Zinsen ausgezahlt! Im Büro angekommen macht sich der Steuerfachangestellte an die Arbeit: Ein Klient der Kanzlei hat unerwartet ein Haus im Schwarzwald geerbt und braucht Beratung, Herr Moritz sortiert die Unterlagen und reicht sie an die Chefin weiter. Und dann der lange Termin mit Familie Yilmaz, die ein Reihenhaus im Stuttgarter Süden gekauft hat und das Ganze nun eintragen lassen möchte.

Währenddessen ist seine Frau Martha nach ihrer Arbeit als Softwareentwicklerin im Supermarkt einkaufen. Der Wagen füllt sich schnell ... Käse, Brot, zwei Flaschen Apfelschorle, Joghurt, Milch, zwei Fertiggerichte, Schokolade und so weiter... nicht zu vergessen die aktuelle Ausgabe der Computerzeitschrift, und dann ab nach Hause!

Als auch Herr Moritz daheim ankommt, widmet er sich seiner Post und findet drei Briefe. Seine Kfz-Versicherung teilt ihm mit, dass sich sein Tarif verteuert hat, und auch der lokale Stromanbieter hat schlechte Nachrichten für ihn. Der Strompreis erhöht sich nächstes Jahr um satte 4 %. Von seiner Steuererklärung ganz zu schweigen – eine dicke Nachzahlung wartet auf ihn! Da heute der Geburtstag von Tochter Sophia (12) ist, geht die Familie am Abend in die kleine griechische Taverne Mykonos, zusammen mit Sohn John (5) und dem Familienhund Max (2). Wieder zu Hause angekommen meint Mutter Martha: „Wenn wir jetzt nochmal 20 Jahre alt wären, Jonathan, dann würden wir noch zum nächsten Club weiterziehen oder auf ein Konzert gehen. Aber die Zeiten sind leider vorbei!"

M 16 Steuereinnahmen des Bundes

Im Jahr 2017 betrugen die Steuereinnahmen des Bundes 309 375 983 000 Euro.

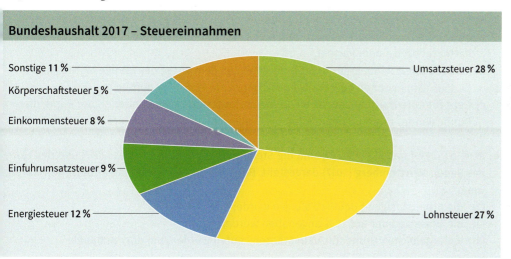

M 17 Steuereinnahmen des Landes Baden-Württemberg

37 755 400 000 Euro betrugen die Steuereinnahmen des Landes Baden-Württemberg im Jahr 2017.

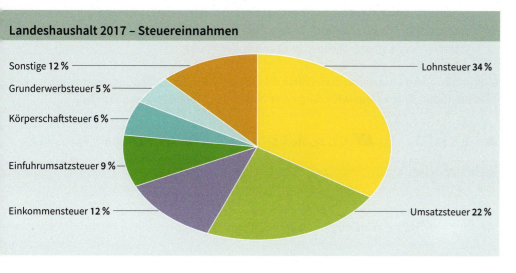

EINSTEIGEN

1. a) Erläutere einer Partnerin/einem Partner in eigenen Worten, was genau Umsatzsteuer, Lohnsteuer und Energiesteuer aus M 13 (S. 157) bedeuten. Lies hierzu auch Info 2 (S. 161).
   b) Frage deine Eltern nach dem letzten Kassenzettel eines großen Einkaufs im Supermarkt. Recherchiere im Internet, für welche Waren der volle Umsatzsteuersatz bezahlt werden muss und für welche Waren hingegen der ermäßigte Umsatzsteuersatz gilt (siehe Arbeitstechnik „Informationen im Internet recherchieren", S. 214 f.). Notiere jeweils drei Beispiele für den vollen und den reduzierten Satz der Umsatzsteuer.

2. Recherchiere auf der Homepage des Bundesministeriums für Finanzen (www.bundesfinanzministerium.de) alle Steuerarten aus M 14 (S. 158) und schreibe eine kurze Definition mit jeweils einem Beispiel in dein Heft.

WEITERARBEITEN

3. a) Arbeite aus M 15 (S. 158 f.) alle Situationen heraus, in denen Umsatzsteuer, Lohnsteuer und Energiesteuer vorkommen. Vergleiche deine Ergebnisse anschließend mit einer Partnerin bzw. einem Partner.
   b) Führt zu zweit mindestens drei Situationen aus dem Alltag der Familie Moritz (M 15 (S. 158 f.) an, in denen eine der Steuerarten aus M 14 (S. 158) auftaucht.
   c) Gebt für eure Beispiele an, ob sie Gemeinschaftssteuern sind, oder ob der Bund, die Bundesländer oder die Gemeinden die Steuereinnahmen alleine erhalten (M 14, S. 158).

4. In M 16 (S. 159) und M 17 (S. 159) sind die Steuereinnahmen des Bundes (2017) und des Landes Baden-Württemberg (2017) dargestellt. Bewertet zu zweit, wer stärker betroffen wären, wenn
   (1) die Arbeitslosigkeit deutlich steigen würde;
   (2) die Umsatzsteuer auf 25 % angehoben würde;
   (3) viele Menschen Grundstücke in Städten kaufen würden, um dort zu bauen.

VERTIEFEN

5. a) Beurteile auf der Grundlage von M 14 (S. 158), M 15 (S. 158 f.) und Info 2 (S. 161), ob du es für richtig hältst, dass bestimmte Produkte den verminderten Umsatzsteuerwert von 7 % erhalten. Tausche dich anschließend mit einer Partnerin bzw. einem Partner aus.
   b) Gibt es weitere Produkte, die deiner Meinung nach den verminderten Umsatzsteuersatz erhalten sollten? Oder Produkte, die aktuell den verminderten Satz bekommen, aber voll besteuert werden sollten? Fertige eine Liste mit mindestens fünf Vorschlägen an. Diskutiert eure Vorschläge anschließend in der Klasse.

6. Schreibe einen Leserbrief, in welchem du entweder für die Aufhebung einer bestehenden Steuer oder für die Neueinführung einer beliebigen Steuer Position beziehst.

▲ 1, 2, 3, 5a ▲▽ 1, 2, 3a, 3b, 4, 5 ▲▽▲ 1, 2, 3b, 4, 5, 6

Der Bundeshaushalt und das deutsche Steuersystem

Info 2

Der Haushalt der Bundesrepublik Deutschland, auch → **Bundeshaushalt** genannt, listet alle Ausgaben und Einnahmen des Staates auf. Die Einnahmen bestehen zu mehr als 90 % aus → **Steuern**, die Ausgaben hingegen sind sehr verschieden. Das meiste Geld wird dabei an die verschiedenen Behörden und Ministerien verteilt, die staatliche Aufgaben ausführen, wie etwa den Bau neuer Straßen sowie das Auszahlen von Arbeitslosengeld und Rente. Daneben muss jedes Jahr eine große Summe an Zinszahlungen für die **Staatsschulden** geleistet werden. Weitere Ausgaben im Bundeshaushalt sind beispielsweise die Zahlung der Besoldungen von Beamtinnen, Beamten, das Gehalt sonstiger Mitarbeiterinnen und Mitarbeiter sowie der Unterhalt von Regierungsgebäuden und Fahrzeugen. Neben dem Bund hat auch jedes Bundesland und jede Gemeinde seinen bzw. ihren eigenen Haushalt. Dabei ist genau geregelt, wem welche Steuereinnahmen zustehen, und wer für welche Aufgaben Verantwortung trägt. Es gibt Steuerarten, die dem Bund, den Bundesländern oder den Städten und Gemeinden alleine zustehen sowie Gemeinschaftssteuern, die nach einem bestimmten Schlüssel auf Bund, Länder und Kommunen aufgeteilt werden.

Ohne die Zahlung von Steuern durch Privatpersonen und Unternehmen wäre der Staat nicht fähig, seinen Aufgaben nachzukommen. Steuern sind **Abgaben**, die dem Allgemeinwesen dienen und auf verschiedene Dinge anfallen – Arbeit, Dienstleistungen, Finanzerträge oder bestimmte Produkte. Dabei kann die Regierung bestimmen, was genau wie hoch versteuert werden soll. Sie hat durch das Steuersystem auch die Möglichkeit, bestimmte politische Ziele zu erreichen. So versucht sie, soziale Gerechtigkeit zu schaffen, indem Menschen mit hohem Einkommen mehr Steuern zahlen als Menschen, die nur wenig verdienen. Produkte, die die Umwelt schädigen, etwa Autos mit einem hohen Benzinverbrauch, werden höher besteuert als umweltfreundliche Produkte. Auf Erzeugnisse wie Tabak und Alkohol, die die Gesundheit schädigen, fallen ebenfalls hohe Steuern an. Anders als Gebühren, die man auf dem Amt zahlt, wenn man zum Beispiel einen neuen Personalausweis möchte, oder die Beiträge der Krankenkasse, sind Steuern nicht zweckgebunden, das heißt der Staat kann die Steuereinnahmen beliebig verwenden. Die drei Steuern, die für den Staat die meisten Einnahmen erwirtschaften, sind die **Umsatzsteuer** (auch **Mehrwertsteuer** genannt), die **Lohnsteuer** sowie die **Energiesteuer**. Die Umsatzsteuer fällt auf alle Produkte und Dienstleistungen an, die eine Endverbraucherin oder ein Endverbraucher konsumiert und beträgt momentan regulär 19 % (Stand 2019). Auf einzelne Produkte, die für das tägliche Leben von besonderer Bedeutung sind, wird jedoch nur ein reduzierter Umsatzsteuersatz von aktuell 7 % erhoben, dazu gehören zum Beispiel Bücher und bestimmte Lebensmittel. Die **Lohnsteuer** fällt auf jede Art von nichtselbstständiger Arbeit an und betrifft somit alle Arbeitnehmerinnen und Arbeitnehmer. Deren Höhe hängt dabei vom Einkommen ab – je höher das Einkommen, desto höher ist in der Regel der Steuersatz. Die **Energiesteuer** fällt auf alle Energieträger an. So müssen beispielsweise auf Benzin, Gas oder Heizöl Steuern gezahlt werden – ausgenommen sind aktuell jedoch Kerosin und Flugbenzin für Fluggesellschaften (Stand 2019). Auf Bundes- und Landesebene machen die drei Steuerarten Umsatzsteuer, Lohnsteuer und Energiesteuer fast 60 % aller Einnahmen aus.

Wofür gibt der Staat eigentlich unser Geld aus?

Der Staat, also der Bund, die Bundesländer sowie die Gemeinden, haben etliche Aufgaben zu erfüllen. Es soll gute Schulen geben, Straßen ohne Schlaglöcher, moderne Krankenhäuser sowie eine leistungsstarke Polizei. Zusätzlich muss die Regierung auch in die Zukunft investieren, zum Beispiel bestimmte Projekte finanzieren, von denen sie annimmt, dass sie zum Wohle der Bevölkerung wichtig sind. Doch wer ist eigentlich für was zuständig? Was passiert, wenn zur Erfüllung der Aufgaben nicht genug Geld zur Verfügung steht?

M18 Aufgabenverteilung zwischen Bund, Bundesländern und Gemeinden

Wer ist zuständig?

Bund
- Auswärtiger Dienst
- Bundesfinanzverwaltung (unter anderem Verwaltung, Zölle, Energie-, Tabak-, Kraftfahrzeugsteuer)
- Landesverteidigung
- System der sozialen Sicherung
- überregionale Wirtschaftsförderung
- Verkehrswesen
- Währungspolitik

Länder
- Bildung
- Forschung und Wirtschaft
- Kommunalaufsicht und Finanzausstattung der Gemeinden
- Kultur
- Landesfinanzverwaltung (unter anderem Verwaltung Einkommen-, Umsatz-, Erbschaftsteuer)
- öffentlicher Personennahverkehr
- Polizei
- regionale Wirtschaftsförderung

Gemeinden
- Abwasser- und Abfallentsorgung
- Bauleitplanung
- Kinder- und Jugendhilfe/ Kinderbetreuung
- Museen, Sportanlagen, Theater
- örtliche Schulen
- örtliches Verkehrswesen
- örtliche Wasser- und Energieversorgung
- Straßenreinigung

Nach: Bundesfinanzministerium: Schülerheft Finanzen und Steuern 2017/2018, S. 19, online: http://www.bundesfinanzministerium.de/Web/DE/Service/Publikationen/Unterrichtsmaterialien/arbeitsblaetter.html [zuletzt: 01.03.2018]

M19 Ausgleichszahlungen an die Bundesländer

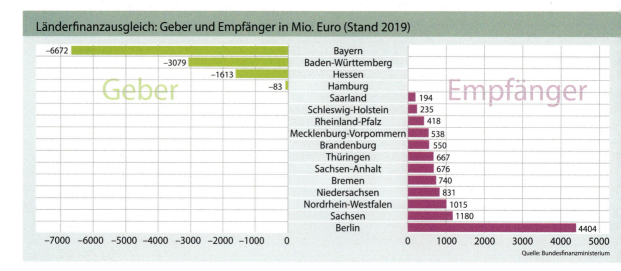

Länderfinanzausgleich: Geber und Empfänger in Mio. Euro (Stand 2019)

Geber:
- Bayern: −6672
- Baden-Württemberg: −3079
- Hessen: −1613
- Hamburg: −83

Empfänger:
- Saarland: 194
- Schleswig-Holstein: 235
- Rheinland-Pfalz: 418
- Mecklenburg-Vorpommern: 538
- Brandenburg: 550
- Thüringen: 667
- Sachsen-Anhalt: 676
- Bremen: 740
- Niedersachsen: 831
- Nordrhein-Westfalen: 1015
- Sachsen: 1180
- Berlin: 4404

Quelle: Bundesfinanzministerium

M20 Die Porsche-Gemeinde muss sparen

Verwaltung und Bürgervertreter überlegen, wo man im Haushalt den Rotstift ansetzen könnte.
Es muss ein ungewohntes Gefühl für die Weissacher Gemeinderäte sein: Man macht sich Gedanken darüber, wo man im Haushalt der Kommune den Rotstift ansetzen könnte. Schuld daran sind bekanntermaßen die künftig geringeren Gewerbesteuereinnahmen durch Porsche. Der Sportwagenbauer gehört seit Anfang des Jahres zum VW-Konzern. [...]
20 Millionen Euro plante die Weissacher Kämmerei für das Jahr 2013 ein – und muss diesen Betrag nun nach unten korrigieren. „Auf rund 11,6 Millionen", präzisierte der stellvertretende Kämmereileiter Horst Dieter bei der Sitzung des Gemeinderats am Montag. Zum Loch bei der Gewerbesteuer trage jedoch nicht ausschließlich Porsche bei. „Auch ein mittelständisches Unternehmen, das überraschend in einen Groß-Konzern eingegliedert wurde", so der Finanzexperte Dieter.
Aber: in den besten Jahren hat Porsche rund 80 Millionen überwiesen, in Ausnahmefällen sogar deutlich mehr. [...]
Was also tun? Die Gewerbesteuer, die Grundsteuer sowie die Gebühren für Wasser, Abwasser, Kindergärten und Friedhof plus Mieten und Pachten wären laut dem stellvertretenden Kämmereileiter mögliche Stellschrauben. Bei den Grundsteuer-Hebesätzen für bebaute und unbebaute Flächen bewege man sich derzeit ohnehin weit unter dem Kreisdurchschnitt. Bei der Gewerbesteuer liegt man knapp darunter. Ein Beispiel: würde Weissach den Gewerbesteuerhebesatz um zehn Prozent nach oben schrauben, würden 340 000 Euro herausspringen. Bei der Grundsteuer wären es 36 500 Euro.
Auf der Ausgabenseite des Verwaltungshaushalts könne man zum Beispiel über den Gebäude- und Grundstücksunterhalt nachdenken. „Standards hinterfragen, Wartungsintervalle so weit wie möglich verlängern und Freiwilligkeitsleistungen streichen", so Dieter.
Die Gemeinderäte waren sich im Großen und Ganzen einig: Es kommt nun wie befürchtet. Zwar liegen die Einnahmen, speziell durch die Gewerbesteuer, noch immer deutlich über jenen von Gemeinden vergleichbarer Größe. Allerdings hat Weissach in den vergangenen Jahren auch aus dem Vollen geschöpft, besitzt eine teure Infrastruktur. Wenn der Nachtragshaushalt auf die Tagesordnung des Gemeinderates kommt, will man sich die einzelnen Faktoren genauer anschauen – und gegebenenfalls den Rotstift auspacken.

Aus: Venturini, Marius: Die Porsche-Gemeinde muss sparen, in: Stuttgarter Nachrichten vom 25.09.2013, online: http://www.stuttgarter-nachrichten.de/inhalt.weissach-die-porsche-gemeinde-muss-sparen.52fd276a-fd47-4c2a-93be-4cb952c47509.html [zuletzt: 11.06.2019]

M21 Staatliche Förderung von Elektroautos

Im 2016 hatten sich die Bundesregierung und die Automobilwirtschaft darauf verständigt, Käuferinnen und Käufern von Elektroautos eine Prämie zu zahlen. Der Topf beträgt insgesamt 600 Millionen Euro. Wer ein rein elektrisches Auto kauft, soll 4 000 Euro bekommen, für einen Plug-In (also Autos, die gleichzeitig noch einen Verbrennungsmotor haben) werden 3 000 Euro gezahlt. Ausgenommen sind dabei Fahrzeuge mit einem Listenpreis von über 60 000 Euro.
Doch wieso gibt der Staat so viel Geld für Elektroautos aus? Ergibt dies überhaupt Sinn?

M22 Pro staatliche Förderung von Elektroautos

[...] Vor allem der Klimaschutz zwingt zum Handeln: Damit Deutschland, wie in Paris zugesagt, bis zur Mitte des Jahrhunderts vollständig aus der Nutzung fossiler Energieträger wie Kohle, Öl und Gas aussteigen kann, muss auch der Verkehr komplett klimaneutral werden. [...] Elektromobilität ist also die derzeit beste Lösung für einen klimafreundlichen Verkehr. Doch wie die meisten neuen Technologien hat sie es schwer, sich am Markt durchzusetzen. Die E-Autos sind derzeit – trotz steuerlicher Vorteile und billiger Antriebsenergie – noch zu teuer, um für Privatleute attraktiv zu sein. Zudem ist die Infrastruktur zum Aufladen unzureichend und das Angebot an Fahrzeugen sehr begrenzt. All das wird sich nur ändern, wenn Elektroautos eine kritische Masse erreichen. Und dazu braucht es einen Anreiz von außen.

[...] Und dass Elektroautos gekauft werden, wenn es finanziell attraktiv ist, zeigt sich in Norwegen: Dort entfällt auf Elektrofahrzeuge die 25-prozentige Mehrwertsteuer – mit der Folge, dass inzwischen jeder vierte neu zugelassene Wagen elektrisch fährt.

Eine feste Kaufprämie [...] ist eine noch bessere Lösung als die Mehrwertsteuerbefreiung. Denn sie verbilligt preiswerte Kleinwagen prozentual stärker als teure Luxuswagen – wobei ohnehin zu diskutieren wäre, ob die von der Förderung nicht ausgenommen werden können. Auch ansonsten kommt es entscheidend darauf an, wie die Prämie gestaltet wird. Bezahlt werden sollte sie nur für Fahrzeuge, die überwiegend elektrisch angetrieben werden – und nicht für Hybridfahrzeuge, bei denen der Elektromotor nur gelegentlich zum Einsatz kommt. Um eine Belastung der öffentlichen Haushalte zu verhindern und zugleich die Kaufprämie wirksamer zu machen, muss sie zudem über eine zusätzliche Belastung fossil angetriebener Fahrzeuge finanziert werden: entweder durch einen Aufschlag auf die Mineralölsteuer oder durch einen Kfz-Steuer-Aufschlag für Spritschlucker.

GegnerInnen von Elektroautos argumentieren oft, dass diese beim derzeitigen deutschen Strommix kaum klimafreundlicher sind als konventionelle Fahrzeuge und dass die Batterieproduktion sehr energie- und ressourcenintensiv ist. Beides stimmt – aber für beides sind Lösungen in Sicht. Der Anteil erneuerbarer Energien am deutschen Strommix wird weiter steigen – und damit auch der Klimavorteil von E-Autos. Und bei Batterien hat es in Sachen Effizienz und Recycling in den letzten Jahren schon große Fortschritte gegeben; je größer der Markt wird, desto mehr wird sich diese Entwicklung verstärken. Eins steht natürlich trotzdem fest: Am ökologischsten ist es, gar nicht Auto zu fahren. Darum darf die Förderung der Elektromobilität kein Ersatz sein für eine Verkehrspolitik, die weg vom Auto führt. Aber eine sinnvolle Ergänzung ist sie allemal.

Aus: Rother, Richard/Kreutzfeldt, Malte/Fokken, Ulrike: Sind Kaufprämien für E-Autos sinnvoll?, in: taz vom 12.01.2016, online: http://www.taz.de/!5265420/ [zuletzt: 11.06.2019]

M23 Kontra staatliche Förderung von Elektroautos

Was geht es den Staat an, wenn sich ein Bürger ein Auto kauft? Mit anderen Worten: Warum sollten gemeinschaftlich erwirtschaftete Steuergelder für den privaten Konsum Einzelner ausgegeben werden? Eine Kaufprämie für Elektroautos bringt weder Gesellschaft noch die Umwelt voran. Denn E-Autos tragen nicht zum Klimaschutz bei, auch wenn die Motoren kein CO_2 ausstoßen, keinen Feinstaub und keine Stickoxide in die Luft pusten.

[...] Denn selbst wenn die E-Autos nur mit Wind oder Sonne fahren, befördern sie nicht den ökologischen Umbau der Wirtschaft. Sie verschleppen vielmehr die notwendige Umstrukturierung der Automobilwirtschaft und verzögern den zukunftsfähigen Ausbau eines umweltverträglichen Verkehrssystems. E-Autos tragen nicht zur angestrebten Dekarbonisierung des Verkehrs bei – sie vergrößern die Probleme.

Die beginnen bei den Konzernen. Die Null-Emissionen der Elektroautos sind ein taktischer Zug der Autohersteller, um die Emissionsvorgaben der EU für den Verbrauch all ihrer Modelle zu erreichen, also ihrer Flotte. Mithilfe der Null-Emission von E-Autos in der Produktpalette wollen sie die Vorschriften der EU über den CO_2-Ausstoß für die gesamte Flotte erreichen. Für jedes CO_2-frei fahrende E-Auto in der Produktpalette können VW, BMW und die anderen Autobauer dann mehr PS-starke Geländewagen, Limousinen und Sportwagen verkaufen. Und nur mit großen Autos und starken Motoren verdienen sie Geld. Abgasarme Kleinwagen stärken nicht die Rendite, müssten aber dringend entwickelt werden, um den Massenmarkt mit Zwei-Liter-Autos zu versorgen. Denn nur effiziente Kleinwagen, die niedrige CO_2-Grenzwerte einhalten, vereinen individuelle Mobilitätswünsche und die Ziele der Klimapolitik. Die Technik der abgasarmen Verbrennungsmotoren ist weiter entwickelt als die E-Technik.

Mit den Steuermilliarden würde ein energieintensiver Parallelsektor aufgebaut, der zur weiteren Naturzerstörung weltweit beiträgt. Die Batterien und High-Tech-Gimmicks in den Elektoautos verschwenden Ressourcen, die wir für wichtigere Anwendungen brauchen, als damit in der Gegend herumzufahren und von unterwegs in den heimischen Kühlschrank zu schauen, wie Volkswagen kürzlich bei seinem Entwicklungsmodell Budd-e vorstellte.

In Zukunft wird also nicht nur weiter Erdöl in der Arktis gefördert, sondern auch seltene Erden in den letzten unbebauten Gebieten an Land. Wichtigster Bestandteil in den bislang vorherrschenden Batterien ist Lithium und die größten Lithiumvorkommen liegen in der einzigartigen Natur des Altiplano in Bolivien. [...]

Aus: Rother, Richard/Kreutzfeldt, Malte/Fokken, Ulrike: Sind Kaufprämien für E-Autos sinnvoll?, in: taz vom 12.01.2016, online: http://www.taz.de/!5265420/ [zuletzt: 11.06.2019]

EINSTEIGEN

1. a) Analysiere die Grafik in M 18 (S. 162) und beschreibe, was sie aussagt. Führe dazu Beispiele an.
   b) Vergleiche die Zuständigkeiten zwischen dem Bund und den Gemeinden (M 18, S. 162). Erörtere, ob es ein Prinzip gibt, nach dem die Zuständigkeiten organisiert sind.

2. a) Beschreibe mithilfe der Arbeitstechnik „Diagramme beschreiben" (S. 212) die Grafik M 19 (S. 162).
   b) Erkläre mithilfe von Info 3 (S. 167), wie sich das System der Ausgleichszahlungen für die Bundesländer verändert hat. Erörtere anschließend mit einer Partnerin/einem Partner mögliche Vorteile der neuen Regelung.

3. a) Lies den Zeitungsartikel aus M 20 (S. 163) und notiere,
   (1) mit wie viel finanziellen Ausfällen die Stadt Weissach rechnet;
   (2) welche Vorschläge zum Einsparen gemacht werden.
   b) Begründe, weshalb der kleinere Gewinn der Porsche AG vor allem die Gemeinde Weissach trifft und nicht etwa die gesamte Bundesrepublik Deutschland oder das Land Baden-Württemberg. Erinnere dich hierfür an die Aufteilung der Steuern in M 14 (S. 158).

WEITER-ARBEITEN

4. Analysiere die Grafik in M 18 (S. 162) und beantworte, welche Ebene für folgende Maßnahmen die Kosten trägt:
(1) Eine neue Buslinie von Stuttgart-Hallschlag nach Stuttgart Hauptbahnhof wir eingerichtet.
(2) 500 neue Lehrerinnen und Lehrern werden in in Baden-Württemberg eingestellt.
(3) In Heilbronn wird eine Sporthalle gebaut.
(4) Die A 656 von Heidelberg nach Mannheim wird dreispurig ausgebaut.
(5) Der baden-württembergischen Ministerpräsidenten reist dienstlich nach China.

5. a) Recherchiere im Internet mithilfe der Arbeitstechnik „Informationen im Internet recherchieren" (S. 214 f.), wie sich die Zahlungen gemäß des alten Systems des Länderfinanzausgleichs (M 19, S. 162) innerhalb der letzten 40 Jahre verändert haben. Gab es Länder, die früher Mittel bezogen haben, und heute zahlen? Gab es Länder, die früher gezahlt haben, aber heute Mittel erhalten?
b) Fertigt in Dreierteams eine Liste mit möglichen Indikatoren an, mit denen man messen könnte, wann ein Bundesland Geld bekommt oder Geld zahlt.

6. a) Lies M 21 (S. 163). Arbeite anschließend aus den Pro- und Kontra-Positionen zur Förderung der Elektromobilität (M 22, S. 164, und M 23, S. 164 f.) alle Argumente heraus und stelle sie in einer Pro- und Kontra-Tabelle dar.
b) Überlegt zu zweit weitere Argumente, die dafür oder dagegen sprechen, Elektroautos finanziell zu fördern (siehe M 22, S. 164 und M 23, S. 164 f.). Argumentiert im Anschluss, ob ihr selbst dafür oder dagegen seid.
c) Recherchiert im Internet mithilfe der Arbeitstechnik „Informationen im Internet recherchieren" (S. 214 f.), ob die Einführung der Prämie (M 21, S. 163) den Verkauf von Elektroautos befördert hat oder nicht.

VERTIEFEN

7. Entwickelt in Dreiergruppen verschiedene Vorschläge, wie man mit der schwierigen Situation in Weissach in M 20 (S. 163) umgehen könnte und erstellt ein eigenes Sanierungsprogramm. Dies kann aus Sparvorschlägen, Steuererhöhungen oder einer Kombination aus beidem bestehen. Diskutiert anschließend in der Klasse eure Vorschläge.

▲ 1a, 2, 3, 5a, 6a, 6b   ▼ 1b, 2b, 3, 4, 5, 6   ▲▼ 1b, 2b, 3, 4, 5, 6, 7

Verteilung von Steuergeldern

Info 3

Der Staat ist auf stetige und planbare Einnahmen angewiesen, um seine Aufgaben erfüllen zu können. Dies sind zu einem sehr großen Teil Steuern. Die Steuereinnahmen werden je nach Steuerart an den Bund, an die Bundesländer, an die Gemeinden und zu einem kleinen Teil auch an die EU verteilt. Jede Ebene ist hierbei für verschiedene Aufgaben verantwortlich. Der Bund ist für die „große Politik" zuständig. Er finanziert unter anderem das soziale Sicherungssystem, ist zuständig für die Bundeswehr und die auswärtige Politik sowie für das Verkehrswesen. Die Bundesländer sind in der Hauptsache für Bildung, Forschung, Kultur und Polizei zuständig. Das bedeutet, dass alle Lehrerinnen/Lehrer sowie Polizeibeamtinnen/Polizeibeamte vom jeweiligen Bundesland verbeamtet bzw. angestellt werden. Somit können die Arbeitsbedingungen und Besoldungen bzw. Gehälter dieser Berufsgruppen zwischen den einzelnen Bundesländern variieren. Die Gemeinden kümmern sich um Belange, die sie direkt betreffen. Sie sind unter anderem für Abwasser und Müllentsorgung verantwortlich, für Kinderbetreuung, Museen und den örtlichen Nahverkehr.

Die Verteilung der Steuergelder verläuft aber nicht immer reibungslos. Beispielsweise gibt es ein strenges **Kooperationsverbot**, das dem Bund verbietet, unmittelbar von der Bundesebene aus, Geld in das Schulwesen zu investieren, da dies eine der Kernaufgaben der Länder und der Gemeinden ist. Dadurch soll verhindert werden, dass der Bund zu viel Mitspracherecht in Angelegenheiten bekommt, für die andere Ebenen zuständig sind. Über eine Aufweichung dieses Verbots wird politisch immer wieder diskutiert.

Um einen Ausgleich zwischen reicheren und ärmeren Bundesländern zu schaffen und somit gleiche Lebensbedingungen in ganz Deutschland zu gewährleisten, existiert der **Länderfinanzausgleich**. In den vergangenen Jahren (bis 2019) zahlten insbesondere die Bundesländer Bayern, Baden-Württemberg, und Hessen Geld an die anderen Bundesländer. Ab 2020 wird ein anderes System eingeführt, gemäß welchem nicht mehr die Länder selbst die Ausgleichszahlungen vornehmen, sondern der Bund.

Da Regierungen das Land zukunftsfähig halten wollen, werden oft **Investitionen** getätigt oder → **Subventionen** gezahlt. In beiden Fällen verwendet der Staat Gelder, um bestimmte Entwicklungen zu fördern. Während Investitionen ganz allgemein den Einsatz von Kapital bedeuten, also zum Beispiel den Bau eines Forschungsinstituts, spricht man von Subventionen, wenn staatliches Geld an Privathaushalte oder Unternehmen gezahlt wird. So wird etwa die Landwirtschaft in Deutschland subventioniert, da viele Bäuerinnen und Bauern aufgrund des zumeist niedrigen Preisniveaus für ihre Erzeugnisse ansonsten wirtschaftlich nicht überleben könnten.

3. Reiche, zahlt mehr Steuern – Die Frage nach einem gerechten Steuersystem

Steuern und Gerechtigkeit, ein schwieriges Thema

Die Diskussion um Steuererhöhungen und Steuersenkungen werden immer wieder geführt. Stets fordern Politikerinnen und Politiker Anpassungen des Steuersystems. Während die einen die Bürgerinnen und Bürger entlasten wollen, argumentieren die anderen, dass der Staat mehr Steuereinnahmen braucht, um seine Aufgaben erledigen zu können.

M24 Ausgaben für Sozialpolitik

Im Jahr 2017 wurden insgesamt fast 37 Milliarden Euro zur Unterstützung von Arbeitssuchenden und Geringverdienern aus dem Bundeshaushalt veranschlagt. Sie teilen sich folgendermaßen auf (Angaben in 1000):

Arbeitslosengeld II	21 422 951
Beteiligung des Bundes an den Leistungen für Unterkunft und Heizung	6 753 371
Verwaltungskosten für die Durchführung der Grundsicherung für Arbeitssuchende	5 347 507
Leistungen zur Eingliederung in Arbeit	3 659 048
Berufsbezogene Deutschsprachförderung durch BAMF	59 637
Berufliche Integration und Beratung von Zuwanderern	45 846
Zusätzliche Mittel für Bildungsmaßnahmen	41 933
Flüchtlingsintegrationsmaßnahmen	18 734

Quelle: Bundeshaushalt 2017, online: www.bundeshaushalt-info.de

Nach: Bundeshaushalt 2017, online: www.bundeshaushalt-info.de, [zuletzt: 23.03.2019]

M25 Reiche, zahlt mehr Steuern!

Rot-Grün und einzelne CDU-Politiker wollen die Steuern erhöhen. Zu Recht. Denn vor allem Betuchte müssen wieder mehr zum Gemeinwohl beitragen, kommentiert Ludwig Greven.
Steuern zahlt niemand gerne. Aber es gibt wohl kaum jemand, der sich nicht schon einmal darüber geärgert hat, dass öffentliche Schwimmbäder, Büchereien und Theater geschlossen werden, weil die Kassen der Gemeinden leer sind, dass Zehntausende Kita-Plätze fehlen, dass es zu wenig Lehrer gibt, dass die Zustände in Alters- und Pflegeheimen oft menschenunwürdig sind, und dass Züge ausfallen, weil die Bahn nicht genug Geld hat. Kurz: dass die öffentliche Armut in einem der wohlhabendsten Ländern der Erde zunimmt, während der private Reichtum eines Teils der Gesellschaft wächst.
Aber gibt der Staat nicht zu viel aus und nimmt er nicht schon mehr als genug ein? Hören und lesen wir nicht ständig von sprudelnden Steuereinnahmen, die Politiker dazu verlocken,

die Senkung von Steuern zu fordern? Wieso aber fehlt dem Staat dann dennoch offensichtlich Geld an vielen Ecken und Enden? Wieso nimmt er weiter jedes Jahr viele Milliarden an Schulden auf? [...]

Ein handlungsfähiger Staat benötigt die entsprechenden Mittel. Vermögende sind auf gute öffentliche Schulen und Kliniken, auf öffentliche Sicherheit und Subventionen für Theater und Konzerthäuser, auf einen funktionierenden öffentlichen Nahverkehr nicht angewiesen. Alle anderen schon. [...]

Der Staat verarmt

[...] Gesunken ist [...] der Anteil der Steuern und Sozialabgaben am BIP. In den Neunzigerjahren, zu Zeiten der Kohl-Regierung, lag er noch bei 39 Prozent. 1999 und 2000 – vor den massiven Steuersenkungen der rot-grünen Regierung – betrug er mehr als 40 Prozent. Heute liegt er bei 38 Prozent.

Interessant ist dabei, wer weniger Steuern zahlt. Der Spitzensteuersatz, der unter Kohl noch bei 53 Prozent lag, wurde von Rot-Grün, also ausgerechnet einer linken Regierung, auf 42 Prozent gesenkt. Die Vermögenssteuer wurde schon 1997 von Schwarz-Gelb abgeschafft. Die Erbschaftssteuer wiederum wurde von der Großen Koalition so entschärft, dass Erben von Familienbetrieben ebenso wie Erben großer Aktienpakete an Dax-Konzernen praktisch gar nichts mehr zahlen, was das Bundesverfassungsgericht vor einiger Zeit für unzulässig erklärt hat. Die Körperschaftssteuer beträgt nur noch 15 Prozent, die Abgeltungssteuer auf Kapitalerträge pauschal 25 Prozent. Lohnempfänger müssen dagegen als Alleinstehende fast 50 Prozent ihres Bruttolohns abführen – ein Spitzenwert unter den OECD-Ländern, der nur von Belgien und Ungarn übertroffen wird.

Die Arbeitnehmer tragen dadurch einen immer größeren Steueranteil. Bis 2016 soll das Aufkommen aus der Lohn- und Einkommensteuer nach der jüngsten Schätzung um ein Drittel auf 227 Milliarden Euro pro Jahr steigen, weit stärker als das Gesamtsteueraufkommen. Die Körperschaftssteuer der Unternehmen dagegen wird dann nur schätzungsweise 24 Milliarden Euro ausmachen – etwas mehr als ein Zehntel.

Die Politik fördert die soziale Ungleichheit

Die Folgen sind gravierend: Die Einkommens- und Vermögensschere in Deutschland öffnet sich. Und der Staat, der in der sozialen Marktwirtschaft ja eigentlich für einen zumindest teilweisen Ausgleich sorgen soll, verstärkt diese Tendenz noch durch seine Steuer- und Schuldenpolitik. Oder, wie die Bertelsmann-Stiftung nüchtern feststellt: „Deutschland hat in Sachen sozialer Gerechtigkeit noch einigen Nachholbedarf."

Wenn die Gesellschaft nicht weiter auseinanderdriften soll und wenn sich in Zukunft nicht nur Reiche gute Schulen für ihre Kinder, teure Operationen, eine ausreichende Altersversorgung und Schutz gegen Kriminalität leisten können sollen, dann muss der Staat wieder in die Lage versetzt werden, für all das zu sorgen. Und das kann er nur, wenn auch Gutverdiener und Vermögende endlich wieder ihren angemessenen Beitrag entrichten. [...]

Aus: ©Ludwig Greven für ZEIT ONLINE (www.zeit.de) vom: 30.03.2013 „Reiche, zahlt mehr Steuern!", online: http://www.zeit.de/politik/deutschland/2013-03/staat-steuern-reiche/komplettansicht [zuletzt: 11.06.2019]

M26 Vermögenssteuer

Seit 1997 gibt es in der Bundesrepublik Deutschland keine Vermögenssteuer mehr. Das ist eine Steuer, die auf sehr hohe Vermögen anfällt, also nur reiche Leute betrifft. Während manche sie als unfair ablehnen, sehen andere darin eine Möglichkeit, für mehr Gerechtigkeit zu sorgen. Wir haben Politikerinnen und Politiker der größten Parteien befragt, wie sie dazu stehen.

Bernd Riexinger, Parteivorsitzender Die Linke:
Ich bin für die Vermögenssteuer, weil in Deutschland der Reichtum extrem ungerecht verteilt ist. Die Multi-Millionäre, die reichsten zehn Prozent, besitzen weit mehr als die Hälfte des Reichtums, die untere Hälfte gerade mal ein Prozent. Deutschland ist eines von vier Ländern mit den meisten Millionärinnen und Millionären. Wer viel hat, kann das leicht vermehren. Denn auf Vermögen werden keine Steuern gezahlt. Wir wollen, dass Vermögen ab einer Million Euro mit fünf Prozent besteuert werden. Die Vermögenssteuer ist notwendig, damit kein Kind in Armut leben muss, Schulen saniert und mehr Lehrerinnen und Erzieher eingestellt werden können. Niemandem geht es mit einer Vermögenssteuer schlechter, aber allen zusammen besser.

Christian Lindner, Parteivorsitzender FDP:
Ich bin gegen eine Vermögensteuer, weil das Vermögen der Bürger bereits versteuert wurde, als sie es aufgebaut haben. Jeder zahlt auf sein Einkommen nämlich Steuern. Darüber hinaus wird das Vermögen auch erneut besteuert, sobald etwas damit gekauft wird. Der Kauf eines Autos unterliegt zum Beispiel einem Steuersatz von 19 Prozent. Zusätzlich bedient sich der Staat, sobald das Vermögen Zinsen erwirtschaftet. Eine weitere Besteuerung halte ich für unverhältnismäßig. Wichtiger finde ich, dass der Staat mit den Steuereinnahmen, die er bereits hat – es waren nie mehr als heute –, sorgfältig umgeht und deshalb nicht auf weitere Einnahmen aus einer Vermögensteuer schielen muss.

Dr. Simone Peter, ehemalige Bundesvorsitzende Bündnis90/Grüne:
Ich bin für eine Vermögenssteuer, weil starke Schultern mehr tragen sollten als schwache. Die reichsten zehn Prozent der Bevölkerung besitzen zwei Drittel des gesamten Vermögens, während 50 Prozent der Deutschen gar kein Vermögen besitzen. Das ist nicht gerecht. Diese Ungleichheit gefährdet nicht nur unser gesellschaftliches Zusammenleben, sondern schwächt auch die wirtschaftliche Entwicklung. Außerdem fehlt den Städten und Gemeinden Geld, um Schulen und Verkehrswege zu sanieren, Gebäude zu dämmen und Flüchtlinge gut zu integrieren.

Dr. Peter Tauber, Parlamentarischer Staatssekretär der Bundesministerin für Verteidigung, CDU:
Ich bin gegen eine Vermögenssteuer. Es sind nicht nur die großen Kapitaleigner und Mulitmillionäre, die davon betroffen wären, sondern auch die kleinen, mittelständischen Unternehmen oder die Familien, die sich den Traum von der eigenen Immobilie erfüllen – wir würden mit solch einer Steuer die Vermögensbildung vieler hart arbeitender Menschen in der Mitte unserer Gesellschaft behindern. Auch mittelbar würde eine Vermögenssteuer den Wohlstand in unserem Land gefährden, da Vermieter sie auf Mietforderungen abwälzen oder Unternehmen Arbeitsplätze streichen müssten. Menschen mit geringen Einkommen wie etwa Rentner, Auszubildende oder Studenten würden dann besonders hart getroffen – und der Sozialstaat hätte mit den prognostizierten Mehreinnahmen auch sofort wieder höhere Ausgaben.

Carsten Schneider, Erster Parlamentarischer Geschäftsführer der SPD-Bundestagsfraktion:

Ich bin dafür, dass hohes und sehr hohes Vermögen stärker besteuert wird. Denn zu einer gerechten Gesellschaft gehört, dass besonders Vermögende auch einen höheren Beitrag zur Finanzierung öffentlicher Investitionen und zur Entlastung von unteren und mittleren Einkommen leisten. Die Vermögensverhältnisse haben sich in den letzten Jahren sehr ungleich entwickelt. Wer hohe Kapital- oder Immobilienvermögen besitzt oder auch erbt, hat auch hohe Gewinne daraus. Im internationalen Vergleich sind Steuern auf Vermögen in Deutschland eher niedrig. Die Vermögensteuer ist neben der Erbschaftssteuer eine Möglichkeit, um sehr hohe Vermögen stärker an der Finanzierung unseres Gemeinwesens zu beteiligen.

M 27 Immer mehr Steuern …

1. Analysiere das Schaubild in M 24 (S. 168) mithilfe der Arbeitstechnik „Diagramme beschreiben" (S. 204).

2. a) Arbeite aus dem Zeitungsartikel M 25 (S. 168 f.) Argumente des Autors heraus, warum Wohlhabende mehr Steuern zahlen sollten.
   b) Erläutere, weshalb der Autor in M 25 (S. 168 f.) der Meinung ist, dass auch Gutverdienenden daran gelegen ist, mehr Steuern zu zahlen.

EINSTEIGEN

WEITER-ARBEITEN

3. a) Ordne die Stimmen in M 26 (S. 170 f.) danach, ob sie für oder gegen eine Vermögenssteuer sind.
   b) Übertrage die folgende Tabelle in dein Heft. Trage die Argumente der Politikerinnen und Politiker ein und füge eine Tabellenzeile hinzu, in der du deine eigenen Argumente pro oder kontra Vermögenssteuer einträgst.

Person/Partei	Argumente für eine Vermögenssteuer	Argumente gegen eine Vermögenssteuer
Bernd Riexinger/Die Linke.		

   c) Führt in der Klasse ein Streitgespräch zur Frage durch, ob eine Vermögenssteuer eingeführt werden soll (siehe Unterrichtsmethode „Ein Streitgespräch führen", S. 156 f.).

4. Schreibe einen Brief an den Autor des Textes in M 25 (S. 168 f.), in dem du deine Meinung zum Thema Steuern darlegst. Gehe hierbei auch auf die Frage ein, ob du einen schlanken Staat bevorzugst, in dem wenig Steuern gezahlt werden und die Einzelnen mehr leisten müssen oder einen Staat, der durch hohe Steuern mehr Aufgaben wahrnehmen kann.

VERTIEFEN

5. Interpretiere die Karikatur M 27 (S. 171) mithilfe der Arbeitstechnik „Karikaturen analysieren" (S. 215).

6. Etwa zehn Prozent des Bundeshaushaltes werden zur Unterstützung von Arbeitslosen oder Geringverdienenden ausgegeben (siehe M 24, S. 168). Beurteile schriftlich, ob du dies gerecht findest. Führe Argumente für ein Festhalten am bestehenden Sozialsystem oder Argumente dagegen an. Beschreibe auch Möglichkeiten zur Verbesserung, falls du gegen ein Festhalten am bestehenden Sozialsystem bist.

7. Denkt ihr, dass das deutsche Steuersystem insgesamt gerecht ist? Gestaltet eine Positionslinie in der Klasse und positioniert euch entsprechend (siehe Unterrichtsmethode „Positionslinie", S. 173). Tauscht im Anschluss eure Argumente in der Klasse aus und diskutiert, ob das Steuersystem gerechter gemacht werden sollte und macht Vorschläge, wie dies gelingen könnte.

▲ 1, 2a, 3a, 3b, 4, 7   ▲▼ 2, 3b, 3c, 4, 5, 6, 7   ▲▼▲ 2, 3b, 3c, 5, 7

Positionslinie

Unterrichtsmethode

Bei einer Positionslinie geht es darum, dass ihr euch persönlich zu einer bestimmten Frage positioniert. Dabei dreht es sich insbesondere um solche Fragen, die man nicht so einfach mit einem klaren „Ja" oder einem klaren „Nein" beantworten kann. Oftmals gibt es bestimmte Argumente, die für eine Sache sprechen, aber gleichzeitig auch andere Argumente, die dagegen sprechen. Die Positionslinie hilft euch dabei, eure Meinung zu hinterfragen und zu festigen.

Phase 1: Vorbereitung der Positionslinie

Um eine Positionslinie zu erstellen, braucht ihr erst einmal Material: ein dickes, gut haftendes Klebeband, das auf den Boden des Klassenraums geklebt werden kann. Wahrscheinlich müsst ihr vor Beginn Stühle und Tische zur Seite räumen, damit ihr genügend Platz habt, denn das geklebte Band, die „Positionslinie", sollte so lang wie möglich sein. Dabei stellen beide Enden die beiden extremen Antwortmöglichkeiten dar. Lautet die Frage etwa, ob man strafrechtlich verurteilte Ausländerinnen und Ausländer schneller abschieben sollte, wäre das eine Ende *„Ja, auf jeden Fall, auch bei kleinen Delikten"* und das andere Ende *„Nein, auf keinen Fall, unter keinen Umständen"*.

Phase 2: Fragestellung und Positionierung

Wird nun eine Frage gestellt, die mittels der Positionslinie bearbeitet werden soll, so erhält jede/r von euch etwa fünf Minuten Zeit, um sich eigene Gedanken zu machen und Argumente zu sammeln. Danach positioniert sich jede/r auf der Positionslinie, entsprechend ihrer bzw. seiner Meinung. Es gilt allerdings die Regel, dass sich niemand genau in die Mitte stellen darf. Grundsätzlich ist es zuerst einmal unwichtig, wie viele Personen sich auf der einen oder anderen Seite befinden oder ob die meisten eher am Rand oder eher zur Mitte hin stehen.

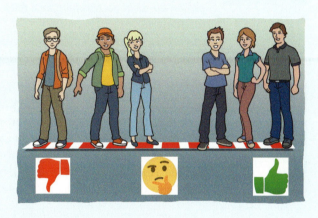

Phase 3: Festhalten der Argumente

In der nächsten Phase tragen einzelne Schülerinnen und Schüler ihre Position und ihre Argumente vor. Es ist hilfreich, diese erste Positionierung von einzelnen Schülerinnen und Schülern schriftlich festzuhalten, um sie später vergleichen zu können.

Phase 4: Neupositionierung

Nach der Erarbeitung und der Diskussion der Fragestellung positionieren sich alle Schülerinnen und Schüler erneut auf der Positionslinie. Bei der Begründung ihrer Position sollten vor allem die Schülerinnen und Schüler zu Wort kommen, deren erste Positionierung in Phase 3 schriftlich festgehalten wurde. Es geht nicht zwingend darum, dass sich die Positionierung verändert hat, aber es sollte deutlich werden, dass durch die Bearbeitung und die Diskussion der Fragestellung sich die Qualität der Urteile verbessert hat. Dies kann man daran erkennen, dass z. B. neue Argumente in die Begründung eingebaut oder bereits vorhandene Argumente ausgebaut wurden.

Steuern und Moral

Klar, wer zahlt schon gerne Steuern? Viele Menschen in Deutschland hinterziehen Steuern, es passiert in allen gesellschaftlichen Gruppen und unabhängig vom Einkommen. Andererseits wird häufig kritisiert, dass auch der Staat stellenweise zu leichtfertig mit Steuergeldern umgehe. In beiden Fällen sind am Ende alle betroffen.

M28 Prominente Steuerhinterzieherinnen und -hinterzieher

Boris Becker, deutsche Tennis-Legende, wurde am 24. Oktober 2002 vom Landgericht München I zu zwei Jahren Haft auf Bewährung und einer Geldstrafe von 500 000 Euro verurteilt. Becker hat insgesamt ca. 1,7 Millionen Euro an Steuern hinterzogen, indem er falsche Angaben über seinen Hauptwohnsitz machte. Er gab an, von 1991 bis 1993 offiziell in Monaco gelebt zu haben, doch sein Lebensmittelpunkt war in München. In Monaco sind die steuerlichen Abgaben sehr viel geringer als in Deutschland. Becker akzeptierte das Urteil, kritisierte aber auch:

„Wäre ich nicht so berühmt und reich geworden, hätte sich das Finanzamt kaum so für mich interessiert."

Zitat aus: dpa: Boris Becker: „Ich bin ein ganz kleines Licht", in: Handelsblatt vom 24.10.2002, online: http://www.handelsblatt.com/archiv/reaktion-nach-dem-urteil-boris-becker-ich-bin-ein-ganz-kleines-licht/2205516.html [zuletzt: 12.06.2019]

Ulrich „Uli" Hoeneß, Präsident des Fußball-Bundesligisten FC Bayern München, wurde am 13. März 2014 vom Landgericht München II zu einer Haftstrafe von dreieinhalb Jahren verurteilt. Hoeneß hatte in den Jahren 2003 bis 2009 insgesamt 28,5 Millionen Euro an Steuern hinterzogen, indem er keine Steuern auf Gewinne aus Börsengeschäfte zahlte. Gewinne, die aus dem Handel mit z. B. Aktien entstehen, müssen in Deutschland ebenfalls versteuert werden. Hoeneß ging ins Gefängnis, bezeichnete sein Handeln als „den Fehler seines Lebens" und sagte selbstkritisch:

„Ich habe Riesenmist gebaut, aber ich bin kein schlechter Mensch."

Zitat aus: „Da begann die Hölle für mich", Interview der ZEIT mit Uli Hoeneß, in: Die Zeit vom 01.05.2013, online: http://www.zeit.de/sport/2013-05/uli-hoeness-steuern-schuld [zuletzt: 12.06.2019]

Alice Schwarzer, Frauenrechtlerin und Journalistin, wurde im Juli 2016 vom Amtsgericht Köln per Strafbefehl zu einer Geldstrafe im niedrigen sechsstelligen Bereich verurteilt. Da es zu keinem öffentlichen Gerichtsprozess kam, ist die genaue Summe nicht bekannt. Schwarzer hatte seit den 1980er-Jahren ein geheimes Konto in der Schweiz und die Zinsen nicht in Deutschland versteuert – insgesamt geht es um mehrere hunderttausend Euro. Personen, die in Deutschland leben und Zinsen im Ausland erhalten, müssen diese auch in Deutschland versteuern. Sie bereue ihr Handeln, rechtfertigte sich aber:

„Es gibt Fehler, die kann man nicht wieder gutmachen. Zum Beispiel Rufmord. Steuerfehler aber, wie ich einen gemacht habe, kann man wieder gutmachen (Und das sieht auch das Gesetz ausdrücklich so vor). Und genau das habe ich getan."

Zitat aus: Alice Schwarzer schreibt – In eigener Sache, Homepage von Alice Schwarzer, 02.02.0214, online: http://www.aliceschwarzer.de/artikel/eigener-sache-313405 [zuletzt: 12.06.2019]

M29 Schattenwirtschaft in Deutschland nach Branchen

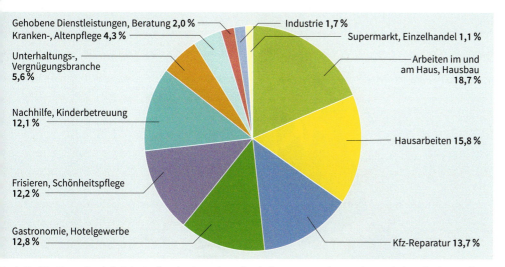

Nach: Prof. Dr. Enste, Dominik H. in: Institut der deutschen Wirtschaft, IW Report·9/2017: Schwarzarbeit und Schattenwirtschaft – Argumente und Fakten zur nicht angemeldeten, Erwerbstätigkeit in Deutschland und Europa. S. 14, online: https://www.iwkoeln.de/fileadmin/publikationen/2017/324737/IW_Report_9_2017_Schwarzarbeit.pdf [zuletzt: 12.06.2019]

M30 Schwarzarbeit – eine Putzfrau packt aus

Sie putzt seit elf Jahren schwarz und hat dabei allerhand gesehen. Unter dem Pseudonym Justyna Polanska hat eine junge Polin nun ein Buch über ihren Job geschrieben.
Wenn sie zu Besuch kommt, stapelt sich das dreckige Geschirr und oft auch die getragene Unterwäsche. Die Frau, die sich Justyna nennt, arbeitet als Putzfrau – schwarz, seit elf Jahren. Was sie bei ihrer Arbeit sieht, würde so manchem wohl die Schamesröte ins Gesicht treiben. Jetzt hat sie unter dem Pseudonym Justyna Polanska ein Buch darüber geschrieben, *Unter deutschen Betten – Eine polnische Putzfrau packt aus*.
Nach einer Studie des Instituts der deutschen Wirtschaft in Köln (IW) sind in der Bundesrepublik 95 Prozent aller Haushaltshilfen schwarz beschäftigt. Sie arbeiten illegal in rund vier Millionen Wohnungen und Häusern. Dabei könnten sich ihre Arbeitgeber nicht selten auch eine angemeldete Putzfrau leisten. Unter Justynas Kunden sind Manager, Richter oder Anwälte.
Glaubt man der 31-Jährigen, scheint es einigen eher an Schamgefühl als an Geld zu mangeln. Benutzte Tampons, Essensreste und sogar einen toten Hamster, Justyna hat das alles schon unter den Betten ihrer wohlhabenden Arbeitgeber entdeckt. [...]
Ein schlechtes Gewissen, Schwarzarbeiter zu beschäftigen, haben zumindest 80 Prozent der Arbeitgeber nicht, wie aus der IW-Studie hervorgeht. „Viele sind der Auffassung, dass der Staat sich in Privathaushalte nicht einmischen sollte", sagt IW-Professor Dominik H. Enste. Dabei entstehe durch Schwarzarbeit jährlich ein Schaden von bis zu 150 Milliarden Euro. [...]
Putzfrau Justyna will auch weiter schwarz arbeiten. Bei einer 40-Stunden-Woche verdient sie 1500 bis 2000 Euro im Monat. „Ich mache mir keinen Kopf über irgendwelche Abrechnungen", sagt sie. [...]
Ob sie schon immer Putzfrau werden wollte? Diese Frage hört Justyna oft – und ärgert sich jedes Mal. Natürlich habe sie andere Träume gehabt. Sie wollte als Visagistin arbeiten oder studieren. „Vielleicht ist es kein Traumjob", sagt sie dann bestimmt, „aber ich verdiene gutes Geld".

aus: wgr / © dpa

M31 Familie Seiler und ihre Putzhilfe

Familie Seiler beschäftigt seit geraumer Zeit eine Putzhilfe. Beide Elternteile sind berufstätig, dazu die zwei kleinen Kinder und die Arbeit im Haushalt – das wird ihnen auf Dauer einfach zu viel. Vater Thomas glaubt, dass eine legale Anmeldung viel zu teuer sei und beschäftigt die Putzhilfe Martha schwarz – ein Kavaliersdelikt, wie er denkt. Ein schlechtes Gewissen hat er dabei nicht. Als er eine Werbeanzeige der Minijobzentrale sieht, die dafür wirbt, private Putzhilfen anzumelden, wird er neugierig und benutzt einen Online-Rechner. Das Ergebnis erstaunt ihn selbst.

Bei einer Arbeitszeit von ca. 20 Stunden pro Monat zahlt er Martha bei einem Stundenlohn von 10 € insgesamt 200 € pro Monat. Eine legale Anmeldung hat neben der Vermeidung von Steuerhinterziehung noch den Vorteil, dass Martha unfallversichert ist. Zusätzlich spart Familie Seiler sogar bares Geld, weil bei einer legalen Anmeldung 20 % der Kosten steuerlich abgesetzt werden kann, im Fall von Familie Seidler also 45,90 €.

Das bedeutet, dass sie am Ende des Jahres vom Finanzamt wieder etwas davon zurückbekommen. Somit kann sie – je nach Steueraufkommen – im besten Fall sogar günstiger wirtschaften, als wenn sie Martha schwarzarbeiten lässt.

So sähe die Beispielrechnung für Familie Seiler als Arbeitgeber aus (Stand 06/2019):

Monatsbrutto (= Monatsnetto)		200,00 €
5,00 %	Rentenversicherung	10,00 €
5,00 %	Krankenversicherung	10,00 €
2,00 %	Steuerpauschale	4,00 €
1,14 %	Umlagen	2,28 €
1,60 %	Unfallversicherung	3,20 €
14,74 %	Gesamtabgaben	29,48 €
Gesamtaufwand		**229,48 €**

Berechnungsbeispiel nach: https://www.smart-rechner.de/minijob/rechner.php [zuletzt: 12.06.2019]

M32 Öffentliche Verschwendung

Fischtreppen sind Baumaßnahmen an Flüssen, die es Fischen erlauben soll, auch Wasserfälle oder Wasserkraftwerke zu passieren. Sie sehen aus wie Treppenstufen und sollen verhindern, dass sie zu große Höhenunterschiede überwinden müssen, die gefährlich sind.

Kostenexplosion und Steuergeld-Verschwendung: die berühmte Fischtreppe von Lauterbach

Was haben Lackendorf und Lauterbach jetzt gemeinsam? Beide Dörflein haben ungewollt Berühmtheit erlangt – indem Projekte dort dem Vorwurf der Steuergeldverschwendung ausgesetzt worden sind. Während es im Dunninger Teilort eine 2,5-Millionen-Euro-Mehrzweckhalle für 600 Einwohner war, kritisiert der Bund der Steuerzahler in seinem aktuellen Schwarzbuch nun das 3000-Seelen-Dorf Lauterbach für eine maßlos teure Fischtreppe. Der Vorwurf: „kopfloses Handeln."

Siebenfache Kosten

Ursprünglich habe die Fischtreppe in der Schwarzwaldgemeinde im Landkreis Rottweil 15 000 Euro kosten sollen. Dies habe sich am Ende auf insgesamt rund 103 000 Euro summiert – knapp das Siebenfache. „Doch damit nicht genug", sagt der Steuerzahlerbund. So sei die Treppe für die Fische in der Schiltach nicht zu erreichen, denn auf dem Weg flussaufwärts bestünden für sie nicht überwindbare Hindernisse, unter anderem ein Wasserfall. Das notiert der Bund der Steuerzahler. Auch, dass man im Landratsamt Rottweil im Jahr 2011 nach einer groben Schätzung von Kosten in Höhe von etwa 15 000 Euro für die Herstellung der Fischtreppe ausging. „Wie dieser Betrag ermittelt wurde, kann aber offenbar nicht mehr nachvollzogen werden", urteilt fünf Jahre später der Steuerzahlerbund. Nach einer Kostenberechnung 2015 sei schon eine Gesamtsumme von fast 84 000 Euro für den Bau der Rampe prognostiziert worden. [...]

Sinn- und nutzlos?

[...] Ausgangspunkt des Ganzen war laut Steuerzahlerbund eine Baumaßnahme, bei der eine schadhafte und akut einsturzgefährdete Verdolung des Lauterbachs – des größten Zuflusses der Schiltach – wieder hergestellt werden sollte. Dieses Vorhaben sei von der Gemeinde beantragt und vom Landratsamt wasserrechtlich genehmigt worden. Allerdings habe dieser Eingriff in die Natur eine Ausgleichsmaßnahme erfordert.
Daher sei vom Regierungspräsidium Freiburg der Plan für das Anlegen einer Fischtreppe am Lauterbach vorgelegt worden, in dem eine vorhandene schadhafte Sohlgleite in eine Raue Rampe (Fischtreppe) umgebaut werden sollte. „Die Gemeinde hatte offenbar keine Einwände gegen den Vorschlag, obwohl zumindest aus Sicht des Landratsamtes auch andere Ausgleichsmaßnahmen möglich gewesen wären", kritisiert der Steuerzahlerbund. „Alternative Möglichkeiten wurden nicht geprüft. So nahm das Debakel seinen Lauf." [...]

Aus: Arnegger, Peter: Kostenexplosion und Steuergeld-Verschwendung: die berühmte Fischtreppe von Lauterbach, in: Neue Rottweiler Zeitung vom 07.10.2016, online: https://www.nrwz.de/news/kostenexplosion-und-steuergeld-verschwendung-die-beruehmte-fischtreppe-von-lauterbach/127081 [zuletzt: 26.06.2019]

PERLEN IM NETZ

www.schwarzbuch.de

Auf dieser Seite des Bundes der Steuerzahler Deutschland e.V. kannst du das jährliche Schwarzbuch einsehen. Hier listet der Bund der Steuerzahler staatliche Investitionen auf, die aus seiner Sicht Geldverschwendung sind.

EINSTEIGEN

1. **a)** Arbeite aus den Fällen der Prominenten in M 28 (S. 174) heraus, inwiefern sie gegen geltendes Steuerrecht verstoßen haben. Lies hierzu auch Info 4 (S. 179).
   b) Bewerte die Aussagen der einzelnen Personen zu ihren Vergehen (M 28, S. 174). Begründe jeweils, ob du ihnen zustimmen kannst oder nicht.

2. Analysiere die Grafik in M 29 (S. 175) mithilfe der Arbeitstechnik „Diagramme beschreiben" (S. 212). Denke dir zu jeder Branche ein Beispiel aus, wie hier betrogen werden könnte.

WEITERARBEITEN

3. **a)** Fasse zusammen, was du in dem Artikel in M 30 (S. 175) über Justynas Arbeit als Reinigungskraft erfährst. Bewerte, ob sie zufrieden mit ihrem Job ist.
   b) Beurteile, wie du Justynas Verhalten siehst (M 30, S. 175). Schreibe ihr eine fiktive E-Mail, in der du ihr zustimmst oder Argumente nennst, wieso du ihr Verhalten falsch findest.

4. **a)** Analysiere das Fallbeispiel M 31 (S. 176). Erläutere, ob dich die effektiven Mehrkosten einer Anmeldung der Reinigungskraft überraschen. Bewerte anschließend, ob du es für richtig hältst, dass der Staat eine legale Anmeldung insofern fördert, indem man einen Teil der Kosten steuerlich absetzen kann.
   b) Notiert zu zweit Argumente, die für eine steuerliche Anmeldung einer Reinigungskraft in privaten Haushalten und damit gegen Steuerhinterziehung sprechen.

5. **a)** Beschreibe, auf welche Probleme der Artikel M 32 (S. 177) aufmerksam macht. Tausche dich anschließend mit einer Partnerin/einem Partner aus.
   b) Bewerte den Fall M 32 (S. 177), indem du das Projekt und die Mehrkosten in Relation setzt.

VERTIEFEN

6. „Steuerhinterziehung ist ein Kavaliersdelikt." Beziehe schriftlich in einigen Sätzen Stellung zu dieser Aussage.

7. Positioniere dich zuerst alleine zu der Frage, ob Politikerinnen und Politikern bei Fehlplanungen, durch welche Steuergelder verschwendet werden, zur Rechenschaft gezogen werden sollten. Tausche dich anschließend mit einer Nachbarin/einem Nachbarn aus. Diskutiert anschließend in der Klasse.

▲ 1, 2, 3, 5, 7   ▲▽ 1b, 2, 3b, 4, 5, 7   ▲▽▲ 1b, 2, 4, 5, 6, 7

Schwarzarbeit, Steuerhinterziehung und Steuerverschwendung

Info 4

In der Bundesrepublik Deutschland werden jedes Jahr Steuern in einem Umfang von etwa hundert Milliarden Euro hinterzogen. Unter den Steuerstraftäterinnen und -tätern sind nicht nur reiche Menschen oder große Unternehmen, die betrügen, sondern Menschen aller gesellschaftlichen Schichten.

Von **Schwarzarbeit** spricht man, wenn Personen beschäftigt werden, ohne dass sie beim Finanzamt angemeldet wurden. Dadurch entgehen dem Staat nicht nur Steuereinnahmen aus der Lohnsteuer, sondern auch Sozialabgaben, beispielsweise für die Pflege- oder Rentenversicherung. Schwarzarbeiterinnen und -arbeiter sind fast immer geringer bezahlt als reguläre Arbeitskräfte, ihre Arbeitsbedingungen sind in der Regel schlechter und sie sind bei Krankheit oder Unfällen nicht abgesichert. Durch Schwarzarbeit fallen außerdem reguläre Arbeitsplätze weg. Als Schwarzarbeit bezeichnet man auch, wenn Personen einen Beruf ohne die erforderliche Befähigung, wie z. B. einen Meisterbrief als Kfz-Mechatroniker für das Betreiben einer Autowerkstatt, ausüben. Manchmal ist es schwierig zu entscheiden, ob Schwarzarbeit im engeren Sinne vorliegt, etwa bei Gefälligkeiten oder Nachbarschaftshilfen, die mit Geld vergütet werden.

Der Begriff der **Steuerhinterziehung** ist weiter gefasst und wird verwendet, wenn Personen oder Unternehmen zu wenig oder gar keine Steuern zahlen, obwohl sie dazu verpflichtet sind. Dabei handelt es sich meist um Kapitaldelikte, etwa wenn Unternehmensgewinne zu niedrig veranlagt werden, oder wenn Privatpersonen ihre Zinsen oder Börsengewinne nicht richtig versteuern. Insbesondere ist dies bei Personen der Fall, die in betrügerischer Absicht Konten im Ausland eröffnen. Solche Konten werden dem deutschen Finanzamt oft nicht gemeldet und die Gewinne werden somit nicht in Deutschland versteuert, obwohl Bewohnerinnen und Bewohner mit Wohnsitz in Deutschland dazu verpflichtet sind. Steuerhinterziehung findet aber auch bei **Schmuggel** statt, beispielsweise wenn hoch versteuerte Waren wie Alkohol und Zigaretten aus dem Ausland illegal eingeführt und hier verkauft werden. Schwarzarbeit und Steuerhinterziehung werden zusammengenommen auch **Schattenwirtschaft** genannt.

Eine andere Diskussion ist die um die **Verschwendung von Steuergeldern**. Laut dem Bundesrechnungshof, einer externen Behörde, die die Ausgaben des Bundes kontrolliert, und dem Verein „Bund der Steuerzahler Deutschland e.V." werden jedes Jahr mehrere Milliarden Euro an Steuergeldern für fragwürdige Projekte ausgegeben. Diese Fälle bleiben jedoch zumeist unbestraft, da die jeweils verantwortlichen Politikerinnen und Politiker nur bei vorsätzlichem Handeln zur Verantwortung gezogen werden können.

4. Ist unsere Wirtschaft gemeinsam stärker? – Erfolge und Probleme der Europäischen Union als Wirtschaftsmacht

Die Freiheiten des Binnenmarktes

Seit 1993 gibt es für das wirtschaftliche Geschehen in der Europäischen Union (EU) keine Grenzen mehr, sie ist ein Binnenmarkt. Deshalb gilt hier der Handel von einem EU-Staat mit dem anderen auch nicht mehr als Import oder Export, sondern als Binnenhandel. Dies garantieren die sogenannten vier Freiheiten des Binnenmarktes. Doch was ist eigentlich ein Binnenmarkt und wie machen sich die vier Freiheiten in unserem Alltag bemerkbar?

M33 Die vier Freiheiten des Binnenmarktes in Bilder

M34 Die vier Freiheiten des Binnenmarktes der EU

Der Europäische Binnenmarkt
ist der gemeinsame Binnenmarkt der Mitgliedstaaten der Europäischen Union (EU). Er umfasst derzeit 28 Länder mit über 500 Mio. Einwohnern und einer Wirtschaftsleistung von 13 Billionen Euro.

Grundlagen sind die **vier Freiheiten**, die im Vertrag über die Arbeitsweise der Europäischen Union (AEU-Vertrag) festgelegt sind:

Freier Warenverkehr
Keine Zölle und mengenmäßigen Beschränkungen, Angleichung von Normen, freier Wettbewerb

Freier Dienstleistungsverkehr
Grenzüberschreitendes Angebot von Dienstleistungen wie Transport, Energie, Telekommunikation, Versicherungen, Handwerk, etc.

Freier Personenverkehr
Keine Grenzkontrollen, Niederlassungsfreiheit (Wohnort/Arbeitsplatz), Anerkennung von Berufs- und Schulabschlüssen

Freier Kapitalverkehr
Freie Geld- und Kapitalbewegungen, gemeinsamer Markt für Finanzdienstleistungen (Bankgeschäfte u. a.), Unternehmensbeteiligungen in der EU

Quelle: Europäische Kommission

M35 Leben und Arbeiten in der EU

John: „Ich kaufe fast alles im Internet ein, dabei ist mir aufgefallen, dass manche Produkte im Ausland günstiger sind als in Deutschland. Bei manchen Online-Shops kann ich sogar mein deutsches Benutzerkonto verwenden. So profitiere ich auch, wenn es für mein Wunschprodukt im Ausland eine Sonderaktion gibt. Beim Wechselkurs muss man aufpassen, manchmal kann man dadurch günstig einkaufen oder ein Produkt wird durch einen ungünstigen Wechselkurs teurer. Beachten muss man auch, ob ein Versand ins Ausland überhaupt angeboten wird und was dieser zusätzlich kostet, außerdem sind nicht alle Stecker mit unseren Steckdosen kompatibel. Am Ende stellt sich außerdem immer noch die Frage der Gewährleistung. Muss ich das Produkt im Garantiefall zurück ins Ausland schicken und dann den Fehler in einer fremden Sprache beschreiben, wird es schnell teuer und kompliziert."

Ines: „Meine Freundin hat ihr neues Auto aus dem EU-Ausland gekauft und dabei viel Geld gespart. Sie meint, das liege daran, dass die Leute in manchen Teilen der EU weniger verdienen und sich deshalb keine so teuren Autos leisten können. Vielleicht sollte ich mein neues Auto auch so kaufen. Allerdings bin ich nicht sicher, welche Steuern noch zum Preis des Autos hinzukommen, die deutschen oder die ausländischen. Da die Modelle im Ausland oft einen anderen Namen haben, ist es schwerer, das Auto mit meiner Wunschausstattung zu finden. Und schließlich muss ich wissen, was mit der Garantie passiert, denn ich möchte mein Auto, wenn es mal kaputt geht, nicht ins Herkunftsland bringen müssen."

Maciej: „Ich wohne in Polen und würde gerne in Deutschland arbeiten. Ich habe gehört, dass man dort als Altenpfleger viel mehr verdient als hier in Polen. Außerdem ist die Jugendarbeitslosigkeit viel niedriger und Altenpfleger werden gesucht. Nun frage ich mich, ob ich mich von Polen aus einfach so in Deutschland bewerben kann. Dazu müsste meine polnische Ausbildung in Deutschland anerkannt werden und ich bin unsicher, ob ich nur in Deutschland arbeiten kann oder auch dort hinziehen sollte. Um auszuwandern sind ja sicher auch Dokumente erforderlich. Reicht es eigentlich aus, Englisch zu sprechen oder muss man auch Deutsch können? Mein Gehalt möchte ich auf ein polnisches Konto überwiesen bekommen und wenn ich krank werde, sollte entweder die polnische oder die deutsche Krankenkasse die Behandlungskosten übernehmen. Außerdem muss ich wissen, wer meine Rente auszahlt, wenn ich alt bin."

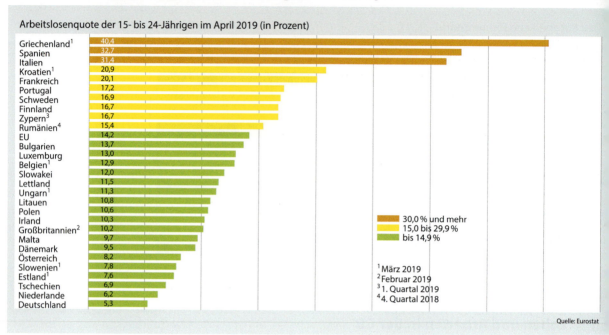

M 36 Jugendarbeitslosigkeit in Europa

M 37 Jugendarbeitslosigkeit in Europa – und warum Deutschland besser dasteht

In Deutschland haben Jugendliche weitaus weniger Probleme auf dem Arbeitsmarkt als anderswo in Europa. Dafür gibt es mehr als einen Grund.

Der deutsche Arbeitsmarkt ist für Jugendliche eine Insel der Seligen. Während viele andere europäische Länder gegen ausufernde Jugendarbeitslosigkeit kämpfen, allen voran die Südeuropäer, feiert Deutschland einen Erfolg nach dem anderen. [...]

Warum Jugendliche in Deutschland leichter Arbeit finden

Eine Antwort lautet: Weil Deutschland viel besser durch die Wirtschafts- und Finanzkrise gekommen ist und weil die Arbeitslosigkeit in allen Altersgruppen stark gesunken ist. [...]

Es gibt aber auch weniger konjunkturabhängige Gründe dafür, dass es Jugendliche hierzulande leichter haben:

- Der demografische Wandel läuft in Deutschland viel schneller ab als in den meisten anderen europäischen Ländern. Von 2010 bis 2060 wird die Zahl der 15-bis 24-Jährigen um ein Drittel schrumpfen – es gibt dann über 3 Millionen junge Bundesbürger weniger. Für die Unternehmen wird es schon heute immer schwieriger, ihren Bedarf an Nachwuchskräften zu decken. Dieses Problem besteht in Irland, Großbritannien, Belgien, Frankreich, Spanien und Schweden nicht: Dort steigt die Zahl der Jugendlichen bis 2060 sogar weiter an.
- Bis 2015 gab es in Deutschland keinen allgemeinen gesetzlichen Mindestlohn – anders als etwa in Frankreich. Arbeitsmarkt-Experten gehen davon aus, dass das für Berufseinsteiger ein Vorteil war. Denn Anfänger erwirtschaften aufgrund ihrer geringen Erfahrung oft weniger, als sie durch ihren Arbeitslohn, Sozialversicherungsbeiträge und sonstige Lohnnebenkosten an Ausgaben verursachen. Deswegen erleichtern es niedrigere Einstiegsgehälter den Unternehmen eine Stelle mit einer Nachwuchskraft zu besetzen, während eine allgemeine Lohnuntergrenze das Anforderungsniveau heraufschraubt. Wie sich die Einführung des Mindestlohns tatsächlich auf den Arbeitsmarkt für Jugendliche auswirkt, ist aber voraussichtlich erst in einigen Jahren zu erkennen.

Das System der dualen Berufsausbildung ist eine deutsche Spezialität. Die Verzahnung der praktischen Ausbildung im Betrieb mit der Vermittlung theoretischen Know-hows an der Berufsschule gibt es in den meisten anderen Ländern so nicht. Der große Vorteil dieses Modells ist, dass die Jugendlichen ihr Schulwissen im Unternehmen sofort erproben können und am Ende ihrer Ausbildung direkt als vollwertige Arbeitskraft einzusetzen sind. Weil die Arbeitgeber von Nachwuchskräften mit betriebsspezifischen Kenntnissen profitieren, haben sich viele bemüht, auch in schwierigen Zeiten Ausbildungsplätze anzubieten.

Aus: Homepage Wirtschaft und Schule, Text „Jugendarbeitslosigkeit in Europa – und warum Deutschland besser dasteht", 13.06.2015, online: http://www.wirtschaftundschule.de/aktuelle-themen/arbeitsmarkt-berufsorientierung/der-arbeitsmarkt-fuer-jugendliche/jugendarbeitslosigkeit-in-europa-und-warum-deutschland-besser-dasteht/[zuletzt 13.06.2019]

M38 Was unternimmt die EU für arbeitslose Jugendliche?

Von einer „großen Last" sprach Angela Merkel kürzlich in Davos. Der luxemburgische Ministerpräsident Jean-Claude Juncker warnte gar vor „Risiken für den sozialen Frieden". Beide hatten die jungen Arbeitslosen vor Augen, deren Zahl in Europa gerade einen neuen Höchststand erreicht hat. Im Dezember 2012 waren in der EU 5,7 Millionen junge Menschen unter 25 Jahren ohne Arbeit; das entspricht einer durchschnittlichen Quote von 23,4 Prozent. Anders gesagt: Jeder vierte junge Europäer, der eine Arbeit sucht, findet keine. In Spanien und Griechenland hat nicht einmal jeder zweite Erfolg.
[Der ehemalige] EU-Ratspräsident Herman Van Rompuy hat deshalb nun eine Beschäftigungsinitiative für junge Menschen vorgeschlagen. Um ihnen eine Perspektive geben zu können, so Van Rompuy, soll die EU „mehrere Milliarden Euro" zur Verfügung stellen. Gemessen an den vielen Hundert Milliarden Euro, die die EU zur Rettung des Euros mobilisiert hat, klingt das nicht spektakulär. Dennoch kommt der Vorstoß überraschend. Denn eigentlich treffen sich die Staats- und Regierungschefs der EU […] in Brüssel, um über weitere Einsparungen im EU-Haushalt für die Jahre 2014 bis 2020 zu verhandeln.
Doch Van Rompuy steht nicht allein. Sein Vorschlag ist eng mit [dem damaligen] Kommissionspräsident José Manuel Barroso abgestimmt; auch Angela Merkel war in die Vorbereitungen eingebunden. In Berlin reift seit Längerem die Einsicht, dass man die sozialen Probleme in den europäischen Krisenstaaten nicht weiter ignorieren kann. Schon jetzt wird Merkel in Madrid oder Athen mitverantwortlich gemacht für wachsende Armut und steigende Arbeitslosigkeit. Ein Beschäftigungsprogramm zugunsten der Jungen wäre für sie auch eine Möglichkeit, dieser Kritik zu begegnen.
Dabei stellt die EU bereits heute Geld zur Verfügung, um junge Menschen in Europa bei der Ausbildung oder Arbeitsplatzsuche zu unterstützen. Die Mittel hierfür stammen überwiegend aus dem Europäischen Sozialfonds (ESF), einem der großen EU-Fördertöpfe. Nach Angaben der EU-Kommission wurden 2011 etwa 3 Milliarden Euro für unter 25-Jährige eingesetzt. Damit die Mitgliedsstaaten gezielter gegen Jugendarbeitslosigkeit vorgehen, sollen sie nun einen zusätzlichen Anreiz bekommen: Nach dem Plan von Van Rompuy und Barroso könnten ESF-Mittel, die die Länder für junge Arbeitssuchende einsetzen, künftig verdoppelt werden. Finanziert werden könnten Überbrückungsmaßnahmen, etwa ein Freiwilliges Soziales Jahr genauso wie Fortbildungen oder eine sogenannte Jugendgarantie: Damit würden sich die Länder verpflichten, jungen Arbeitslosen spätestens nach vier Monaten einen Arbeits- oder Ausbildungsplatz anzubieten. Vorbilder hierfür gibt es etwa in Österreich oder Finnland. Nur woher soll das zusätzliche Geld kommen? Dass sich die Mitgliedsstaaten auf eine Erhöhung des Budgets verständigen, ist ausgeschlossen. Das bedeutet: Wenn die EU mehr Geld für den Kampf gegen die Jugendarbeitslosigkeit mobilisieren will, muss sie es an anderer Stelle einsparen. Das wiederum wäre ganz im Sinne der Bundesregierung, die seit Längerem fordert, EU-Mittel zielgerichteter zu verwenden.

Die nächste Frage wäre die der Verteilung. Um Missbrauch zu vermeiden, soll die Initiative auf jene Regionen beschränkt werden, die von Jugendarbeitslosigkeit „am stärksten betroffen" sind. Nur wo fängt die Betroffenheit an? In Spanien liegt die Jugendarbeitslosigkeit derzeit bei 55 Prozent, in der Slowakei bei 36 Prozent und selbst in Schweden noch bei 2? Prozent [Stand 2013]. Schon mutmaßen die Ersten, dass es sich bei der Initiative lediglich ur ein großes Ablenkungsmanöver handeln könnte.

Aus: Matthias Krupa: „Was tut die EU für arbeitslose Jugendliche?", DIE ZEIT 07/2013, online: http://www.zeit.de/2013/07/Analyse-EU-Arbeitslose [zuletzt: 13.06.2019]

M39 EU will Jugendlichen Arbeit garantieren

Die Krise in Europa trifft eine Gruppe besonders hart: Jugendliche finden kaum noch Jobs in Spanien und Griechenland ist jeder zweite Arbeitnehmer unter 25 arbeitslos. Nun hat die EU-Kommission eine Idee. Sie will Jugendarbeitslosigkeit einfach verbieten. [...]

Durch eine Jugendgarantie sollen die EU-Mitgliedstaaten allen Menschen unter 25 Jahren eine Beschäftigung zusichern, berichtet die *Frankfurter Allgemeine Zeitung* mit Hinweis auf ein unionsinternes Regelungspaket, das der Sozialkommissar László Andor heute in Brüsse vorstellen soll.

Konkret würde das heißen, dass Jugendliche spätestens vier Monate nach Ende ihrer Ausbildung oder dem Verlust ihres Jobs in jedem Fall eine neue Stelle, einen neuen Ausbildungsplatz oder zumindest einen Praktikumsplatz haben. Die Staaten sollen weitgehend frei entscheiden, wie sie die Garantie umsetzen wollen. Die EU würde die Programme der Mitgliedsstaaten mit Geld aus dem Europäischen Sozialfonds unterstützen [...]

Aus: sana/jab/holz: Kampf gegen Arbeitslosigkeit. EU will Jugendlichen Arbeit garantieren, in: Süddeutsche Zeitung vom 03.12.2012, online: http://www.sueddeutsche.de/wirtschaft/2.220/kampf-gegen-arbeitslosigkeit-eu-will-jugendlichen-arbeit-garantieren-1.1539914 [zuletzt: 13.06.2019]

EINSTEIGEN

1. a) Beschreibe die Bilder in M 33 (S. 180) und erläutere, was sie mit der Wirtschaft in der EU zu tun haben könnten.
   b) Beschreibe schriftlich die vier Freiheiten des europäischen Binnenmarktes (M 34, S. 181) mit deinen eigenen Worten. Tausche dich anschließend mit einem Partner/einer Partnerin aus. Lasse dir zwei der Freiheiten von ihr/ihm erklären und erkläre du ihr/ihm die beiden anderen Freiheiten.
   c) Ordne die Bilder aus M 33 (S. 180) den Freiheiten des Binnenmarktes aus M 34 (S. 181) zu. Beachte, dass manche Bilder zu mehreren Freiheiten passen.

2. a) Untersuche welche Vor- und Nachteile der europäische Binnenmarkt für die Menschen in den Fallbeispielen hat (M 35, S. 181). Vergleiche die Ergebnisse mit einer Partnerin/einem Partner.
   b) In den Fallbeispielen (M 35, S. 181) werden verschiedene Nachteile bzw. Risiken angesprochen. Überlege jeweils ein Produkt, das du problemlos auch im Ausland kaufen könntest, und eines, bei dem du das eher nicht machen würdest.

WEITER-ARBEITEN

3. a) Recherchiere im INternet die Arbeitslosenquoten innerhalb der EU (siehe Arbeitstechnik „Informationen im Internet recherchieren, S. 214) und vergleiche sie mit den Daten zur Jugendarbeitslosigkeit in M 36 (S. 182). Benenne Faktoren, von denen die Höhe der Arbeitslosigkeit abhängt.

b) Die Arbeitsmarktsituation in Deutschland stellt sich in M 37 (S. 182 f.) deutlich positiver dar als in anderen EU-Staaten. Arbeite heraus, welche Gründe dafür angeführt werden. Beziehe dabei auch Info 5 (S. 185 f.) ein.

c) Häufig verweisen die Regierenden der Nationalstaaten beim Problem der Arbeitslosigkeit auf die EU. Analysiere auf der Grundlage von M 38 (S. 183 f.) und M 39 (S. 184) die Handlungsmöglichkeiten der EU und erkläre, ob die Vorschläge geeignet sind, das Problem der Jugendarbeitslosigkeit zu lösen.

a) Finde mindestens fünf Gründe, warum junge Menschen aus dem europäischen Ausland nach Deutschland kommen (M 37, S. 182 f.).

b) Beschreibe verschiedene Probleme, vor denen Zuwanderinnen und Zuwanderer stehen, die in Deutschland arbeiten wollen (beachte dabei auch M 38, S. 183 f. und M 39, S. 184).

Verteilt die Fallbeispiele aus M 35 (S. 181) in der Klasse. Bereitet in Gruppen anhand der Unterrichtsmethode „Rollenspiel" (S. 220) ein Gespräch vor, in dem ihr klärt, worin bei den einzelnen Fallbeispielen jeweils Chancen und Probleme liegen könnten.

VERTIEFEN

▲ 1, 2, 3a, 3b, 4, 5   ▲▼ 1, 2, 3a, 3c, 4b, 5   ▲▼▲ 1b, 1c, 2, 3a, 3c, 4b, 5

Der europäische Binnenmarkt

Info 5

Betrachtet man die Wirtschaftskraft, so ist der europäische → **Binnenmarkt** der größte der Welt. Hier gelten die vier Freiheiten:
- Freier Warenverkehr
- Freier Dienstleistungsverkehr
- Freier Personenverkehr
- Freier Kapitalverkehr

Für den europäischen Binnenmarkt gelten also gleiche Freiheiten wie innerhalb der einzelnen Staaten der Europäischen Union. Die Bürgerinnen und Bürger der EU können z. B. im gesamten Binnenmarkt einkaufen, arbeiten sowie Dienstleistungen anbieten oder in Anspruch nehmen. Italienischer Parmesan im Discounter in Karlsruhe, ein französisches Restaurant in Biberach, eine niederländische Bankfiliale in Offenburg oder ein Arbeitsplatz einer Bayerin/eines Bayern in Österreich oder in Tschechien sind so innerhalb des europäischen Binnenmarktes möglich. Zu diesem europäischen Wirtschaftsraum gehören neben den EU-Staaten auch Norwegen, Island und Lichtenstein.

Die Voraussetzungen, um die Freiheiten des europäischen Binnenmarktes gewährleisten zu können, sind kompliziert. Beispielsweise müssen überall innerhalb des Binnenmarktes die Vorschriften für Waren, Dienstleistungen, zur Sicherheit von Produkten oder auch die Ausbildungsstandards vereinheitlicht werden. Schließlich kann sich eine spanische Bauunternehmerin in Deutschland niederlassen oder ein deutscher Bauunternehmer in Spanien – die Standards und die Güte der Dienstleistungen am Bau sollten in diesem Beispiel überall nahezu gleich sein. Ebenso erwartet man beispielsweise die gleiche Sicherheit von einem lettischen wie von einem griechischen Kinderspielzeug. Um dies sicherzustellen, gibt es innerhalb des Binnenmarktes der EU Anpassungsvorschriften. Somit darf ein Produkt, das in einem EU-Mitgliedsland legal auf den Markt gebracht worden ist, auch in allen anderen EU-Ländern frei verkauft werden. Zum Binnenmarkt gehört auch die Chancengleichheit für Unternehmen aus dem EU-Ausland mit inländischen Firmen, sie dürfen bei Ausschreibungen und bei der Auswahl nicht benachteiligt werden.

In der EU sollen Monopole abgeschafft werden, die es früher teilweise auf nationaler Eben
im öffentlichen Bereich gab (z. B. Post, Bahn, Nahverkehr, Telekommunikation). Auch hier so
len inländische, genauso wie alle anderen Unternehmen aus EU-Staaten günstige Angebot
machen können und Aufträge erhalten. So erhöht sich die Auswahl für die Bürgerinnen un
Bürger, die Unternehmen müssen sich dagegen einer europaweiten Konkurrenz stellen.
Innerhalb des europäischen Binnenmarktes gibt es große wirtschaftliche und Einkommens
unterschiede. Unter anderem, um die eigenen Arbeitskräfte vor zu günstiger Konkurrenz au
dem Ausland zu schützen, gibt es in vielen Ländern der EU Mindestlöhne. Die Arbeitslosigke
hat sich seit der weltweiten Wirtschafts- und Finanzkrise der Jahre 2008 und 2009 innerhal
der EU sehr unterschiedlich entwickelt. Dabei ergriffen die Nationalstaaten unterschiedlich
Maßnahmen zur Abschwächung der negativen Folgen der Krise, auch innerhalb der EU wurde
seitdem zahlreiche Maßnahmen zur Problemlösung ergriffen. Die Ursachen der Wirtschafts
und Finanzkrise lagen jedoch nur teilweise bei den EU-Staaten selbst. Bei ihren Bemühunge
die nach wie vor bestehenden Negativfolgen abzuschwächen bzw. zu beseitigen, stoßen di
Nationalstaaten wie auch die gesamte Europäische Union immer wieder an die Grenzen ihre
Handlungsfähigkeit im europäischen und globalen Kontext.

Gemeinsam statt einsam – die europäische Wirtschafts- und Währungsunion

In Deutschland löste der Euro 2002 die D-Mark als Zahlungsmittel im Bargeldverkehr ab. B
2019 sind 19 von 28 Ländern der Europäischen Union (EU) der Europäische Währungsunio
(EWU) beigetreten. Dies bedeutet, dass sie ihre alte Landeswährung abgeschafft und den Eur
eingeführt haben. Diese Länder bilden gemeinsam die sogenannte Eurozone. Was hat sie zu
einem Beitritt bewegt? Welche Vor- und Nachteile hat die gemeinsame Währung?

M 40

● **PERLEN IM NETZ**

https://www.planet-schule.de/sf/filme-online.php?film=9212

Mithilfe dieses Films können wichtige Informationen zur EU wiederholt werden: Die Bedeutung und Funktion der EU, ihre Entstehung und ihr Aufbau sowie ihre Arbeitsweise. Dazu können auch einzelne Kapitel angesteuert werden.

Der Weg zur Wirtschafts- und Währungsunion

Beginn der Endstufe der WWU: 01.01.1999

Europäische Zentralbank „Eurosystem" Nationale Zentralbanken

Abgestimmte, stabilitätsorientierte Wirtschafts- und Finanzpolitik

Unabhängige, einheitliche Geld- und Wechselkurspolitik

Voraussetzungen für die Aufnahme in die WWU:

Stabiles Preisniveau	Gesunde Staatsfinanzen	Stabiles Wechselkurse	Wirtschaftliche Konvergenz
Die Inflationsrate liegt um maximal 1,5 Prozentpunkte höher als in den drei „preisstabilsten" EU-Mitgliedstaaten.	Das jährliche Defizit beträgt höchstens 3 %, die gesamte Staatsschuld höchstens 60 % des Bruttoinlandsprodukts.	Teilnahme am EWU-Wechselkursverbund seit mindestens zwei Jahren ohne große Kursschwankungen.	Die langfristigen Zinsen liegen um max. zwei Prozentpunkte höher als in den drei „preisstabilsten" EU-Mitgliedstaaten.

M41 Schwankende Wechselkurse

Eine US-amerikanische Fluggesellschaft möchte ihre Flotte vergrößern und bestellt bei einem europäischen Hersteller mehrere Flugzeuge eines neuen Modells. Die beiden vereinbaren, dass die Flugzeuge am Tag der Lieferung bezahlt werden. Wenn der Wechselkurs zwischen Euro und Dollar schwankt, können die Kosten für die Flugzeuge für die Fluggesellschaft unterschiedlich hoch sein. Vereinbart wurde ein Kaufpreis von 100 Millionen US-Dollar. Der Hersteller möchte im Oktober 2019 liefern, rechnet mit Produktionskosten von 60 Millionen Euro und einem Wechselkurs von 1 Euro zu 1,5 US-Dollar.

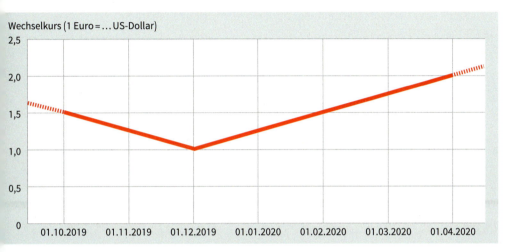

M42 Der Euro – Nutzen und Herausforderung

Seit es den Euro gibt, müssen Touristinnen und Touristen kein Geld mehr wechseln, wenn sie in ein anderes Euroland reisen. Auch Unternehmen können ihre Geschäfte seitdem leichter abwickeln. Früher musste man die D-Mark in Franc umtauschen, um z. B. in Frankreich bezahlen zu können. Kam es zu Schwankungen des Tauschkurses, konnte das die Geschäfte zwischen den Ländern erschweren. Diese Schwankungen waren nur schwer vorherzusehen. Mit dem Euro gibt es dieses Risiko nicht mehr. Durch den Euro kann man Preise von Waren und Dienstleistungen in den Euroländern besser vergleichen. Jeder kann sofort erkennen, ob ein Auto oder eine Hotelübernachtung in Deutschland genauso teuer ist wie in anderen Euroländern.

Eine gemeinsame Währung bedeutet auch, dass nicht mehr jedes Land seine Geldpolitik selbst festlegen kann. Das kann vor allem dann problematisch sein, wenn sich die Wirtschaft der Länder unterschiedlich entwickelt. So benötigt ein Land in einer schwierigen Lage eher niedrigere Zinsen als ein Land, in dem die Wirtschaft boomt. Seit der Währungsunion gibt es aber nur noch einen Zinssatz für alle europäischen Mitgliedsstaaten, so dass die notwendigen Anpassungen anders erfolgen müssen. Vor allem in der Wirtschafts-, Finanz-, und Lohnpolitik müssen Staaten stärker und flexibler reagieren als dies vor der Einführung des Euro nötig war, um Probleme im Inland zu vermeiden oder sie zumindest abzuschwächen. Es gefällt nicht allen, dass man keine Zinspolitik mehr für das eigene Land machen kann.

EINSTEIGEN

1. a) Beschreibe auf der Grundlage von M 40 (S. 186) mit eigenen Worten, welche Kriterien Staaten erfüllen müssen, um in die Wirtschafts- und Währungsunion aufgenommen zu werden.
   b) Nenne die Politikbereiche, die von den Kriterien der Wirtschafts- und Währungsunion betroffen sind (M 40, S. 186).

2. a) Untersuche die Folgen der Währungsschwankungen in M 41 (S. 187). Berechne dazu, wie sich diese Schwankungen auf den Gewinn des Flugzeugherstellers auswirken, wenn das Geschäft am 1. Oktober 2019, am 1. Dezember 2019 oder am 1. April 2020 abgeschlossen wird.
   b) Erläutere mithilfe von M 41, S. 187, welche Risiken Unternehmen eingehen, die einen Kauf- oder Verkaufspreis in einer anderen Währung vereinbaren.

3. Ein deutscher Großhändler möchte seine Baguettes zukünftig direkt aus Frankreich beziehen. Vergleiche diesen Fall mit dem der Flugzeuge (M 41, S. 187). Untersuche, ob der Handel zwischen Deutschland und Frankreich eher vereinfacht oder erschwert wird, und erkläre womit das zusammenhängt.

WEITERARBEITEN

4. a) Arbeite zusammen mit einer Partnerin/einem Partner die Vor- und Nachteile des Euros heraus (M 42, S. 187). Eine Partnerin/ein Partner fasst die Vorteile, die/der andere die Nachteile zusammen, tauscht euch anschließend aus.
   b) Begründe vor dem Hintergrund von M 41 (S. 187), M 42 (S. 187) deine eigene Meinung zur Wirtschafts- und Währungsunion innerhalb der EU.

VERTIEFEN

5. Die Einführung des Euro war ein langer Prozess. Recherchiere im Internet, wann die ersten Pläne zur Europäischen Währungsunion entstanden sind und sammle wichtige Daten bis zu ihrer Gründung 1999 (siehe Arbeitstechnik „Informationen im Internet recherchieren", S. 214 f.). Markiere auf einer Karte, in welchem Jahr die Mitgliedsländer der Währungsunion den Euro jeweils eingeführt haben.

6. Ein Land möchte gern den Euro als Währung einführen. Eine Regierungsvertreterin bittet dich, die Argumente, die für und gegen einen Beitritt zur Euro-Zone sprechen, in einer Rede vor dem Parlament vorzutragen. Verfasse die Rede. Gehe dabei auch auf Kriterien ein, die für einen Beitritt zur Währungsunion erfüllt werden müssen.

▲ 1, 2, 4a, 5   ▲▼ 1, 2, 3, 4, 5   ▲▼▲ 1, 2, 3, 4b, 6

Die Hüterin des Geldes – die Europäische Zentralbank (EZB)

Die meisten Staaten der Erde verfügen über eine eigene Zentralbank. Sie lässt Banknoten drucken und bringt diese in Umlauf. Unter anderem durch die Regulierung der Geldmenge, die insgesamt im Umlauf ist, sichert die Zentralbank eine relativ große Preisstabilität und damit die Funktionsfähigkeit des Geldwesens im eigenen Land. Sie vergibt außerdem Kredite an die Geschäftsbanken und legt dafür Zinsen fest. Auch dadurch kann sie versuchen, wichtige Ziele der Währungspolitik, wie z. B. Geldwertstabilität, zu erreichen.

M43 Inflation und Deflation

Inflation und Deflation sind wichtige wirtschaftliche Phänomene, die sich negativ auf die Volkswirtschaft auswirken. Inflation wird im Grunde definiert als ein allgemeiner oder breit angelegter Anstieg der Preise für Waren und Dienstleistungen über einen längeren Zeitraum hinweg, der zu einem Wertverfall des Geldes und damit zu einem Verlust seiner Kaufkraft führt. Deflation wird häufig als das Gegenteil von Inflation definiert, nämlich als eine Situation, in der das allgemeine Preisniveau über einen längeren Zeitraum hinweg zurückgeht. Wenn weder Inflation noch Deflation besteht, können wir sagen, dass Preisstabilität herrscht, sofern die Preise im Durchschnitt weder steigen noch sinken, sondern im Zeitverlauf stabil bleiben. Wenn man zum Beispiel für 100 Euro den gleichen Warenkorb kaufen kann wie vor beispielsweise ein oder zwei Jahren, kann diese Situation als absolute Preisstabilität bezeichnet werden.

Aus: Gerdesmeier, Dieter: Preisstabilität: Warum sie für dich wichtig ist. Lehrerheft. Herausgegeben von der Europäischen Zentralbank. Frankfurt/Main 2011, S. 21, online: http://www.ecb.int/ecb/educational/pricestab/shared/movie/EZB_Booklet_2011_DE_web.pdf?542249019169 e4bc340f8e29c8b [zuletzt: 12.06.2019]

M44 Die Hyperinflation von 1923

Eine schwere Bewährungsprobe erwartete die junge Weimarer Republik im Schicksalsjahr 1923. Deutschlands Wirtschaft lag in Scherben, der Staat war pleite. Um dennoch seinen Zahlungsverpflichtungen nachzukommen, wurde die Notenpresse angeworfen, bis sie heiß lief: In Deutschland explodierte die Inflation. [...]

Beispiele für den Preisverfall

Am 9. Juni 1923 kostete in Berlin:
1 Ei – 800 Reichsmark
1 Liter Milch – 1440 Reichsmark
1 Kilo Kartoffeln – 5000 Reichsmark
1 Straßenbahnfahrt – 600 Reichsmark
1 Dollar entsprach 100 000 Reichsmark.

Am 2. Dezember 1923 kostete in Berlin:
1 Ei – 320 Milliarden Reichsmark
1 Liter Milch – 360 Milliarden Reichsmark
1 Kilo Kartoffeln – 90 Milliarden Reichsmark
1 Straßenbahnfahrt – 50 Milliarden Reichsmark
1 Dollar entsprach 4,21 Billionen Reichsmark.

Schubkarren voller Geld
Die Menschen rechneten bald in Bündeln statt Scheinen. Geld wurde in Schubkarren transportiert, Bündel als Heizmaterial zweckentfremdet, die Rückseite als Schmierpapier benutzt. [...]

Ende mit Schrecken
Auf dem Höhepunkt der Inflation wurde im November 1923 eine neue Währung geschaffen: die Rentenmark, ab Oktober 1924 schließlich die Reichsmark. [...]

Aus: Delvaux de Fenffe, Gregor: Die Hyperinflation von 1923, online: http://www.planet-wissen.de/geschichte/deutsche_geschichte/weimarer_republik/pwiediehyperinflationvon100.html [zuletzt: 27.09.2017]

M45 Auswirkungen von Inflation und Deflation

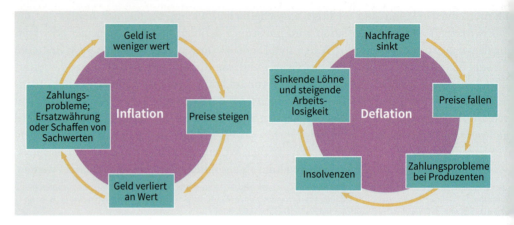

M46 Der Aufbau der Europäischen Zentralbank

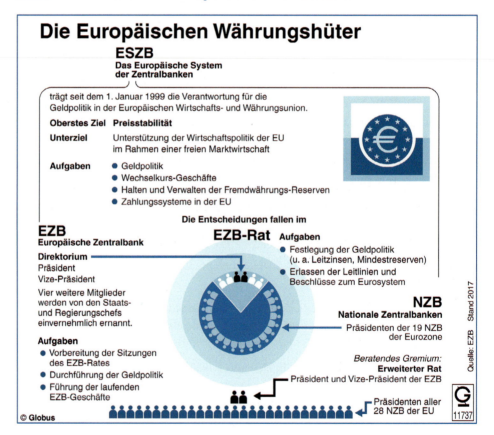

M47 Steuerungsinstrument der EZB: der Leitzins

Notenbank EZB senkt Leitzins auf Null und pumpt mehr Geld in Märkte. […]
Konjunkturflaute, Mini-Inflation, schwacher Euro? Die Sorgen um die wirtschaftliche Entwicklung in Europa waren zuletzt fast aus dem Blickfeld geraten. Bis Donnerstag: In einem drastischen Schritt senkte die Europäische Zentralbank (EZB) den Leitzins auf einen historischen Tiefstwert: von zuvor 0,05 Prozent auf 0,0 Prozent!

Doch nicht nur das: Die EZB öffnete zugleich ihre Geldschleusen noch ein Stück weiter. Statt bisher 60 Milliarden pumpt sie künftig 80 Milliarden Euro pro Monat in den Kauf von Staatsanleihen und anderen Wertpapieren. Damit wächst das Gesamtvolumen des Anleihekaufprogramms auf 1,74 Billionen Euro. Außerdem wurde der Strafzins [Negativzins] für Geschäftsbanken, die kurzzeitig Geld bei der EZB parken, nochmals von 0,3 auf 0,4 Prozent erhöht.

Geld-Hammer der EZB
Der Geld-Hammer der EZB! Mit aller Macht stemmen sich Europas Währungshüter gegen Preisverfall und Konjunkturschwäche. Gestern musste die Notenbank ihre Inflationserwartung für das laufende Jahr deutlich von 1,0 auf 0,1 Prozent senken. Angepeilt sind eigentlich zwei Prozent. Und bei dem niedrigen Niveau wird es bleiben.
„Wegen der Ölpreisentwicklung sind sehr niedrige oder sogar negative Inflationsraten in den kommenden Monaten unvermeidlich", erklärte EZB-Chef Mario Draghi (68) in Frankfurt. Deshalb würden auch die Zinsen „für eine sehr lange Zeit niedrig bleiben".

Doch was heißt das für unser Geld? […]
Sparer: Das auf Dauer niedrige Zinsniveau ist schlecht für Sparer, die in Deutschland traditionell vor allem auf Tagesgeld, Festgeld und Sparbuch setzen. Die Zinsen für entsprechende Anlagen haben sich in den letzten drei Jahren halbiert. Tendenz fallend.
Verbraucher: Greifen die Maßnahmen der EZB, werden die Verbraucherpreise wieder anziehen. Der […] schwache Euro hatte zuletzt Importgüter aus dem Nicht-EU-Ausland immer teurer werden lassen. Gleiches gilt für Urlaub in den USA und vielen asiatischen Ländern.
Häuslebauer: Kreditnehmer profitieren von den Niedrigzinsen – für sie wird es günstiger. Allerdings warnte Deutsche-Bank-Chef John Cryan jüngst: Wenn die Zinsen negativer würden, müssten Banken höhere Zinsen für Kredite fordern.
Lebensversicherungen: Sie leiden schon seit geraumer Zeit unter den Niedrigzinsen und werfen immer weniger ab. Jetzt kommen noch die Strafzinsen der EZB hinzu. Versicherer können ihre hohen Garantieversprechen kaum noch erwirtschaften.
Unser Geld: Kritiker bemängeln, die EZB mache mit ihrer Geldpolitik das Schuldenmachen billiger. Letztlich würden Staatsschulden mit der Notenpresse finanziert. Andererseits profitiert Europas und nicht zuletzt die deutsche Exportwirtschaft: Unsere Waren werden im Ausland billiger, das sichert Jobs bei uns. […]

Aus: B.Z. 10.03.2016 „Was bedeutet die EZB-Entscheidung? – Draghi schafft Zinsen ab: EZB senkt Leitzins auf Null Prozent" (https://www.bz-berlin.de/welt/draghi-schafft-zinsen-ab-ezb-senkt-leitzins-auf-null-prozent http://www.bz-berlin.de/welt/draghi-schafft-zinsen-ab-ezb-senkt-leitzins-auf-null-prozent [zuletzt: 14.06.2019]

M48 Auf wen sich die Geldpolitik der EZB auswirkt

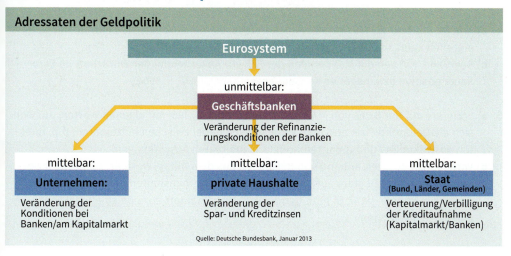

Quelle: Deutsche Bundesbank, Januar 2013

M 49 Leitzinsentwicklungen in der Eurozone und in den USA

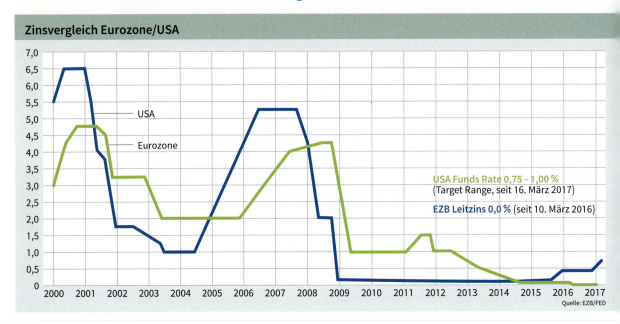

EINSTEIGEN

1. Erkläre mithilfe von M 43 (S. 189) die Begriffe Inflation und Deflation in eigenen Worten.

2. a) Erläutert auf der Basis von M 44 (S. 189) und M 45 (S. 190) zu zweit, aus welchen Gründen es in der Weimarer Republik im Jahr 1923 zu einer Hyperinflation, d. h. einer äußerst starken Inflation, gekommen war und welche Folgen dies damals hatte.
   b) Beschreibe anhand von M 45 (S. 190) mit eigenen Worten, welche Auswirkungen eine Deflation im Unterschied zu einer Inflation hat.

3. a) Beschreibe das Diagramm M 46, S. 190 (siehe Arbeitstechnik „Diagramme beschreiben", S. 212). Notiere dir Ziele der Europäischen Zentralbank und die Maßnahmen, die sie ergreifen kann.
   b) Erkläre, welches Gremium der Europäischen Zentralbank die Entscheidungen trifft und welche Personen in diesem Gremium vertreten sind (M 46, S. 190). Bewerte anschließend, wie stark sich einzelne EU-Staaten in die EZB einbringen können.

WEITER-ARBEITEN

4. a) Arbeite aus M 47 (S. 190 f.) Maßnahmen heraus, die die Europäische Zentralbank (EZB) ergreifen kann, um die Wirtschaft im Euro-Raum anzukurbeln.
   b) Begründe, für wen die Maßnahmen der EZB zur Ankurbelung der Wirtschaft im Euro-Raum positive bzw. negative Konsequenzen haben (M 47, S. 190 f.).

5. a) Erläutere auf der Basis von M 48 (S. 191) und Info 6 (S. 195) mit eigenen Worten, auf wen sich die Geldpolitik wie auswirkt. Unterscheide dabei zwischen mittelbaren, d. h. direkten Auswirkungen und unmittelbaren, d. h. indirekten Auswirkungen.
   b) Verdeutlicht zu zweit anhand von Beispielen aus dem Alltag, weshalb sich Leitzinsveränderungen der EZB stark auf die Finanzen von Privathaushalten und Unternehmen auswirken können (M 47, S. 190 f. und M 48, S. 191). Erläutert eure Beispiele anschließend einem Partnertandem.

6. a) Vergleiche auf der Grundlage von M 49 (S. 192) und Info 6 (S. 195) die Entwicklung des Leitzinses in der Eurozone und den USA (siehe Arbeitstechnik „Diagramme beschreiben", S. 212).
b) Erkläre ausgehend von M 49 (S. 192), in welchen Jahren es in den USA sehr wahrscheinlich zur Inflation gekommen war (siehe auch M 45, S. 190).

7. Bildet Gruppen mit drei bis fünf Schülerinnen und Schülern und informiert euch zu M 44 (S. 189) auf den Internetseiten www.planet-wissen.de und www.dhm.de über die Ursachen und Entwicklungen der Inflationskrise von 1923. Haltet eure Ergebnisse auf Plakaten fest und präsentiert diese in der Klasse.

VERTIEFEN

8. Die EZB ist eine unabhängige Einrichtung. Nenne Gründe, warum die EZB keinem einzelnen Staat und auch nicht anderen politischen Gremien der EU unterstellt ist. Welche Vor- und Nachteile kann eine solche Unabhängigkeit mit sich bringen?

9. Entwickle mithilfe der Arbeitstechnik „Ein Strukturmodell erstellen" (S. 193 f.) ein Strukturmodell zum Thema Inflation oder zum Thema Deflation (siehe M 45, S. 190 und Info 6, S. 195). Suche anschließend eine Partnerin/einen Partner, die bzw. der das jeweils andere Thema bearbeitet hat. Stellt euch eure Ergebnisse gegenseitig vor und klärt offene Punkte.

▲ 1, 2, 3, 4, 5a, 9   ▲▼ 1, 2, 3, 4, 5, 6a, 7, 9   ▲▼▲ 1, 2b, 3, 4b, 5, 6, 7, 8, 9

Ein Strukturmodell erstellen

Arbeitstechnik

Umfangreiche Sachverhalte, bei denen mehrere Beteiligte untereinander in Beziehung stehen, lassen sich mithilfe eines Strukturmodells übersichtlich anordnen. Diese visualisierende Darstellung erleichtert das Verständnis. Ein Strukturmodell ist somit eine auf das Wesentliche reduzierte, grafische Darstellung eines komplexen Sachverhalts mit mehreren untereinander agierenden Akteuren. Dabei werden Aufbau und Beziehungen der Akteure mithilfe von geometrischen Figuren (z. B. Kreise, Rechtecke, Pfeile) und deren stichwortartigen Beschriftung erläutert.

Schritt 1: Wie werden Inhalte eines Strukturmodells ausgewählt?
Dazu untersucht man den Ausgangstext bzw. die Ausgangstexte, aus dem oder denen ein Strukturmodell entstehen soll, nach den wichtigsten Faktoren bzw. Akteuren und deren Aufgaben bzw. Beziehungen untereinander und schreibt sie heraus. In einem Text, z. B. über den Verlauf eines Gerichtsverfahrens, können dies die am Verfahren Beteiligten sein. Wenn es beispielsweise um die Darstellung des Aufbaus eines Unternehmens geht, werden die einzelnen Abteilungen eine wichtige Rolle spielen. Auch Beziehungen zwischen wirtschaftlichen Akteuren oder Faktoren lassen sich in einem Strukturmodell darstellen, wie das folgende Beispiel zeigt.

Ein wichtiger Ansatzpunkt der Geldpolitik ist der Bedarf der Geschäftsbanken an Zentralbankgeld. Dieser Bedarf ergibt sich u. a. daraus, dass die Bankkundinnen und -kunden Bargeld nachfragen und die Geschäftsbanken somit immer wieder Geld von der Zentralbank für die Abwicklung des Zahlungsverkehrs benötigen.

Dafür vergibt die Europäische Zentralbank an die Geschäftsbanken üblicherweise Kredite. Das Monopol der Europäischen Zentralbank im Euroraum neues Geld in Umlauf bringen zu können, ist ein wichtiger Hebel, mit dem sie auf die Geschäftstätigkeit der Banken Einfluss nimmt.

Wenn der sogenannte Leitzinssatz im Euroraum von der Europäischen Zentralbank erhöht wird, so müssen die Banken mehr für das Ausleihen von Zentralbankgeld zahlen. Diese höheren Kosten geben die Banken dann in Form steigender Kreditzinsen an ihre Kundinnen und Kunden weiter. Die Bankkundinnen und Bankkunden nehmen in der Folge der höheren Zinsen dann weniger Kredite auf, dadurch sinkt die gesamtwirtschaftliche Nachfrage.

Mittels des Instruments des Leitzinses kann die Europäische Zentralbank die Gefahren einer zu starken Inflation verringern. Weitere wichtige Faktoren, die Auswirkungen auf die wirtschaftliche Lage im Euroraum haben können, sind die Inflationserwartungen und die Forderungen von Gewerkschaften nach höheren Löhnen. Durch sie können Preis-Lohn-Spiralen entstehen, d. h. dass sowohl die Preise als auch die Löhne ständig steigen. Dies kann die Preisstabilität gefährden. Wirkt die Europäische Zentralbank dem entgegen, indem sie den Leitzins anhebt, so steigert dies auch die Attraktivität für ausländische Anleger. Denn die höhere Nachfrage aus dem Ausland wertet die Eurowährung auf und macht Importe in den Euroraum tendenziell günstiger, Exporte in Nicht-EU-Staaten hingegen teurer. Der umgekehrte Effekt tritt auf, wenn die Europäische Zentralbank den Leitzins senkt.

Die verschiedenen Impulse der Europäischen Zentralbank wirken unterschiedlich schnell, dadurch sind die Ergebnisse nicht immer sicher vorherzusagen. Außerdem beeinflussen sich die verschiedenen Prozesse auch noch gegenseitig. Deshalb kann die Europäische Zentralbank nicht nur Entscheidungen in der Hoffnung fällen, dass gewünschte Effekte auf die Wirtschaft eintreten. Vielmehr muss sie auch die wirtschaftlichen Entwicklungen im Euroraum und auf globaler Ebene stets beobachten. Wirkt eine Maßnahme der Europäischen Zentralbank nicht wie gewünscht, muss sie möglicherweise erneut korrigierend eingreifen.

Schritt 2: Wie werden die Informationen in ein Strukturmodell übertragen?

Zur Erstellung eines Strukturmodells nimmt man ein Konzeptblatt und verteilt darauf gleichmäßig die Faktoren oder Akteure. Dann verbindet man die Bestandteile, die untereinander in Beziehung stehen mit Linien oder Pfeilen. An die Linien oder Pfeile schreibt man dann die Art der Beziehung. Nun kann man erkennen, ob die Verbindungen übersichtlich gestaltet sind. Wenn nicht, verschiebt man die Akteure so lange, bis sich eine insgesamt übersichtliche Darstellung ergibt. Im Fall der Leitzinsänderung kann diese Darstellung so aussehen:

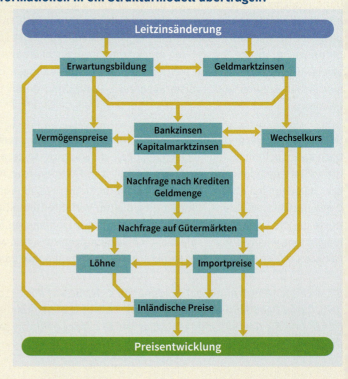

Die Europäische Zentralbank

Info 6

Die → **Europäische Zentralbank** ist die gemeinsame Bank aller Staaten der EU, die an der **Europäischen Währungsunion** teilnehmen und den Euro als Zahlungsmittel verwenden. Die Europäische Zentralbank (kurz EZB) wurde 1998 gegründet und hat ihren Sitz in Frankfurt am Main. Sie ist unabhängig, das bedeutet, dass keine Regierung ihr Anweisungen geben oder Vorschriften machen darf. Für die Stabilität des Euros zu sorgen, ist die wichtigste Aufgabe der EZB; die Währung der Eurozone soll ihren Wert immer behalten. Dazu wird die Preisentwicklung in allen Euroländern von der EZB beobachtet. Neben der Preisstabilität, die im Vertrag von Maastricht als oberstes Ziel festgelegt ist, ist die **Unterstützung der Wirtschaftspolitik der EU** ein weiteres Ziel. Da nicht alle EU-Staaten zur Währungsunion gehören, wird zwischen dem Eurosystem und dem Europäischen System der Zentralbanken (ESZB) unterschieden. Dem ESZB gehören neben den Zentralbanken der Länder, die den Euro eingeführt haben, auch alle anderen Zentralbanken der EU-Länder an. Die Währungsunion startete 1999 zunächst mit elf Staaten, seither sind weitere acht Staaten hinzugekommen. Die anderen EU-Staaten führen den Euro ein, sobald sie die **Konvergenzkriterien** erfüllen. Ausnahmen bilden Dänemark und Großbritannien, die den Euro bisher auf eigenen Wunsch hin nicht eingeführt haben. Die Konvergenzkriterien regeln Kriterien, die ein Land erfüllen muss, um den Euro einführen zu können. Dazu gehören

- **Preisstabilität:** Die Inflationsrate darf nicht mehr als 1,5 % über der Inflationsrate der drei preisstabilsten Euroländer liegen.
- **Höhe der langfristigen Zinsen:** Die langfristigen Zinssätze dürfen nicht mehr als 2 % über denen der drei preisstabilsten Mitgliedsländer liegen.
- **Haushaltsdisziplin:** Das Staatsdefizit darf nicht mehr als 3 % des Bruttoinlandsproduktes (BIP) eines EU-Staates ausmachen und die Gesamtschulden nicht höher als 60 % des BIP des EU-Staates sein.
- **Wechselkursstabilität:** Der Wechselkurs darf zwei Jahre lang nicht stark schwanken.

Auch nach dem Beitritt eines Staates zur Eurozone müssen diese Kriterien erfüllt werden.
Die EZB steuert vor allem die Geldmenge. Dabei muss das Geld einerseits so knapp sein, dass dessen Wert nicht leidet, und andererseits muss die Wirtschaft ausreichenden Zugang zu Geld haben, um ihre Geschäfte abwickeln zu können. Die **Steuerung der Geldmenge** erfolgt über Maßnahmen zur Beeinflussung der Zinssätze und durch die Liquiditätspolitik gegenüber den Banken, d.h. durch Entscheidungen der Zentralbank wie viel Geld sie den Geschäftsbanken zur Verfügung stellt. Erhöht die Zentralbank den **Leitzins**, also den Zinssatz, den die Geschäftsbanken bezahlen müssen, um sich Geld bei der Zentralbank zu beschaffen, geben diese die Steigerung, wenn auch teilweise zeitversetzt, an ihre Kundinnen und Kunden weiter. Dann nehmen weniger Unternehmen und Privatpersonen Kredite auf, da sich diese für die Kundinnen und Kunden der Banken verteuern. Bei sinkendem Leitzins, sinken dagegen auch die Zinsen der Geschäftsbanken und es werden mehr Kredite aufgenommen; dadurch steigt auch die Konsumgüternachfrage der privaten Haushalte.
Verliert das Geld an Wert und die Produkte werden teurer, spricht man von **Inflation**. Sie wird an einem Preisindex gemessen, der die Preisveränderung verschiedener Produkte berücksichtigt. Die prozentuale Veränderung des Preisindexes wird gemessen und daraus die Inflationsrate berechnet. In der Folge steigen auch die Löhne, was mit weiteren Preissteigerungen verbunden ist. Der umgekehrte Effekt wird **Deflation** genannt.
Die Euro-Münzen werden von der EZB genehmigt und die Geldscheine von ihr gedruckt und ausgegeben. Die EZB darf keiner Regierung Vergünstigungen oder Kredite gewähren.

5. Total global? – Wirtschaftliche Chancen und Herausforderungen der Globalisierung

Eine Welt – eine Wirtschaft?

Entwicklungen unterschiedlichster Art führen dazu, dass die Welt in verschiedenen Bereichen, wie z. B. der Wirtschaft, der Politik oder der Kommunikation, immer stärker verflochten wird. Dies wird mit dem Begriff „Globalisierung" bezeichnet. Doch welche Folgen ergeben sich aus der Globalisierung für dich? Und denkst du, die Globalisierung bietet dir eher Vorteile oder Nachteile?

M 50 Der globale Supermarkt

Vor allem unser Essen kommt aus aller Welt. Egal, ob Sommer oder Winter, Erdbeeren finden wir immer im Supermarkt. Mal kommen sie von den heimischen Feldern, mal aus Spanien. Die Äpfel kommen im Winter z. B. aus Südafrika oder Israel, Kiwis aus Neuseeland, die meisten Orangen aus Spanien, Italien, der Türkei, Griechenland und Marokko. Aus Japan und China stammen Kakis oder Sharonfrüchte, sie werden heute aber auch in Israel, Italien und Florida angebaut. Kaffee beziehen wir beispielsweise aus Kolumbien, Brasilien oder Costa Rica oder den Tee aus Indien. Neben Butter aus Deutschland wird auch Butter aus Holland oder Irland angeboten. Wir kaufen den Käse aus der Schweiz, aus Frankreich oder Holland und Schinken z. B. aus Italien. Bei vielen Produkten, die wir kaufen, machen wir uns oft nicht bewusst, welche Reise sie schon hinter sich haben.

M 51 Globalisierung in Bildern

M52 Dimensionen der Globalisierung

Kommunikation	Wirtschaft	Kultur	Politik	Umwelt
• Internet • Informationsfreiheit • Aufhebung von räumlicher und zeitlicher Distanz • …	• Ausweitung des Welthandels • internationale Arbeitsteilung • sinkende Transportkosten • kurze Produktzyklen • Standortkonkurrenz • transnationale Konzerne • erhöhte Mobilität von Arbeitskräften • …	• weltweite Verbeitung von bestimmten Marken (z.B. Ikea, Nestlé, McDonald's, Coca-Cola) • Musik aus aller Welt • Weltliteratur • …	• Zunahme der Bedeutung internationaler Institutionen (UNO, G8/G9, Weltbank, IWF, WTO) • Souveränitätsverluste nationaler Staaten • weltweite Migration • internationaler Terrorismus • …	• globale Umweltverantwortung • Klimawandel • …

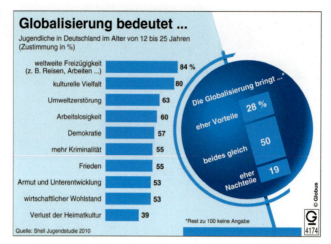

M 54 Standortfaktoren als Ausschlag für Standortentscheidungen

Reporter: Der Bürgermeister und der Ministerpräsident sind ganz glücklich darüber, dass Sie sich entschieden haben, ihre neue Fabrik hier zu bauen. Was hat Sie dazu bewogen?

Unternehmerin: Da war zunächst die Werbewirksamkeit des Standorts. „Made in Germany" steht immer noch für Qualität. Dazu kam die gute Infrastruktur: Es gibt ausreichend Ver- und Entsorgungseinrichtungen, auch Anbieter von beruflicher Aus- und Weiterbildung sind vorhanden. Und nicht zu vergessen ist die gute Verkehrsanbindung, wie z. B. die Anbindung an die Autobahn und die Nähe zum Flughafen. Schließlich exportieren wir weltweit und sind darauf angewiesen, unsere Waren in alle Welt zu bringen. Schön wäre natürlich noch ein Hafen gewesen. Aber man kann nicht alles haben.

Reporter: Ist man Ihnen von Seiten der Politik entgegengekommen? Denn sicherlich sind die Lohnkosten hier im Vergleich zu anderen Ländern deutlich höher.

Unternehmerin: Das ist richtig. Aber dafür ist die politische und soziale Situation hier im Vergleich zu anderen Ländern besser: Es gibt eine gewisse Stabilität, unsere Investitionen sind sicher und es wird nicht so häufig gestreikt. Auch in Fragen der Mentalität, d. h. in Bezug auf Arbeitseinstellung, Motivation und Leistungsbereitschaft, versprechen wir uns von diesem Standort einiges. Zudem gab es eine öffentliche Wirtschaftsförderung durch Steuerentlastungen und Investitionszulagen. Das Gelände, auf dem die neue Fabrik entsteht, wurde uns zur Verfügung gestellt und für eine gute Verkehrsanbindung gesorgt. Und die sogenannten Agglomerations- und Fühlungsvorteile sollten nicht unerwähnt bleiben. Es gibt weitere Betriebe aus der gleichen Branche, mit denen wir kooperieren können. Zahlreiche Zulieferer haben hier ihren Firmensitz. Das spart Lieferkosten. Auch von der Hochschule hier versprechen wir uns Impulse für neue Produkte und neue Verfahren.

Reporter: Das klingt ja alles plausibel. Aber es gab doch sicher auch Nachteile abzuwägen?

Unternehmerin: Ja, Sie haben Recht. Wir müssen einiges an Rohstoffen von weit entfernt importieren. Dazu kommen die strengen Umweltauflagen mit hohen Standards, die hohe Kosten verursachen. Und auch die von uns benötigte Energie ist hier natürlich extrem teuer. Aber Sie sollten nicht vergessen, dass ich ja auch aus der Region komme. Da zieht es einen nicht so leicht in die Ferne.

M 55 Globalisierung – Chancen für alle

Die Globalisierung bietet im Grundsatz Chancen für alle. Sie ist bisher verbunden mit stetigem Wachstum für die Länder mit stabilen Regierungen, mit wirtschaftlich aktiver Bevölkerung und dem Willen, sich dem Weltmarkt zu öffnen. Weltweiter Wettbewerb und weltweite Arbeitsteilung, die durch globalen Handel erreicht wird, verbessern die gesamte Wirtschaftsleistung und damit den Wohlstand und sie verbilligen und verbessern die Produkte für die Verbraucher weltweit, die nun von überall her Produkte beziehen können. Globalisierung macht es auch für Entwicklungsländer leichter, am Weltmarktgeschehen teilzunehmen. Export fördert die Entwicklung der Wirtschaft in reichen wie in armen Ländern. Globalisierung erweitert die individuellen Möglichkeiten. Sie verbessert die weltweite Kommunikation. Wissen verbreitet sich schnell. Der Technologietransfer erreicht auch den letzten Winkel der Erde. Als weitere positive Auswirkungen verbreiten sich Ideen von Freiheit, Demokratie und Rechtsstaat. Es wird für Diktaturen schwerer, sich zu behaupten.

Aus: Böge, Wolfgang: Globalisierung – Eine Gegenüberstellung. In: Bundeszentrale für politische Bildung (Hrsg.): Globale Herausforderungen 1., Bonn 2011, S. 201.

M 56 Globalisierung – kein allgemeiner Gewinn

Die Globalisierung bringt keinen allgemeinen Gewinn. Die Weltgesellschaft zerfällt, nicht alle haben Anteil an der Zunahme des Wohlstands, einige Teile werden ganz abgekoppelt oder entwickeln sich viel langsamer als andere. Die Reichen werden bei dem Prozess nur reicher. Die Globalisierung führt zu einer Wachstumsorientierung, die andere Bereiche vernachlässigt, wie Menschenrechte, Demokratie und Umweltschutz. Der immer freiere Handel führt dazu, dass die armen Länder noch weiter ausgebeutet werden, während die reichen Länder ihre Märkte schützen. In den Organisationen haben die reichen Industrieländer die Macht. Sie beeinflussen die Welt, die Organisationen sind aber nicht demokratisch legitimiert. Die Entwicklungsländer sind meist gar nicht beteiligt. Großkonzerne und Banken sammeln viel zu große Macht an. Sie entziehen sich jeder Aufsicht. Die Finanzströme sind keiner Kontrolle mehr unterworfen. Die Globalisierung bringt einen Kulturverlust mit sich und führt auch im Privaten zu einer Destabilisierung der Lebenswelten durch eine Verringerung der Alltagssicherheit.

Aus: Böge, Wolfgang: Globalisierung – Eine Gegenüberstellung. In: Bundeszentrale für politische Bildung (Hrsg.): Globale Herausforderungen 1., Bonn 2011, S. 201.

EINSTEIGEN

1. Liste ausgehend von M 50 (S. 196) auf, wo und wann dir in deinem Alltag Produkte aus anderen Ländern begegnen. Denke dabei nicht nur ans Essen, sondern auch an Kleidung, technische Geräte, etc.

2. a) Ordne die Bilder aus M 51 (S. 196 f.) den Dimensionen der Globalisierung (M 52, S. 197) zu. Finde positive und negative Auslegungen der Bilder.
   b) Nimm die Perspektive eines Unternehmerin/ eines Unternehmers ein: Welche positiven und negativen Auswirkungen ergeben sich für dich durch die Globalisierung in den einzelnen Dimensionen? Denke dabei an die Unternehmensziele (S. 112 ff.).

3. a) Sammelt in Partnerarbeit, was Globalisierung für euch bedeutet.
   b) Beschreibt in Partnerarbeit M 53 (S. 198) mithilfe der Arbeitstechnik „Diagramme beschreiben" (S. 212).
   c) Das Schaubild M 53 (S. 198) stammt bereits aus dem Jahr 2010. Vergleicht zu zweit die in dem Schaubild dargestellten Ergebnisse mit euren heutigen Vorstellungen von Globalisierung aus Aufgabe 3 a). Welche Unterschiede stellt ihr fest? Was hat sich seitdem verändert?

4. Überlegt gemeinsam in der Klasse auf der Grundlage von Info 7 (S. 201) weitere Beispiele für die verschiedenen Dimensionen der Globalisierung (M 52, S. 197).

WEITER-ARBEITEN

5. a) Arbeite aus M54 (S. 198) die Standortfaktoren und die damit verbundenen Chancen und Risiken für Unternehmen auf globalen Märkten heraus.
b) Vergleiche die Standortansprüche eines Industriebetriebes in deiner Region mit den dort gegebenen Standortfaktoren. Informiere dich bei dem Unternehmen, wie es mögliche Standortnachteile auszugleichen bzw. zu mindern versucht (siehe Arbeitstechnik „Betriebserkundung" (S. 90 f.).

6. a) Arbeitet zu zweit: Eine/einer arbeitet aus M55 (S. 198 f.) die Gefahren und negativen Aspekte der Globalisierung heraus, die/der andere aus M56 (S. 199) die Chancen und positiven Aspekte.
b) Versucht die Argumente den einzelnen Dimensionen der Globalisierung (M52, S. 197) zuzuordnen. Führt eure Ergebnisse zusammen.
c) Viele Konsumentinnen/Konsumenten legen großen Wert darauf, lokale Produkte anstelle von importierten Produkten zu kaufen. Erläutert zu dritt ausgehend von M50 (S. 196) und M54 (S. 198) mögliche Gründe für dieses Kaufverhalten. Tauscht euch anschließend darüber aus, welchen Stellenwert lokale Produkte für euer eigenes Konsumverhalten haben.

7. Erkläre mithilfe von Info 7 (S. 201) die Aussage: „Die Dimensionen der Globalisierung lassen sich nicht klar voneinander trennen, sondern stehen vielmehr in enger Wechselbeziehung zueinander."

VERTIEFEN

8. Recherchiert mithilfe der Arbeitstechnik „Informationen im Internet recherchieren" (S. 214 f.) in Kleingruppen nach möglichen Belegen und/oder Beispielen für einzelne Argumente aus M55 (S. 198 f.) und M56 (S. 199). Tragt eure Ergebnisse in eine Tabelle ein.

Dimension	Globalisierung negativ		Globalisierung positiv	
	Argument	Beleg/Beispiel	Argument	Beleg/Beispiel
Kommunikation				
Wirtschaft				
Kultur				
Transport				
Politik				
Umwelt				
…				

9. a) Führt eine Fishbowl-Diskussion (siehe Unterrichtsmethode „Fishbowl", S. 268) zum Thema Chancen und Gefahren der Globalisierung durch.
b) Wertet die Fishbowl-Diskussion in der Klasse aus. Achtet dabei auf folgende Fragen:
– Welche Argumente wurden vorgebracht? Wie wurden sie belegt oder mit Beispielen untermauert?
– Was war überzeugender: Argument oder Art und Geschick des Vortrags?
– Welche Argumente haben in der Fishbowl-Diskussion gefehlt?
– Welche Perspektiven (Betroffene, Akteure, System) wurden in den Argumenten berücksichtigt, welche nicht.

▲ 1, 2, 3, 4, 5, 6, 9   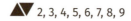 2, 3, 4, 5, 6, 7, 8, 9    3, 6, 7, 8, 9

Dimensionen der Globalisierung

Info 7

Eine allgemein gültige Definition von → **Globalisierung** gibt es nicht. Ganz grundsätzlich wird allerdings mit diesem Begriff die zunehmende weltweite Verflechtung auf verschiedenen Gebieten bezeichnet. Diese Verflechtung wird von Menschen vorangetrieben und betrifft neben jeder und jedem Einzelnen auch die Wirtschaft, Institutionen und Staaten. Dies ist jedoch kein neues Phänomen. Schon zu Zeiten des Römischen Reiches gab es eine Globalisierung. Die Globalisierungsprozesse der Gegenwart zeichnen sich aber durch eine rasante Entwicklung der Informations- und Kommunikationstechnologien, durch eine extreme Verflochtenheit der Handelsbeziehungen sowie durch eine kulturelle Globalisierung aus. Die gegenwärtigen Prozesse der Globalisierung verursachen oder verschärfen aber auch **globale Probleme** wie z. B. Umweltgefährdung, Krankheiten oder Armut.

Vor allem die Entwicklungen auf dem Gebiet der Kommunikationstechnologien, z. B. Telefon oder Computer, haben eine Zusammenarbeit über Grenzen hinweg ohne Zeitverluste ermöglicht. Was heute alltäglich ist, wie die weltweite Kommunikation über das Internet, war vor einigen Jahren noch zeitaufwändig und kostenintensiv. Dazu kam die Entwicklung des Transportwesens. Obwohl es schon sehr lange internationalen Handel gibt, hat erst der Ausbau der verschiedenen Transportmittel, wie z. B. Eisenbahn, Schifffahrt, Straßenverkehr und Luftfahrt, den Handel mit Alltagsgütern befördert. Aber auch die Einigung auf einen Standard wie die Euro-Paletten zwischen den europäischen Eisenbahnen in den 1960er-Jahren oder die Erfindung von Hubwagen oder Gabelstaplern leistete einen Beitrag zur Beschleunigung und Verbilligung des internationalen Handels. Nachdem sich die Kosten für den Transport von Gütern reduziert haben, können Produkte nahezu egal von welchem Ort an jeden beliebigen anderen Ort geliefert werden, ohne sich dramatisch zu verteuern. Vor allem international agierende Unternehmen machen sich diesen Kostenvorteil bei Löhnen, Preisen für Rohstoffe oder Vorprodukte, die später mit anderen Produkten zu einem Endprodukt zusammengesetzt werden, wie z. B. Motoren, Achsen etc. zu Autos, zu Nutze.

Mit der Globalisierung nehmen auch Probleme, wie z. B. Umweltzerstörung oder Terrorismus, zu, die nicht an Ländergrenzen halt machen. Sie können daher auch nicht von einzelnen Staaten im Alleingang gelöst werden. Deshalb haben sich mittlerweile verschiedene internationale Organisationen gebildet, in denen Vertreterinnen und Vertreter der Nationalstaaten gemeinschaftlich versuchen, Problemlösungen zu finden. Dies bezeichnet man als **Global Governance**. Das wichtigste zwischenstaatliche Forum sind heute die Vereinten Nationen und ihre zahlreichen Sonderorganisationen und Programme. Große Bedeutung für den globalen Handel besitzt zudem die Zusammenarbeit der Staaten im Rahmen der Welthandelsorganisation (WTO). Für die Gestaltung einer „Fairen Globalisierung" ist zudem die bereits 1919 gegründete „Internationale Arbeitsorganisation" (ILO) von Bedeutung. Ihr Ziel ist es, die Arbeits- und Lebensbedingungen der Menschen in der ganzen Welt zu verbessern, insbesondere durch das Setzen von Mindeststandards für die Arbeitswelt.

Nicht nur Staaten vernetzen sich, sondern in steigendem Maße kooperieren auch Menschen über Grenzen hinweg. Wichtigster Ausdruck dieser Kooperation ist die Gründung international tätiger **Nichtregierungsorganisationen**, deren Zahl in den vergangenen Jahrzehnten stark angestiegen ist. Sehr erfolgreiche Beispiele sind die Menschenrechtsorganisationen „Amnesty International" und „Transparency International", die sich unter anderem die Bekämpfung von Korruption auf die Fahne geschrieben haben.

Schuhe – ein internationales Produkt

Neben China werden in Indien die meisten Schuhe weltweit hergestellt. Ca. 10 % der gesamten Weltproduktion an Schuhen kommt aus Indien. Mehr als eine Million Menschen sind in der indischen Schuhindustrie und über 2,5 Millionen in der gesamten Lederindustrie tätig. Deutschland zählt zu den Hauptimportländern für Lederwaren und Schuhe aus Indien. Wer sich bewusst machen will, woher seine Schuhe kommen und wie sie hergestellt werden, muss nach Indien blicken.

M 57 Kamakshi (38), Arbeiterin in der Schuhproduktion in Ambur

Kamakshi* […] arbeitet bereits seit 22 Jahren in der Schuhindustrie. Direkt nachdem sie ihre Schulausbildung abgeschlossen hatte, begann sie noch minderjährig mit der Arbeit in einer Schuhfabrik, um das Einkommen ihres Vaters aufzustocken. Auch als verheiratete Frau war sie auf das zusätzliche Einkommen an-gewiesen. Nach Jahrzehnten von Arbeitserfahrung in der Zuschnitt-Abteilung ist sie berechtigt, mindestens 4 500 Rupien (60 Euro) im Monat zu verdienen, ihr Bruttolohn liegt zwischen 7 000 und 9 000 Rupien (94 – 120 Euro) im Monat.

Sie beginnt ihren Tag damit, den häuslichen Pflichten nachzukommen und ihre Kinder zu versorgen, bevor sie zur Arbeit geht. In der Zuschnitt-Abteilung muss sie den ganzen Tag lang stehen, und wird streng von ihrem Aufseher beobachtet, der sicherstellt, dass sie ihren täglichen Soll mit hoher Qualität und möglichst geringem Zuschnittsabfall erfüllt. Auch wenn Kamakshis Fabrik, anders als viele andere Fabriken, über eine Kantine, einen Speisesaal, eine Krankenschwester für Erste Hilfe und eine Kinderkrippe verfügt, schlagen sich die anspruchsvollen Arbeitsbedingungen auf die Gesundheit der ArbeiterInnen nieder.

So berichtet Kamakshi, dass viele ArbeiterInnen durch das lange Stehen an Arthrose erkranken, viele klagen über Gelenkschmerzen. Durch den Geruch des Leders und der Chemikalien leiden viele ArbeiterInnen an Übelkeit, Schwindel und damit zusammenhängender Appetitlosigkeit. Verletzungen gehören zum Arbeitsalltag, insbesondere für die ArbeiterInnen aus der Nähereiabteilung.

Kamakshi beschreibt, dass die Fabrikleitung nachsichtig mit leistungsstarken ArbeiterInnen sei, diese dürfen sich zusätzlich zur halbstündigen Mittagspause weitere kleine Pausen nehmen. Allerdings kritisiert sie, dass es keinen effektiven Beschwerdemechanismus gibt. Sie vermutet eine geheime Absprache zwischen den Angestellten der staatlichen Arbeitsbehörde und der Fabrikleitung. Arbeitsinspektionen finden nur selten statt und tragen nicht dazu bei, dass die ArbeiterInnen ihre Probleme ansprechen können. Kamakshi hat das Gefühl, dass selbst die Gewerkschaft ihrer Fabrik unter dem Einfluss der Fabrikleitung stehen würde.

Mit mehr als zwei Jahrzehnten Arbeitserfahrung und keinen Berufsalternativen in Sicht wünscht sich Kamakshi, dass die Fabrikleitung sich mehr um ihre ArbeiterInnen sorgen würde. […]

Aus: Südwind/Clean Clothes Kampagne (Hrsg.): Auf der Stelle (ge-)treten. Arbeitsrechtsverletzungen in der indischen Schuh- und Lederindustrie. Bonn 2016, S. 4, online: http://www.cleanclothes.at/media/common/uploads/download/factsheet-auf-der-stelle-getreten/FactSheet%20Auf%20der%20Stelle%20(ge)treten,%20Oesterreich_final.pdf [zuletzt: 14.06.2019]

---

* Der Name wurde auf Wunsch der Interviewpartnerin geändert.

M58 Neue Schuhe! Cool, oder?

Rico: Hey Lilli, schau' mal meine neuen Schuhe. Cool, oder?
Lilli: Ja, sehen gut aus. Wo hast du die her?
Rico: Die habe ich gestern Nachmittag in dem neuen Schuhladen an der großen Kreuzung für nur 9,90 Euro gekauft. Und dazu gab es als Eröffnungsangebot ein zweites Paar gratis dazu.
Lilli: Das ist ja billig. Wie kann das denn sein? Sind die denn aus gutem Material und gut verarbeitet?
Rico: Ja, die sind aus echtem Leder. Hier siehst du das Zeichen. Und die Nähte machen auch einen vernünftigen Eindruck.
Lilli: Und wo kommen die her?
Rico: Innen steht „Made in India", aus Indien also.
Lilli: Weißt du denn gar nicht, dass die Schuhe in Indien unter ganz miserablen Arbeitsbedingungen produziert werden? Meistens arbeiten Frauen aus unteren sozialen Schichten in den Schuhfabriken, und sie werden nach dem Stücklohn-System bezahlt, d. h. das Einkommen hängt von der Menge ab, die sie täglich nähen. Deshalb arbeiten viele dieser Frauen zwölf oder mehr Stunden am Tag. Bezahlte Überstunden, Urlaub und Lohnfortzahlung bei Krankheit gibt es nicht.

Rico: Das ist tragisch, aber ich habe selber nicht viel Geld. Und wenn der Laden die Schuhe so billig anbietet, dann schlage ich zu. Das ist mein gutes Recht. Ich habe auch dringend neue Schuhe gebraucht, meine alten hatten schon Löcher in der Sohle, und ich hatte immer nasse Füße, wenn es geregnet hat. Produziert sind die Schuhe ja sowieso schon. Sie stehen ja hier im Regal.
Lilli: Schon, aber du brauchst ja nicht jede Woche neue Schuhe. Da kann man dann sparen und die vielleicht etwas teureren, aber unter fairen Bedingungen produzierten Schuhe kaufen. Außerdem könntest du so ein Zeichen setzen. Diese Schuhe können doch nur so billig sein, weil die Arbeiterinnen vor Ort kaum etwas verdienen und die Arbeitsbedingungen so schlecht sind. Wenn alle darauf verzichten würden, solche Schuhe zu kaufen, dann würden die Firmen, die die Schuhe hier verkaufen wollen, vor Ort sicherlich anders handeln bzw. die Hersteller dazu drängen bestimmte Standards einzuhalten. Wir haben schon auch eine Verantwortung für die Bedingungen in anderen Ländern.
Rico: Du sagst es selbst: Wenn ALLE darauf verzichten würden, dann ... Das heißt doch aber auch, wenn nur ich verzichte, bewirkt das gar nichts. Und du hättest die Schlangen an der Kasse gestern sehen müssen. Was die Leute da rausgetragen haben.
Lilli: Man kann ja auch nicht alle Unternehmen über einen Kamm scheren. Es gibt auch Firmen, die sehr genau darauf achten, wie ihre Schuhe produziert werden.
Rico: Und wie ist das bei meinen?

M59 Ein Beispiel für CSR-Richtlinien

[...] Wir erwarten von unseren Geschäftspartnern, dass sie in ihren Produktionsstätten die folgenden Grundsätze und Verfahrensweisen umsetzen:

Allgemeiner Grundsatz
Unsere Geschäftspartner haben ihre Geschäfte in völliger Übereinstimmung mit den jeweils maßgeblichen gesetzlichen Bestimmungen zu führen. Zudem müssen sie Geschäftspraktiken annehmen und befolgen, die Menschen- und Arbeitnehmerrechte schützen sowie Sicherheit und Umweltschutz gewährleisten. [...]

Löhne, Sozialleistungen & Vergütung
Alle gesetzlichen Regelungen zu Löhnen und Sozialleistungen müssen eingehalten werden. Löhne müssen den gesetzlichen Mindestlöhnen oder den branchenüblichen Mindestlöhnen, je nachdem welcher Wert höher ist, entsprechen oder diese übersteigen. Mitarbeiter müssen für Überstunden zusätzlich zum normalen Lohn gesetzlich vorgeschriebene Zuschläge erhalten. In Ländern, in denen keine gesetzliche Regelung existiert, sind angemessene Zuschläge zu zahlen, die den normalen Stundenlohn übersteigen.
Alle Beschäftigten haben das Recht, in einer regulären Arbeitswoche einen Lohn zu verdienen, der ausreicht, um die Grundbedürfnisse des Arbeitnehmers abzudecken und ein gewisses frei verfügbares Einkommen zu gewährleisten. Ist dies nicht der Fall, müssen unsere Geschäftspartner entsprechende Maßnahmen ergreifen, um den Vergütungs- und Lebensstandard ihrer Mitarbeiter durch verbesserte Lohnsysteme, Sozialleistungen, Fürsorgeprogramme und andere Leistungen zu erhöhen.

Arbeitszeiten
Die regelmäßige wöchentliche Arbeitszeit der Mitarbeiter darf, mit Ausnahme außergewöhnlicher Umstände, einschließlich Überstunden sechzig (60) Wochenstunden nicht übersteigen; gesetzliche Bestimmungen, die niedrigere Höchststunden vorsehen, gehen vor. Die maximale Arbeitszeit von 48 Stunden regulärer Wochenarbeitszeit darf nicht überschritten werden. Überstunden müssen einvernehmlich vereinbart werden und dürfen nicht regelmäßig verlangt werden. Mitarbeiter müssen mindestens vierundzwanzig (24) zusammenhängende Stunden Freizeit pro Woche sowie bezahlten Jahresurlaub erhalten.

Koalitionsfreiheit und Tarifverhandlungen
Geschäftspartner haben das Recht jedes Mitarbeiters, Vereinigungen nach eigener Wahl beizutreten bzw. solche zu gründen sowie an Tarifverhandlungen teilzunehmen, anzuerkennen und zu respektieren. Geschäftspartner haben Mechanismen zu entwickeln und umzusetzen, mit denen Streitigkeiten innerhalb der Branche inklusive Beschwerden der Mitarbeiter gelöst und ein effektiver Informationsaustausch mit den Mitarbeitern und deren Vertretern sichergestellt wird. [...]

Aus: https://www.adidas-group.com/media/filer_public/62/73/6273d9f8-c207-4f4c-8f2e-82c2a0b8e8f8/adidas_workplace_standards_2017_de.pdf [zuletzt: 14.06.2019]

PERLEN IM NETZ

https://www.nachhaltigkeitsrat.de/projekte/uebersicht/nachhaltiger-warenkorb/

Der Rat für nachhaltige Entwicklung gibt in der pdf-Broschüre oder in der APP „Der nachhaltige Warenkorb" Tipps für nachhaltiges Einkaufen.

http://keep-cool-mobil.de

Hier findet ihr ein Online-Simulationsspiel zum Klimawandel.

M60 Pressemitteilung von Germanwatch zur Umsetzung der CSR-Richtlinie

Berlin/Bonn. (9. März 2017) Der Bundestag verabschiedet heute ein Gesetz zur Stärkung der Berichterstattung über nichtfinanzielle Risiken von Unternehmen und setzt damit Vorgaben einer EU-Richtlinie um. Die Entwicklungs- und Umweltorganisation German-

watch spricht von einer schwachen Umsetzung der Richtlinie. Das neue Gesetz betrifft nämlich nur bestimmte kapitalmarktorientierte Unternehmen mit über 500 Beschäftigten. Diese müssen über wesentliche Risiken ihrer Tätigkeit für Menschen- und Arbeitnehmerrechte sowie die Umwelt berichten. Durch diese Einschränkungen sind in Deutschland nur etwa 550 Großunternehmen und Konzerne vom Gesetz erfasst. Zudem stellt das Gesetz nicht klar, inwiefern diese Unternehmen über Risiken berichten müssen, die zwar auch von ihnen verursacht werden, aber nicht unmittelbar ihren Geschäftsverlauf beeinflussen. „Es ist enttäuschend, dass Deutschland die EU-Vorgaben so ambitionslos umgesetzt hat", sagt Klaus Milke, Vorstandsvorsitzender von Germanwatch. Denn die Richtlinie habe reichlich Spielraum für eine konsequentere Umsetzung gelassen.
„Je mehr Unternehmen über ihre Risiken und ihr Risikomanagement berichten, desto verantwortungsvoller können Anteilseigner, Geschäftspartner und Verbraucher ihre Entscheidungen daran ausrichten", so Klaus Milke weiter. „In Deutschland sind die meisten großen Familienunternehmen wie zum Beispiel Aldi, Lidl und Würth nicht erfasst. Gerade für die deutsche Wirtschaft, in der auch viele große Familienunternehmen global aktiv sind, wäre die Erfassung auch dieser Unternehmen wichtig." [...]
Positiv ist aus Sicht von Germanwatch, dass zum ersten Mal Unternehmen überhaupt über wesentliche Menschenrechts- und Umweltrisiken auch entlang ihrer Geschäftsbeziehungen berichten und Konzepte zum Umgang mit diesen Risiken darlegen müssen. Das neue Gesetz bezieht sich auf die Risiken, die unmittelbar finanzrelevant für das Unternehmen sind. Andere Risiken, die das Unternehmen und seine Zulieferer für Mensch und Umwelt verursachen, sind dabei nicht zweifelsfrei einbezogen. Milke: „Unternehmen, deren Zulieferer zum Beispiel die Fabrikbrände in Bangladesch und Pakistan mit zu verantworten hatten, müssen eindeutig verpflichtet werden darzulegen, wie sie mit Risiken dieser Art umgehen. Das Gesetz bleibt hier zu schwammig, da Unternehmen auch bei massiven Menschenrechtsbeeinträchtigungen das Schlupfloch der fehlenden Geschäftsrelevanz nutzen können. Da muss nachgebessert werden. Transparenz ist die notwendige Grundlage dafür, dass Unternehmen für von ihnen verursachte Risiken auch Verantwortung übernehmen."

Aus: Germanwatch e. V.: Neues Gesetz zu Berichtspflichten über Menschenrechte betrifft nur 550 Unternehmen. Pressemitteilung vom 08.03.2017., online: https://germanwatch.org/de/13596 [zuletzt: 14.06.2019]

M 61 Wofür sorgt die Globalisierung?

EINSTEIGEN

1. **a)** Berechne deinen eigenen ökologischen Fußabdruck unter www.footprint-deutschland.de (siehe Info 8, S. 207).
   b) Vergleicht eure Ergebnisse in der Klasse: Welche Konsequenzen kann jede/jeder Einzelne aus diesem Ergebnis ziehen?

2. Beantworte selbstständig zu M 57 (S. 202) folgende Fragen (Außenbetrachtung):
   – Worum geht es in dem Artikel?
   – Wer sind die Beteiligten?
   – In welcher Situation befinden sich die Beteiligten?

3. Beantworte selbstständig auf der Grundlage von M 57 (S. 202) folgende Fragen aus der Sicht von Kamakshi (Innenbetrachtung):
   – Welche Gefühle hast du, wenn du an dein Leben denkst?
   – Wie schilderst du einer Freundin oder einem Freund dein Leben?

4. Erkläre mithilfe von M 59 (S. 204) und Info 8 (S. 207) den Begriff CSR-Richtlinie.

WEITERARBEITEN

5. Recherchiert in Kleingruppen mithilfe der Arbeitstechnik „Informationen im Internet recherchieren" (S. 214 f.) die Produktionsbedingungen in der Schuhindustrie in Indien und Vietnam.

6. **a)** Diskutiert in Kleingruppen Ideen, wie Kamakshi (M 57, S. 202) geholfen werden kann. Berücksichtigt dabei auch die Perspektive des Produzenten.
   b) Beurteilt in Kleingruppen, ob eine CSR-Richtlinie wie in M 59 (S. 204) Kamakshi helfen würde. Bezieht dabei auch Info 8 (S. 207) mit ein.

7. **a)** Arbeite aus M 58 (S. 203) die Positionen einschließlich der jeweiligen Argumente von Rico und Lilli heraus.
   b) Ergänzt in Partnerarbeit die Argumente, die Rico wie auch Lilli noch hätten vorbringen können.
   c) Bereitet in Kleingruppen ein Rollenspiel (siehe Unterrichtsmethode „Rollenspiel", S. 220) vor, in dem ihr den Dialog zwischen Rico und Lilli fortführt. Spielt es dem Rest der Klasse vor.

8. Beurteile, welche Konsequenzen sich aus der CSR-Richtlinie von Adidas (M 59, S. 204) für das Unternehmen, die Produzenten sowie die Arbeiterinnen und Arbeiter ergeben. Begründe die von dir genannten Konsequenzen mithilfe von Beispielen.

9. a) Germanwatch, ein Netzwerk, das sich für globale Gerechtigkeit und den Erhalt der Lebensgrundlagen einsetzt, kritisiert die Umsetzung der CSR-Berichtspflicht in Deutschland. Arbeite die Argumente von Germanwatch aus M 60 (S. 204 f.) heraus. Nimm Info 8 (S. 207) dabei zur Hilfe.
b) Beurteile selbst die Umsetzung der CSR-Berichtspflicht in Deutschland.

10. Interpretiere mithilfe der Arbeitstechnik „Karikaturen analysieren" (S. 215) die Karikatur in M 61 (S. 205).

VERTIEFEN

▲ 1, 2, 3, 6, 9   ▲▼ 1, 2, 3, 5, 6, 7, 8, 9   ▲▼▲ 1, 4, 5, 6, 7, 8, 9, 10

Globale Verantwortung

Info 8

Die → **Globalisierung** bringt allen Menschen viele Vorteile. Auf der anderen Seite müssen wir aber auch darauf achten, welche Konsequenzen unser Lebensstil nach sich zieht. Der **ökologische Fußabdruck** wurde 1992 von Mathias Wackernagel und Williams Rees als wissenschaftliche Methode zur Messung des Umweltverbrauchs jeder/jedes Einzelnen entwickelt. Er ist heute ein weltweit anerkanntes Instrument zur Bewertung von Nachhaltigkeit. Der ökologische Fußabdruck ermittelt, welche Fläche benötigt wird, um die Rohstoffe zur Verfügung zu stellen, die der Mensch aufgrund seines Lebens für Ernährung, Konsum, Energiebedarf usw. verbraucht. Diese mathematische Messgröße stellt eine der einfachsten Möglichkeit dar, die Zukunftsfähigkeit des eigenen Lebensstils zu testen und soll Anstoß geben, unsere Gewohnheiten im Alltag zu überdenken und nachhaltig zu ändern.

Im Rahmen der Globalisierung sind Unternehmen verstärkt dazu übergegangen, ihre Produktion weltweit zu verteilen. Dadurch ist es ihnen möglich, Güter günstiger zu produzieren, indem sie z. B. arbeitsintensivere Arbeitsprozesse in Länder verlagern, die unter anderem durch niedrigere Löhne eine kostengünstigere Produktion ermöglichen. So entstehen in diesen Ländern neue Arbeitsplätze. Die günstigeren Produktionskosten können durch geringe Preise an die Verbraucherinnen und Verbraucher weitergegeben werden.

Auf der anderen Seite aber wird beklagt, dass in Ländern, die keinen ausreichenden rechtlichen Schutz bieten, diese Gegebenheit von manchen Unternehmen ausgenutzt wird und die Menschen z. B. nicht angemessen entlohnt werden. Deshalb haben einige Firmen sogenannte **CSR-Richtlinien** aufgestellt, in denen sie Bestimmungen für Arbeitsbedingungen, Löhne oder Arbeitszeiten festgehalten haben. An diese Bestimmungen müssen sich die Produzenten der Artikel oder die Zulieferer von Halbfertigprodukten halten. CSR steht dabei für Corporate Social Responsibility, was übersetzt so viel wie Unternehmerische Gesellschaftsverantwortung heißt.

In Deutschland herrscht seit März 2017 eine sogenannte CSR-Berichtspflicht. Alle Unternehmen, die im Schnitt eines Geschäftsjahres mehr als 500 Mitarbeiterinnen/Mitarbeiter beschäftigen und deren Bilanzsumme entweder mehr als 20 Millionen Euro beträgt oder deren Umsatzerlöse sich auf mehr als 40 Millionen Euro belaufen, müssen zu ihrem sozialen und ökologischen Handeln Rechenschaft ablegen.

Kompetenztraining

WISSEN

1. Lies die folgenden drei Aussagen und bewerte, ob sie jeweils richtig oder falsch sind. Sind sie falsch, dann schreibe einen Satz, der den Sachverhalt richtig darstellt.
   1) Der Bund ist für die Einstellung und Bezahlung von Lehrerinnen und Lehrern zuständig.
   2) Bayern und Baden-Württemberg haben in ihrer Geschichte nie Leistungen aus dem Länderfinanzausgleich bekommen, sondern immer eingezahlt.
   3) Von Schattenwirtschaft wird nur dann gesprochen, wenn es um Kapitaldelikte geht.

2. a) Ordne die nachfolgenden Steuerarten danach, ob sie dem Bund, den Bundesländern oder den Gemeinden zustehen.

Die Europäische Zentralbank und das Eurosystem

Die Europäische Union…	… legt die Höhe des Leitzinses fest.
Dem Eurosystem gehören…	… dass weder die EU noch nationale Institutionen der EZB Anweisungen geben können.
Die Aufgabe des Eurosystems ist es …	… besteht aus insgesamt 28 Mitgliedsstaaten.
Der EZB-Rat …	… gehören 19 nationale Zentralbanken und die EZB an.
Zum EZB-Rat gehören …	… die Preisstabilität im Euroraum zu sichern.
Die Unabhängigkeit des Eurosystems bedeutet, …	… das EZB-Direktorium sowie die Präsidentinnen/Präsidenten der nationalen Zentralbanken an.

3. Setze die Aussagen in der Tabelle richtig zusammen und notiere sie.

ANALYSIEREN

	Inflation * (November 2017) %	Haushaltsbilanz (2016) %	Staatsverschuldung (2016) %	Langfristige Zinssätze ** November (2017) %	Nationales Zentralbankgesetz/Vereinbarkeit der Rechtsvorschriften
Referenzwert		− 3 %	60 %		
Euroraum	1,5	− 1,5	91,1	1,1	
Bulgarien	1,0	0,0	29,0	1,7	nein
Kroatien	1,3	− 0,9	82,5	2,8	ja
Tschechische Republik	2,4	0,7	36,8	0,9	nein
Ungarn	2,4	− 1,9	73,9	3,1	nein
Polen	1,6	− 2,5	54,1	3,4	nein
Rumänien	0,9	− 3,0	37,6	3,9	nein
Schweden	1,9	1,1	42,2	0,6	nein

* Durchschnittliche Inflationsrate im Jahr bis November 2017. Kriterium: Nicht mehr als 1,5 Prozentpunkte über der Inflationsrate der drei preisstabilsten Mitgliedsstaaten.
** Durchschnittlicher Zinssatz im Jahr bis November 2017. Kriterium: Nicht mehr als 2 Prozentpunkte über der Inflationsrate der drei preisstabilsten Mitgliedsstaaten.

Nach: Europäische Kommission (Hrsg.): Konvergenzkriterien für den Euro-Beitritt. Aktueller Stand für Nicht-Euro-Mitgliedstaaten. Brüssel 2017, online: https://ec.europa.eu/commission/sites/beta-political/files/convergence-criteria-for-joining-euro_de.pdf [zuletzt: 14.06.2019]

1. a) Analysiere, welche der im Diagramm genannten Beitrittskandidaten die für eine Aufnahme in die Eurozone erforderlichen Konvergenzkriterien in den Jahren 2016/17 erfüllt hätten. Begründe deine Ergebnisse für die jeweiligen Länder anhand von ausgewählten Daten.
   b) Begründe welche Beitrittskandidaten gemäß dieser Übersicht am ehesten die Chance haben, in naher Zukunft in die Eurozone aufgenommen zu werden.

URTEILEN

1. Beurteile folgende Aussagen, indem du hierzu Stellung beziehst und deine Argumente mit Beispielen anreicherst.

Frau Koch-Turner: „Der Länderfinanzausgleich ist überflüssig. Die reichen Bundesländer wirtschaften einfach besser. Und die armen haben dadurch keinen Anreiz, etwas an ihrer Situation zu verbessern, weil sie genau wissen, dass sie sowieso Geld bekommen werden."

Herr Yilmaz: „Steuerhinterzieher sollten schon früher mit einer Gefängnisstrafe belegt werden, denn sie schaden nicht nur dem Staat, sondern der ganzen Gesellschaft. Während andere wegen Kleinigkeiten ins Gefängnis müssen, zahlen sie eine Strafe und genießen dann ihr Leben weiter."

HANDELN

1. a) Entwickelt sogenannte „Nachdenk-Steine" mit Fragen, die die Bürgerinnen und Bürger eurer Gemeinde zum Nachdenken über ihre Rolle als Wirtschaftsbürgerin/Wirtschaftsbürger bewegen.
b) Verteilt diese „Nachdenk-Steine", evtl. in Form von laminierten Blättern, gut sichtbar in eurer Gemeinde. Tretet dabei auch mit Bürgerinnen und Bürger in Dialog.

Beispiele für „Nachdenk-Steine":

(1) Ist Ihrer Putzfrau wirklich angemeldet? Aus welchen Gründen macht es Ihrer Meinung nach Sinn, die entsprechenden Sozialabgaben zu entrichten?

(2) Macht Ihnen Globalisierung Angst? Welche Produkte haben Sie heute erworben, die Ihnen nur aufgrund der Globalisierung zu einem akzeptablen Preis zur Verfügung stehen?

ERARBEITEN

1. Interpretiere die folgende Karikatur. Gehe dabei auf aktuelle Debatten zur Frage nach Steuererhöhungen ein und positioniere dich hierzu.

Weiterdenken

W 1 Siegel kreieren

Entwickelt in Kleingruppen Kriterien für ein Siegel, mit dem die Produktion von Schuhen als nachhaltig ausgezeichnet werden kann. Welche Bedingungen müssen erfüllt sein? Präsentiert euer Siegel mit Kriterien auf einem Plakat.
Unter www.fair4you-online.de → fairer Konsum → Fair Fashion → Standards und Siegel findet ihr eine Übersicht der Siegel für nachhaltig produzierte Textilien. Erarbeitet Unterschiede und Gemeinsamkeiten mit eurem Siegel heraus.

Das Siegel für fairen Handel

W 2 Ein Subventionskonzept erstellen

Sammelt Ideen für Produkte, von denen ihr denkt, dass sie subventioniert, also finanziell vom Staat gefördert werden sollten. Entwickelt hierzu ein Konzept, das schlüssig wirkt. Erarbeitet dazu einen Plan, in dem ihr beschreibt, was mit welchen Mittel warum gefördert werden soll.
Stellt eure Ergebnisse auf Postern dar. Diese könnt ihr in der Klasse aushängen, abfotografieren und zusammen mit einem freundlichen Schreiben, in dem ihr euer Projekt erklärt, an eure Wahlkreisabgeordnete/euren Wahlkreisabgeordneten und an zuständige Behörden senden.

Arbeitstechnik

Diagramme beschreiben

Um bestimmte Informationen anzugeben, ist es manchmal besser, sie in einem Diagramm darzustellen, statt sie in einem Text zu beschreiben. Dies gilt vor allem, wenn es um viele Zahlen geht. Dabei bedeutet „Diagramm" das Darstellen von Daten und Informationen in einer Abbildung. Im Folgenden wird dir an einem Beispiel gezeigt, wie du Diagramme richtig lesen und beschreiben kannst.

1. Schritt: Um was geht es, was wird abgebildet?

Zuerst ist es wichtig, zu erfahren, was genau abgebildet wird. Die Überschrift gibt hierbei das Thema vor, an den Rändern stehen die Details. Das Diagramm zeigt den eigentlichen Inhalt. Zunächst muss man den Typ eines Diagrammes bestimmen. Dies ist sehr wichtig, da man zu einem Thema viele verschiedene Diagramme erstellen kann, die alle je nach Typ etwas anderes aussagen. Neben dem oben gezeigten *Balkendiagramm* gibt es noch drei andere, weitverbreitete Typen von Diagrammen: das *Kreisdiagramm*, das *Flächendiagramm* und das *Liniendiagramm*. Je nachdem, was gezeigt werden soll, wird für Diagramme die Darstellungsform gewählt, die sich am besten eignet. Außerdem ist es wichtig, anzugeben, wer für die Daten verantwortlich ist.

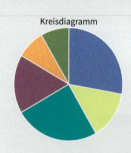

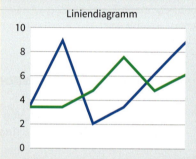

2. Schritt: Wie lese ich die Werte ab?

Ziel eines Diagramms ist es, dass man relativ einfach bestimmte Werte ablesen kann und sie nicht erst aufwendig aus einem Text herausarbeiten muss. Zum konkreten Ablesen eines Wertes muss man sich auch immer die Angaben in der Legende anschauen, um die Einheit (Anzahl, Prozent, Summen etc.) zu erkennen. Dann sollten die wichtigsten Werte genannt werden.

3. Schritt: Problematik bestimmen

Jedes Diagramm steht für ein bestimmtes Thema. Wenn man dieses Thema erkannt hat, ist es wichtig, das Diagramm zu interpretieren.

Gesetzestexte lesen und verstehen

Arbeitstechnik

In einem Staat wird das geltende Recht in Gesetzen und Rechtsverordnungen festgehalten. Gesetzestexte werden von Juristinnen und Juristen – das sind Menschen, die Rechtswissenschaften studiert haben – geschrieben. Sie verwenden dabei besondere Formulierungen, die oft schwer zu lesen und zu verstehen sind. Scherzhaft wird ihre besondere Sprache als „Juristendeutsch" bezeichnet. Sie wird verwendet, weil die Gesetze so allgemein formuliert sein sollten, dass sie für möglichst viele Fälle zutreffen. Um „Juristendeutsch" möglichst gut zu verstehen, kannst du die unten stehende Vier-Schritt-Technik beim Lesen von Gesetzestexten anwenden. In dem angeführten Beispiel geht es um die Frage, ob ein 12-jähriges Kind einen Film ab 16 sehen darf, wenn es die Eltern erlauben.

Schritt 1: Frage festhalten
Bevor du den Gesetzestext liest, überlege dir, welche rechtliche Frage du beantwortet haben möchtest. So fällt es dir beim späteren Lesen leichter, die entscheidende Stelle in dem Text zu entdecken.

Schritt 2: Genaues Lesen
Lies den Text genau und überlege dir, was in dem Gesetz oder in dem Auszug in Bezug auf deine Fragestellung geregelt wird. Markiere dir wichtige Stellen oder halte sie schriftlich fest. Notiere Wörter, die du nicht verstehst, und schlage deren Bedeutung in einem Lexikon nach. So „übersetzt" du beim Lesen mögliche Abkürzungen:

§ = Paragraph
Art. = Artikel
(1) oder Abs. 1 = Absatz 1
GG = Grundgesetz
BGB = Bürgerliches Gesetzbuch
StGb = Strafgesetzbuch
JuSchG = Jugendschutzgesetz
SchG = Schulgesetz

> Zum Beispiel „§1310 (1) BGB"
> wird folgendermaßen vorgelesen:
> „Paragraph 1310, Absatz 1, Bürgerliches Gesetzbuch"

Schritt 3: Regelung notieren
Halte die Regelung, die in Bezug auf deine Frage getroffen wird, möglichst in wenigen Sätzen und eigenen Worten fest. Achte darauf, dass du Zahlen und wichtige Ausnahmeregelungen berücksichtigst.

Schritt 4: Gesetz auf einen Fall anwenden
Versuche nun, die im Gesetzestext enthaltenen Informationen in einer allgemein verständlichen Sprache auszudrücken. Du kannst überprüfen, ob du alles verstanden hast, indem du den Inhalt einer anderen Person berichtest und das Gesagte auf ein geeignetes Fallbeispiel beziehst.

Arbeitstechnik

Informationen im Internet recherchieren

Eine ganz besondere Rolle bei der Informationssuche kommt dem Internet zu. Es ist das von jungen Menschen am häufigsten genutzte Recherchemedium. Aufgrund der großen Fülle an verfügbaren Seiten ist das gezielte Suchen nach sinnvollen Informationen aber oft schwierig. Ebenso fällt es häufig nicht leicht, zu beurteilen, ob es sich bei den Suchergebnissen um gesicherte und wahre Informationen handelt. Im Folgenden erhältst du Hinweise, wie du bei deinen Internetrecherchen am besten vorgehen und Online-Quellen bewerten kannst. Ein angeführtes Beispiel zeigt dir außerdem, wie eine solche Recherche praktisch umgesetzt werden kann.

Schritt 1: Was genau soll recherchiert werden?
Zuerst ist es wichtig, dass du dir selbst darüber Klarheit verschaffst, was genau du recherchieren möchtest. Dazu musst du ein Thema, wenn es weit gefasst ist, eingrenzen und dir überlegen, welche Themenaspekte zur Bearbeitung besonders wichtig sind. Dies gelingt am besten, wenn du dir zu dem Thema, z. B. in einem Lexikonartikel oder in einem Schulbuch oder in einem sonstigen Sachbuch, einen Überblick darüber verschaffst, welche Punkte sehr wichtig sein könnten. Zu diesen Punkten kannst du dann passende Fragen notieren, die deiner Internetrecherche klare Zielrichtungen geben.

Schritt 2: Wo und wie recherchiere ich im Internet?
Zumeist werden für Internetrecherchen bekannte Suchmaschinen wie z. B. Google und Bing benutzt. Es gibt aber auch anonyme Suchmaschinen wie z. B. Startpage und DuckDuckGo, die den Vorteil haben, dass sie deine Daten nicht speichern und keine Werbung einblenden. Außerdem gibt es spezielle Suchmaschinen für Kinder und Jugendliche wie z. B. www.blindekuh.de, die altersangemessene und leichter verständliche Suchergebnisse anzeigen.
Da Suchmaschinen fast zu jedem Wort Tausende von Ergebnissen liefern, ist es sehr wichtig, dass du Suchbegriffe benutzt, die möglichst direkt zu gewünschten Treffern führen. Hier helfen dir deine Recherchefragen, die zumeist schon passende Begriffe enthalten. Mithilfe der Suchmaschine kannst du auch mehrere Begriffe kombinieren. Im Idealfall kannst du den Umweg über eine Suchmaschine sogar vermeiden, wenn du bei den Recherchevorbereitungen schon auf eine passende Internetadresse gestoßen bist, die du direkt aufrufen kannst.

Schritt 3: Wie wähle ich aus den Suchergebnissen aus und wie bewerte ich die Zuverlässigkeit von Internetseiten?
Eine große Schwierigkeit bei der Recherche mithilfe von Suchmaschinen stellt sich durch die zumeist sehr große Anzahl von Suchergebnissen. Durch passend ausgewählte Suchbegriffe ist die Wahrscheinlichkeit weitaus höher, gleich in den ersten Ergebnissen Internetadressen angezeigt zu bekommen, die gut geeignet sind. Ansonsten bleibt dir nur die Möglichkeit, dass du einzelne Treffer der Suchmaschine anklickst und dich auf den dortigen Seiten umschaust, ob sie für deine Recherche gewinnbringend sind.
In Präsentationen, z. B. bei einem Referat in der Schule, musst du sämtliche Quellen genau angeben. Darüber hinaus musst du immer überprüfen, ob eine Internetseite seriös ist und nicht zu einseitige Informationen bietet, denn im Internet gibt es auch sehr viel Datenmüll und sogar illegale Inhalte.

Dabei können dir die folgenden Fragen helfen:
- Wer ist der Betreiber der Seite? Ist er seriös? Gibt es ein Impressum, d. h. einen Eintrag der für die Seite verantwortlichen Institutionen, Organisationen oder Personen?
- Welche Art von Informationen befindet sich auf der Seite? Sind es sachliche Texte, Originalquellen, Presseberichte oder private Meinungen? Handelt es sich um überprüfbare und nicht einseitige Informationen?
- Wie aktuell sind die Informationen? Werden Quellen und Verfasserinnen/Verfasser angegeben?
- Wirkt die Seite insgesamt seriös? Zeigt sie keine bzw. nur sehr wenig Werbung?

Eine sehr beliebte Rechercheseite ist das Online-Lexikon Wikipedia. Gemessen an den Prüffragen ist es nicht seriös, u. a. weil seine Inhalte von jedermann verändert werden können und keine Verfasserinnen/Verfasser genannt werden. Vor dem Hintergrund der Besonderheit der sogenannten Schwarmintelligenz, aus der sich Wikipedia speist, kannst du die Seite dennoch nutzen. Du musst jedoch alle dort entnommenen Informationen durch weitere seriöse Recherchequellen überprüfen und sie z. B. bei Präsentationen in der Schule ebenfalls angeben. Du solltest niemals nur in Wikipedia recherchieren.

Karikaturen analysieren

Arbeitstechnik

Vor allem in Zeitungen und Zeitschriften spielen Karikaturen eine wichtige Rolle, aber auch im Unterricht von Wirtschaft/Berufs- und Studienorientierung werden sie oft eingesetzt. Im Gegensatz zu normalen Zeichnungen hat die Karikatur den Zweck, Personen oder Situationen in der Gesellschaft absichtlich übertrieben darzustellen. Sie möchte damit auf ein meist gesellschaftliches Problem aufmerksam machen. Damit soll ein kritischer Beitrag zur aktuellen Diskussion um ein Thema geleistet werden.

1. Schritt: Was ist zu sehen?
In einem ersten Schritt geht es darum, genau zu beschreiben, was zu sehen ist. Versuche dabei, so neutral wie möglich zu bleiben, und beschränke dich auf das, was du wirklich sehen kannst.

2. Schritt: Was bedeutet das?
Nun geht es darum, zu interpretieren, was dir die Zeichnerin/der Zeichner der Karikatur eigentlich sagen möchte. Dafür muss man die Personen und Symbole, die bereits beschrieben wurden, interpretieren. Was ist das Thema der Karikatur, welche Position nimmt die Karikatur ein?

3. Schritt: Wie ist die Karikatur einzuordnen und zu bewerten?
Zuletzt geht es nun darum, die Karikatur in den politischen, wirtschaftlichen oder sozialen Kontext einzuordnen und persönlich zu bewerten. Wie stehst du zu dieser Karikatur? Was ist deine Meinung zu diesem Thema?

Unterrichtsmethode

Fishbowl

„Fishbowl" heißt übersetzt Aquarium. Bei dieser Methode sitzen diejenigen, die diskutieren, in der Mitte und alle anderen Schülerinnen und Schüler der Klasse sitzen in einem Kreis drum herum und schauen, wie bei der Beobachtung von Fischen in einem Aquarium, der Diskussion zu.

Phase 1: Vorbereitung des Fishbowls
Zunächst sollte sich jede und jeder kurz überlegen, wie sie/er sich zur Diskussionsfrage positioniert. Anschließend kann sich jede/r Argumente für seine/ihre Position auf einen Zettel notieren.

Phase 2: Durchführung des Fishbowls
In der Mitte werden vier Stühle aufgestellt. Ab diesem Zeitpunkt darf nur gesprochen werden, wenn man auf einem der vier Stühle sitzt. Dann dürfen die ersten vier, die die Diskussion eröffnen wollen, in der Mitte Platz nehmen. Alle anderen Schülerinnen und Schüler positionieren sich in einem Kreis um die vier Stühle und verfolgen die Diskussion genau. Wenn einer aus dem Außenkreis sich in die Diskussion einbringen will, tippt er einer/einem der Diskutierenden leicht auf die Schulter. Dies ist das Zeichen dafür, dass sie bzw. er den Stuhl verlassen und in den Außenkreis wechseln muss. Diejenige bzw. derjenige, der getippt hat, kann nun auf dem freien Stuhl Platz nehmen und sich in die Diskussion einbringen. Wenn keine neuen Argumente mehr kommen, wird der Fishbowl beendet.

Phase 3: Auswertung/Reflexion des Fishbowls
Zur Auswertung des Fishbowls könnt ihr an der Tafel eure Eindrücke zu folgenden Fragen sammeln:
- Welche Argumente haben besonders beeindruckt, haben zu einem Überdenken der eigenen Position, einer Änderung des eigenen Urteils geführt?
- Welche wichtigen Argumente wurden in der Diskussion nicht genannt?
- Was war überzeugender: die Argumente oder die Art und Weise, wie sie vorgetragen wurden?

Planspiel

Unterrichtsmethode

Bei einem Planspiel wird eine Problem- oder Konfliktsituation vom Beginn bis zu einer Entscheidung von den Teilnehmerinnen und Teilnehmern simuliert, d. h., eine mögliche reale Situation wird nachgespielt. Dazu werden die Spielerinnen und Spieler in Gruppen eingeteilt. Die Mitspielenden sollen auf der Basis von eigenem Handeln Einblicke in problemhaltige Zusammenhänge gewinnen sowie Argumentieren, Diskutieren und Entscheiden einüben. Ziel ist es, zu einem tragbaren Ergebnis für alle Beteiligten zu kommen.
Im angeführten Beispiel geht es um ein Planspiel zur Frage, was geschieht, wenn der Wettbewerb auf dem Markt eingeschränkt wird.

Ein Planspiel besteht in der Regel aus vier Phasen:

1. Phase: Einführung
Hier wird in die Situation, um die es sich handelt, eingeführt. Die genauen Aufgaben werden vorgestellt und es werden Planspielgruppen gebildet.

2. Phase: Einarbeitung
In dieser Phase übernehmen die Teilnehmerinnen und Teilnehmer ihre Rolle und erarbeiten schriftlich Argumente für ihre Sache. In den einzelnen Gruppen wird darüber diskutiert, welche Argumente am überzeugendsten sind und wie diese am besten präsentiert werden können.

3. Phase: Konferenzphase
Diese Phase ist der zentrale Teil des Planspiels. Die verschiedenen Gruppen kommen zusammen. Sie stellen ihre Vorschläge zur Diskussion und setzen sich mit den Positionen der anderen Gruppen auseinander. Es wird argumentiert und versucht, andere von der eigenen Position zu überzeugen. Kompromisse sind dabei denkbar. Am Ende dieser Phase muss es zu einer Entscheidung kommen.

4. Phase: Reflexion
Abschließend wird darüber diskutiert, wie das Spiel verlaufen ist und welche Erfahrungen die Mitspielerinnen und Mitspieler gemacht haben:
Wurden die Rollen realistisch gespielt? Was waren die Schwierigkeiten? Was war anders als erwartet? Ist die Spielsituation mit der Realität vergleichbar? Wie lässt sich das Planspiel verbessern? Was habe ich daraus gelernt?

Unterrichtsmethode

Pro-Kontra-Debatte

Die Pro-Kontra-Debatte ist eine argumentative Auseinandersetzung, die auf einer alternativ formulierten politischen Problem- oder Entscheidungsfrage basiert. Sie wird von zwei Anwälten (Pro und Kontra), (zwei bis vier) Sachverständigen sowie einer Moderatorin/einem Moderator ausgetragen. Ihr lernt unterschiedliche Positionen zu einer Fragestellung klar herauszuarbeiten und diese Positionen überzeugend zu begründen. Daneben werden außerdem Fähigkeiten wie Zuhören, Aussagen der Gesprächspartner genau wiederzugeben, zu kommentieren, gezielt Fragen zu stellen, Gegenthesen zu bilden bzw. stützende Argumente zu finden, eingeübt.

Phase 1: Vorbereitung der Pro-Kontra-Debatte

Zunächst solltet ihr in der Klasse eine erste Abstimmung zu der zur Debatte stehenden Frage durchführen und das Ergebnis dokumentieren. Es kann hilfreich sein, wenn ihr von zwei bis drei Schülerinnen bzw. Schülern die Argumente notiert. Anschließend werden die entsprechenden Positionen durch einzelne Gruppen vorbereitet. Dazu sollten die beiden Gruppen, die später die Anwälte stellen, sich eine Reihe von Argumenten für ihre jeweilige Position überlegen und diese in eine sinnvolle Reihenfolge bringen. Außerdem sollten diese beiden Gruppen auch Fragen überlegen, die sie den Sachverständigen stellen können.
Die Gruppe, die später den Moderator stellt, überlegt sich, wie sie in die Debatte einführen kann und wie sie die Sachverständigen vorstellt.
Die Gruppen, die später je einen Sachverständigen stellen, sollten sich möglichst viele Argumente sowohl für die Pro- als auch die Kontra-Seite überlegen, da sie selber nur auf die Fragen der beiden Anwälte antworten dürfen.

Phase 2: Durchführung der Pro-Kontra-Debatte

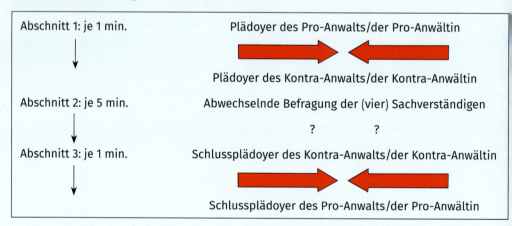

Die Zuschauerinnen und Zuschauer sind nicht unbeteiligt. Sie beobachten jeweils einen der beiden Anwälte aufmerksam und machen sich entsprechende Notizen für die Auswertung, z. B. zu den Argumenten, zum Auftreten, zur Fragetechnik, etc.

Phase 3: Auswertung/Reflexion der Pro-Kontra-Debatte

Um die Rolle zu verlassen, können die Teilnehmenden zunächst die Schilder mit ihren fiktiven Namen – wenn vorhanden – in den Papierkorb werfen oder entsprechende Requisiten ablegen. Dann berichten sie, wie sie sich in der Situation gefühlt haben. Anschließend beschreiben die

Mitschülerinnen und -schüler, die die Pro-Kontra-Debatte beobachtet haben, was sie gesehen haben.

Anschließend solltet ihr eine erneute Abstimmung durchführen. Vergleicht das Abstimmungsergebnis mit eurer ersten Abstimmung vor der Debatte. Befragt die gleichen Schülerinnen und Schüler wie zu Beginn der Pro-Kontra-Debatte nach ihren Argumenten. Sie sollten jetzt ihre Position besser begründen können.

Bei der inhaltlichen Auswertung könnt ihr auf folgende Fragen eingehen:
- Welche Argumente haben besonders beeindruckt, haben zu einem Überdenken der eigenen Position, einer Änderung des eigenen Urteils geführt?
- Wie haben sich die Debattenteilnehmerinnen und -teilnehmer in ihren vorgegebenen Rollen verhalten? Konnten sie ihre Rollen überzeugend darstellen?
- Was war überzeugender: Argument oder Art und Geschick des Vortrags?
- Welche wichtigen Argumente wurden in der Pro-Kontra-Debatte nicht genannt?
- Welches Fazit könnt ihr aus der Pro-Kontra-Debatte ziehen?

Unterrichtsmethode

Rollenspiel

Bei einem Rollenspiel geht es um das Ausprobieren verschiedener Möglichkeiten, wie man handeln oder Probleme lösen kann. Ihr müsst immer das Gefühl haben, dass die Situation echt sein könnte. Ein Rollenspiel ist keine Theatervorführung!

Phase 1: Vorbereitung des Rollenspiels

Zunächst werden die entsprechenden Rollen innerhalb eurer Kleingruppe verteilt. Entweder erhält jede/jeder eine Rollenkarte mit Informationen zur Person/Rolle, die sie/er einnehmen soll, oder euch liegt nur eine Fallbeschreibung vor. Dann solltet ihr euch in die entsprechende Person hineinversetzen. Dazu können euch folgende Fragen dienen: Welche Eigenschaften, welche Gedanken und welche Gefühle hat die Person, die ihr spielen sollt? Wie können die Eigenschaften dargestellt werden? Wie könnt ihr die Gefühle ausdrücken? Anschließend besprecht ihr in der Gruppe, wie das Rollenspiel ablaufen soll.

Phase 2: Durchführung des Rollenspiels

Dann spielt ihr die vorher eingeführte Situation der Klasse vor. Ein Eingreifen oder Zwischenrufe sind nicht erlaubt. Wichtig ist, dass ihr die zugeteilte Rolle während des Rollenspiels nicht verlasst.

Es besteht die Möglichkeit, während des Rollenspiels durch ein vereinbartes Zeichen die Situation einzufrieren. Dann stoppen alle das Spiel und behalten Positionen, Körperhaltungen und Mimik bei. So können sich Mitschülerinnen und -schüler ausreichend Zeit nehmen, die Szene anzuschauen und sich Notizen zu machen.

Phase 3: Auswertung/Reflexion des Rollenspiels

Um die Rolle zu verlassen, können die Rollenspielerinnen und -spieler zunächst die Schilder mit ihren fiktiven Namen – wenn vorhanden – zerknüllen und in den Papierkorb werfen oder entsprechende Requisiten ablegen. Dann berichten sie, wie sie sich in der Situation gefühlt haben und wie es ihnen gelungen ist, sich in ihre Rolle hineinzuversetzen.

Anschließend beschreiben die Mitschülerinnen und -schüler, die das Spiel beobachtet haben, was sie gesehen haben. Sie sollten dabei auf den Verlauf, das Verhalten einzelner Personen und das Zusammenspiel zwischen den Personen eingehen. Dann sollte darüber diskutiert werden, wie es gelungen ist, die Situation darzustellen bzw. zu lösen. Zum Schluss solltet ihr auch immer noch über die Frage sprechen, ob es Unterschiede zwischen dem Spiel und dem wirklichen Leben gibt.

Es kann sinnvoll sein, das Rollenspiel nach einer ersten Auswertungsphase erneut durchzuführen, wenn z. B. alternative Ideen angedeutet wurden, aber auch wenn bestimmte Verhaltensweisen eingeübt werden sollen.

Glossar

Äquivalenz
Gleichwertigkeit zweiter Seiten.

Aktie
Wertpapier, das einen Anteil am Grundkapital einer Aktiengesellschaft und die damit verbundenen Rechte und Pflichten verbrieft. Die Aktieninhaber sind Miteigentümer der Aktiengesellschaft.

Arbeitgeberverband
Arbeitgeberinnen und Arbeitgeber, also Unternehmerinnen und Unternehmer einer Branche schließen sich zu einem Arbeitgeberverband zusammen, um ihre Interessen gegenüber Gewerkschaften und dem Staat besser vertreten zu können. Arbeitgeberverbände sind somit Interessensverbände. Neben den Tarifverhandlungen gehören auch Informationsdienste und Rechtshilfen zu den Hauptaufgaben von Arbeitgeberverbänden.

Arbeitslosigkeit
Als arbeitslos bezeichnet man Personen, die älter als 15 Jahre, nicht mehr schulpflichtig sind und in keinem Beschäftigungsverhältnis mit mehr als 15 Wochenstunden stehen und bei der Agentur für Arbeit als arbeitslos gemeldet sind.

Arbeitslosengeld
Das Arbeitslosengeld soll Arbeitnehmerinnen und Arbeitnehmer, die arbeitslos sind, d. h. ihre Beschäftigung verloren haben, sozial absichern. Es soll das Entgelt, das der jeweilige bisher für seine Arbeit erhalten hat, zum Teil ersetzen, da die oder der Arbeitslose wegen der Arbeitslosigkeit kein Entgelt mehr erzielen kann.

Arbeitsvertrag
Ein Arbeitsvertrag definiert die Rechte und Pflichten von Arbeitgeberinnen/Arbeitgebern und Arbeitnehmerinnen/Arbeitnehmern. Die Arbeitnehmerin/der Arbeitnehmer verpflichtet sich mit der Unterschrift unter den Vertrag dazu, die ausgehandelten Arbeiten und Aufgaben zu leisten. Der Arbeitgeber verpflichtet sich dazu als Gegenleistung einen Lohn zu zahlen. Über die Höhe des Lohnes einigt man sich durch entsprechende Vertragsverhandlungen.

Arbeitszeugnis
Ein Arbeitszeugnis ist eine Bescheinigung, die vom Arbeitgeber ausgestellt wird. Ein einfaches Arbeitszeugnis enthält nur Angaben zum Arbeitsverhältnis und dessen Dauer. Darüber hinaus kann ein qualifiziertes Arbeitszeugnis auch eine Bewertung der Leistung und des Verhaltens enthalten.

Atypische Beschäftigung
Zur atypischen Beschäftigung werden geringfügige Beschäftigungen, befristete Beschäftigungen, Zeitarbeitsverhältnisse sowie Teilzeitbeschäftigungen mit 20 oder weniger Arbeitsstunden pro Woche gezählt.

Bachelor
Der Abschluss zum Bachelor steht am Ende eines Bachelorstudiums an einer Universität oder einer anderen Hochschule, für das in der Regel eine Dauer von sechs bis acht Semestern vorgesehen ist. Der Bachelor qualifiziert für die Aufnahme beruflicher Tätigkeiten sowie für die Aufnahme eines weiterführenden Masterstudienganges. Er stellt den niedrigsten akademischen Grad an einer Universität dar. Je nach Studiengang und Fachrichtung werden unterschiedliche Bachelortitel wie z. B. Bachelor of Arts (B. A.) oder Bachelor of Science (B. Sc.) vergeben.

Betriebsrat
Im Betriebsrat sitzen die gewählten Vertreterinnen und Vertreter der Arbeitnehmerinnen und Arbeitnehmer. Der Betriebsrat ist mit bestimmten Beteiligungsrechten (Mitbestimmungsrecht, Beratungsrecht, Anhörungsrecht, Informationsrecht) ausgestattet.

Binnenmarkt
Als Binnenmarkt wird ein abgegrenztes Gebiet bezeichnet, das sich durch den freien Verkehr von Waren, Dienstleistungen, Kapital sowie Arbeitnehmerinnen und Arbeitnehmern auszeichnet. Ebenfalls gilt in diesem Gebiet das gleiche Recht.

Börse
Sie ist ein Markt für Aktien, Devisen, Wertpapiere und vertretbare Waren, für die nach festgelegten Bräuchen Preise ausgehandelt werden. Vertretbar sind Waren, wenn sie gleichwertig beschaffen und gegenseitig austauschbar sind; also z. B. Öl, Gas, Getreide oder auch Wertpapiere. Das ist eine Voraussetzung dafür, dass sie nicht an dem Ort (Börse) sein müssen, wo sie gehandelt werden.

Bundeshaushalt
Der Bundeshaushalt umfasst alle Einnahmen und Ausgaben des Staates in einem Jahr. Während Steuern zu

den Haupteinnahmequellen des Staates gehören, gibt er am meisten Geld für die Zahlung der Rente sowie Sozialleistungen aus. Ist der Haushalt positiv, macht der Staat also keine neuen Schulden in einem Jahr, spricht man von einer „Schwarzen Null".

Charta der Grundrechte der EU
Die Gesamtheit der bürgerlichen, politischen, wirtschaftlichen und sozialen Rechte der europäischen Bürgerinnen und Bürger und aller im Hoheitsgebiet der Union lebenden Personen sind in einer Gesetzessammlung, der Charta der Grundrechte der EU, zusammengefasst. Die sechs großen Kapitel dieser Sammlung sind die Würde des Menschen, Freiheiten, Gleichheit, Solidarität, Bürgerrechte und justizielle Rechte. Die Grundrechtscharta geht manchmal sogar über die Grundrechtskataloge einzelner Mitgliedstaaten hinaus, z. B. garantiert sie den Bürgerinnen und Bürgern ein Recht auf gute Verwaltung.

Datenschutz
Maßnahmen und Gesetze zum Schutz von Personen bei der Verarbeitung ihrer Daten.

Europäische Zentralbank (EZB)
Die Europäische Zentralbank ist ein Organ der Europäischen Union (EU). Sie hat ihren Sitz in Frankfurt. Sie ist für die Festlegung und Durchführung der Geldpolitik, die Durchführung von Devisengeschäften, die Verwaltung der offiziellen Währungsreserven der Mitgliedsstaaten sowie der Förderung eines reibungslosen Zahlungsverkehrs zuständig.

Gefahrengemeinschaft
Personen, die sich der gleichen Gefahr oder einem gleichen Risiko ausgesetzt sehen, können gemeinschaftlich Versicherungsbeiträge zahlen, um sich mit dieser Versicherung gegen dieses Risiko abzusichern. Grundprinzip der Versicherungswirtschaft.

Generationenvertrag
Mit dem Begriff „Generationenvertrag" wird kein echter juristisch einklagbarer Vertrag bezeichnet, sondern die Grundlage für die im Umlageverfahren finanzierte Rente beschrieben. Die arbeitende Generation zahlt in eine staatliche Rentenkasse ein, aus dieser werden gleichzeitig die Rentenansprüche der leistungsberechtigten Rentnerinnen und Rentner bezahlt.

Gewerkschaft
In Gewerkschaften schließen sich Arbeitnehmerinnen und Arbeitnehmer einer bestimmten Branche zusammen, um ihre wirtschaftlichen und sozialen Interessen zu koordinieren und besser durchsetzen zu können. Gewerkschaften sind ein Interessenverband.

Globalisierung
Globalisierung bezeichnet die zunehmende weltweite Verflechtung der Volkswirtschaften und damit die Entstehung weltweiter Märkte für Waren, Kapital und Dienstleistungen.

Hacking
Einbruch in Computer oder Computernetze.

Hochschulstudium
Als Hochschulstudium bezeichnet man das Lernen und Forschen an einer Hochschule nach wissenschaftlichen Maßstäben. Es stellt die höchste Form der akademischen Ausbildung dar. Das Hochschulstudium umfasst, je nach Studiengang, Vorlesungen, Seminare, Kolloquien und Praktika. Um als Studierende/Studierender zu gelten, muss man sich an einer Universität oder an einer anderen Hochschule immatrikulieren, d. h. einschreiben. Voraussetzung für eine Zulassung zu einem Hochschulstudium ist in der Regel der schulische Abschluss der Allgemeinen Hochschulreife (Abitur). Je nach Hochschule und Studiengang gibt es aber auch weitere Zulassungsmöglichkeiten, wie z. B. mittels des schulischen Abschlusses der fachgebundenen Hochschulreife bzw. der Fachhochschulreife oder des Nachweises weiterqualifizierender beruflicher Abschlüsse. Für Hochschulstudien ist, je nach Studiengang und angestrebtem Studienabschluss, zumeist eine Regelstudienzeit von sechs Semestern bis zu zwölf Semestern vorgesehen (Semester ist die Bezeichnung für eine Studienhalbjahr). Am Ende eines Hochschulstudiums stehen am häufigsten die Abschlüsse Bachelor, Master und Staatsexamen.

Hartz IV
Mit Hartz IV wird häufig auch das Arbeitslosengeld II bezeichnet. Nach dem Wegfall des Anspruchs auf Arbeitslosengeld I soll es Leistungsberechtigten ermöglichen, ein Leben zu führen, das der Würde des Menschen entspricht. Hartz IV kann allerdings auch gekürzt oder ganz gestrichen werden.

Identitätsdaten
Identitätsdaten sind Angaben wie Name, Adresse, Geburtstag oder andere, die in Kombination miteinander dafür sorgen, dass ein Mensch eindeutig erkannt („identifiziert") werden kann.

Inflation
Der Begriff kommt vom lateinischen „inflatio", was Schwellen oder Anschwellen heißt. Er bezeichnet eine Erhöhung der Preise von Gütern und Dienstleistungen, was Teuerung bzw. Minderung der Kaufkraft des Geldes bedeutet. Viele Staaten – so auch Deutschland – versuchen der Inflation entgegen zu wirken, um eine Preisniveaustabilität zu erreichen.

Informationelle Selbstbestimmung
Das Recht jedes und jeder Einzelnen, grundsätzlich über die Preisgabe und Verwendung der eigenen persönlichen Daten selbst zu bestimmen.

Interessenverband
Ein Interessenverband ist eine Organisation, die gegründet wurde um bestimmte gesellschaftliche und politische Ziele zu verfolgen. Dazu versucht ein Interessenverband den politischen Willensbildungsprozess, das staatliche Handeln sowie die Gesetzgebung zu beeinflussen. Das Handeln des Interessenverbands wird häufig als Lobbyarbeit bezeichnet. Im Unterschied zu Parteien nehmen Interessenverbände nicht an Wahlen teil.

Jugend- und Auszubildendenvertretung (JAV)
Die Jugend- und Auszubildendenvertretung (JAV) bezeichnet die Vertretung der Jugendlichen eines Betriebes, in denen ein Betriebsrat besteht. Sobald mindestens fünf Arbeitnehmerinnen/Arbeitnehmer beschäftigt werden, die ihr 18. Lebensjahr noch nicht vollendet haben oder sich in der Berufsausbildung befinden und ihr 25. Lebensjahr noch nicht vollendet haben, kann eine Jugend- und Auszubildendenvertretung gewählt werden.
Die JAV kümmert sich um die besonderen Belange dieser Arbeitnehmerinnen und Arbeitnehmer.

Jugendarbeitsschutzgesetz (JArbSchG)
Das Jugendarbeitsschutzgesetz enthält unter anderen Regelungen zur Arbeitszeit, Pausengestaltung, Urlaubsansprüchen und Berufsschulbesuch für Jugendliche.

Konjunktur
Konjunktur bedeutet die Abbildung der gesamtwirtschaftlichen Lage eines Landes, die Auf- und Abschwünge widerspiegelt. Dargestellt wird vordergründig die Auslastung der Produktionskapazitäten. Die Schwankungen im Zeitverlauf nennt man Konjunkturzyklus. Als Phasen lassen sich wiederkehrend Aufschwung, Boom, Abschwung und Depression erkennen.

Konkurrenz
Jemand oder etwas, das mit etwas oder jemandem anderen im Wettbewerb/Wettkampf steht. Typischerweise gibt es eine Gewinner- und eine Verliererseite.

Kündigungsschutz
Gesetzliche Regelungen, die die Kündigung eines Vertrages erschweren oder in bestimmten Situationen sogar ausschließen, werden als Kündigungsschutz bezeichnet.

Magisches Dreieck der Vermögensanlage
Bei der Vermögensanlage stehen drei Ziele miteinander im Wettstreit und können jeweils nur auf Kosten der anderen erreicht werden. Geldanlagen mit hoher Sicherheit und guter Verfügbarkeit sind meist nicht sehr ertragreich. Hohe Sicherheit und hohe Erträge bedingen, dass das Geld nicht leicht verfügbar ist. Und leicht verfügbare Geldanlagen mit hohen Erträgen sind meist sehr riskant, bieten also wenig Sicherheit.

Markt
Ort (räumlich oder digital), an dem Anbieter und Nachfrager eines Produktes zusammentreffen und sich auf den Preis einigen.

Marktform
Märkte lassen sich nach verschiedenen Marktformen einteilen, die darüber Auskunft geben, wie viele Anbieter bzw. Nachfrager es gibt. Wichtige Marktformen sind das Polypol, das Oligopol und das Monopol.

Marktversagen
Als Marktversagen bezeichnet man eine Situation, in der Angebot und Nachfrage nicht zu den volkswirtschaftlich wünschenswerten Ergebnissen führt.

Master
Der Abschluss zum Master steht am Ende eines Masterstudiums an einer Universität oder einer anderen Hochschule, für das in der Regel eine Dauer von vier bis sechs Semestern vorgesehen ist. Ein Masterstudium baut auf einen grundlegenden Studiengang, zumeist ein Bachelorstudium, auf. Der Master qualifiziert zur Aufnahme beruflicher Tätigkeiten und stellt in der Regel eine Zulassungsvoraussetzung für ein Promotionsverfahren, d. h. das Anstreben des Doktorgrades, an einer Universität oder einer gleichstellten Hochschule dar. Er ist ein hoher akademischer Grad an einer Universität. Je nach Studiengang und Fachrichtung werden unterschiedliche Mastertitel wie z. B. Master of Arts (M. A.) oder Master of engineering (M. Eng.) vergeben.

Mindestlohn
Als Mindestlohn wird ein durch Gesetz oder Tarifvertrag festgelegtes Arbeitsentgelt, das einen bestimmten Betrag nicht unterschreiten darf.

Mitbestimmung
Als Mitbestimmung wird die Beteiligung der Arbeitnehmerinnen und Arbeitnehmer am Willensbildungsprozess in Unternehmen bezeichnet. Dazu wählen die Arbeitnehmerinnen und Arbeitnehmer Vertreterinnen und Vertreter in den Betriebsrat.

Mutterschutzgesetz (MuSchG)
Das Mutterschutzgesetz (MuSchG) gilt für alle (werdenden) Mütter, die in einem Arbeitsverhältnis stehen. Ziel des Gesetzes ist es, den bestmöglichen Gesundheitsschutz für schwangere und stillende Frauen zu gewährleisten. Frauen sollen durch Schwangerschaft und Stillzeit keine Nachteile im Berufsleben erleiden müssen.

Nachhaltigkeit
Der Begriff Nachhaltigkeit stammt ursprünglich aus der Forstwirtschaft. Bei der Walderhaltung folgt man dem Prinzip, dass nicht mehr Bäume gefällt werden als nachwachsen. Das Leitkonzept der Nachhaltigkeit bezieht sich inzwischen auf alle ökologischen Zusammenhänge und schließt ökonomische sowie soziale Ziele mit ein. Nachhaltige Entwicklung (engl. sustainable development) ist ein Handlungsprinzip gemäß welchem die Nutzung von Ressourcen so erfolgen soll, dass die Regenerationsfähigkeit der natürlichen Quellen dieser Ressourcen immer gewahrt bleibt. Damit wird globale Verantwortung für die Erhaltung der lebensnotwendigen natürlichen Umgebung übernommen.

Nachhaltiger Konsum
Nachhaltiger Konsum zeichnet sich durch ein Verbraucherverhalten aus, das soziale, ökologische und ökonomische Aspekte bei Kauf und Nutzung von Produkten und Dienstleistungen berücksichtigt.

Normalarbeitsverhältnis
Als Normalarbeitsverhältnis bezeichnet man eine dauerhafte Vollzeitbeschäftigung und ein unbefristetes Beschäftigungsverhältnis, bei dem ausreichend verdient. Außerdem gehören eine Interessenvertretung durch Betriebsrat und Gewerkschaft sowie die vollständige Integration in die sozialen Sicherungssysteme (Arbeitslosen-, Kranken- und Rentenversicherung).

Ordentliche Kündigung
Eine ordentliche Kündigung kann ohne Kündigungsgrund erfolgen, allerdings müssen bestimmte Fristen eingehalten werden. Jede Kündigung muss schriftlich sein. Ist das Kündigungsschutzgesetz anwendbar, muss der Arbeitgeber einen Kündigungsgrund nachweisen. Ansonsten ist sie sozial ungerechtfertigt. Es gibt verhaltensbedingte, personenbedingte und betriebsbedingte Kündigungsgründe.

Phishing
Phishing ist ein Zusammengesetztes Wort aus „Password" und „Fishing". Gemeint ist das Stehlen von Passwörtern. Die Betrüger verschicken oftmals Emails, die so aussehen, als kämen Sie z. B. von einer Bank, einer öffentlichen Einrichtung oder einem Unternehmen und fordern darin dazu auf, Passwörter anzugeben.

Prekäre Beschäftigung
Von Prekäre Beschäftigung spricht man, wenn die Arbeitnehmerinnen und Arbeitnehmer kaum oder gar nicht von ihrem Einkommen leben können, ihr Arbeitsverhältnis nicht auf Dauer angelegt ist oder sie unfreiwillig nur in Teilzeit beschäftigt sind. Dazu zählen auch Formen der Leih- und Zeitarbeit, Beschäftigung im Niedriglohnsektor oder Minijobs.

Ressourcen
Im ökonomischen Zusammenhang: Ein Bestand an Material, Geld und Menschen, auf die ein Betrieb zugreifen kann um seine Ziele zu erreichen.
Im ökologischen Zusammenhang: Natürlich vorhandener Bestand an Material, das vom Menschen benötigt wird, z. B. Luft, Wasser, Pflanzen, Tiere, Grund und Boden.

Schülerfirma
Die Schülerfirma ist ein Projekt, das sich an echten Unternehmen orientieren. Schülerinnen planen, produzieren und verkaufen reale Produkte oder bieten ihre Dienstleistungen an.

Schülergenossenschaft
Eine Schülergenossenschaft ist eine Schülerfirma, die nach den Grundsätzen einer Genossenschaft funktioniert und an der sich jede und jeder beteiligen kann.

Soziale Gerechtigkeit
Neben dem Prinzip der sozialen Sicherheit soll der Sozialstaat auch dafür sorgen, dass es innerhalb der Gesellschaft nicht zu Verteilungskämpfen und Ausgrenzungen aufgrund sozialer Ungleichheit kommt.

Sozialstaat
Unter Sozialstaat versteht man einen Staat, der für seine Bürgerinnen und Bürger soziale Sicherheit und soziale Gerechtigkeit erreichen will. Er bildet die Grundlage für sozialen Frieden in unserem Land. Wichtigster Pfeiler dieses Systems ist die gesetzliche Sozialversicherung mit ihren Zweigen der Kranken-, Renten-, Arbeitslosen-, Pflege- und Unfallversicherung. Sie hat die Aufgabe, soziale Risiken im Leben eines Menschen abzufedern.

Sozialversicherung
Die gesetzliche Sozialversicherung sichert Arbeitnehmerinnen und Arbeitnehmer gegen wichtige Lebensrisiken ab. Dazu gehören: Krankenversicherung, Pflegeversicherung, Unfallversicherung, Rentenversicherung und Arbeitslosenversicherung. Die Leistungen werden durch Sozialabgaben und staatliche Zuschüsse finanziert. Gesetzliche Grundlage sind die Sozialgesetzbücher.

Stakeholder
Als Stakeholder (sinngemäß übersetzt „Halter eines Anspruchs oder eines Interesses") bezeichnet man alle Personen oder Gruppen, die ein Interesse am Verlauf oder Ergebnis eines Unternehmens haben, beispielsweise Mitarbeiter, Kunden, Anteilseigner, der Staat oder Gläubiger, die noch Geldforderungen an das Unternehmen haben.

Steuern
Steuern sind Geldleistungen, die Bürgerinnen und Bürger, aber auch Unternehmen an den Staat zahlen müssen. Sie fallen auf unterschiedlichste Dinge an, etwa auf Dienstleistungen, Waren, aber auch auf Arbeit, Kapitalerträge wie Zinsen oder Erbschaften. Dabei gehen manche Steuern an den Bund, andere an die Bundesländer oder die Gemeinden. Ohne das Zahlen von Steuern könnte der Staat seine Aufgaben nicht erfüllen.

Subventionen
Subventionen sind staatliche Leistungen an Betriebe oder Unternehmen, die ohne Gegenleistung erbracht werden. Mit ihnen hilft der Staat zum Beispiel Unternehmen, die neue Technologien erforschen, etwa im Bereich der erneuerbaren Energien. Subventionen können auch Unternehmen erhalten, die ansonsten auf dem freien Markt nicht überlebensfähig wären, etwa viele Betriebe in der Landwirtschaft. Das Zahlen von Subventionen ist umstritten, da es den freien Wettbewerb in gewisser Weise manipuliert.

Tarifautonomie
Gewerkschaften und Arbeitgeberverbände treffen gemeinsam unabhängig von politischen Einflüssen Entscheidungen über Arbeits- und Wirtschaftsbedingungen, insbesondere Tarifverträge über den Lohn.

Tarifvertrag
Tarifverträge werden zwischen einzelnen Arbeitgeberinnen/Arbeitern oder Arbeitgeberverbänden und Gewerkschaften für die Arbeitnehmerinnen und Arbeitnehmer geschlossen. Sie enthalten Regelungen zu Rechten und Pflichten der beiden Vertragsparteien.

Versicherungsbeitrag
Als Versicherungsbeitrag bezeichnet man den Geldbetrag, den ein Versicherungsnehmer zahlt, um versichert zu sein.

Wirtschaftskreislauf
Der Wirtschaftskreislauf ist ein Modell, das zeigt, wie in unserer Volkswirtschaft die Güter und das Geld fließen.

Wirtschaftspolitik
Wirtschaftspolitik ist ein Bestandteil der allgemeinen staatlichen Politik, die durch dazu legitimierte (berechtigte) Instanzen erfolgt. Sie umfasst alle staatlichen Maßnahmen, welche regelnd und gestaltend in die ansonsten von privaten Akteuren bestimmte Wirtschaft eingreift.

Register

Äquivalenz 37, 42, 221
Äquivalenzprinzip 37, 42
Aktie 8, 25 ff., 43, 113, 121, 174, 221
Aktienfond 27 f., 30
Aktienindex 28 f., 221
Arbeitgeberverband 46, 66 f., 70 f., 221, 225
Arbeitslosigkeit 42, 63, 75 ff., 139, 146, 148, 154, 160, 181 ff., 221
Arbeitslosengeld 49, 78, 82, 153, 161, 221
Arbeitsvertrag 54, 61 f., 74, 82 f., 134, 138, 221
Arbeitszeugnis 76, 83 ff., 221
Atypische Beschäftigung 73 f., 81, 221

Bachelor 53, 221
Bedarf 27, 41 f., 129, 131 f., 134, 169, 182, 193, 207
Bedürfnisse 13 f., 105, 147, 204
Berufswahl 33, 91
Betriebsrat 58, 68, 84 f., 90 ff., 97, 99 f., 115, 139, 221
Binnenmarkt 180 f., 184 ff., 221
Börse 8, 25 f., 28 f., 43, 45, 174, 179, 221
Bundeshaushalt 153 ff., 161, 168, 171, 221 f.

Charta der Grundrechte der EU 21, 222

Datenschutz 21, 114, 222
Diagramme 12, 28, 33, 41, 65 f., 74, 80, 84, 89, 95, 107, 151, 155, 165, 171, 178, 184, 192, 193, 199, 208, 212
Dienstleistungen 13 f., 18, 50, 79, 90, 103 f., 106, 113 f., 126, 130 f., 161, 181, 185, 187, 190,
Duale Ausbildung 48, 50, 53, 183

Einnahmen 13, 80, 133, 153 ff., 157 ff., 163, 167 f., 170, 179
Europäische Zentralbank (EZB) 188 ff., 195, 208 f., 222
Expertenbefragung 96 f.

Fonds 30, 39, 104, 183 f.
(Freie) Markwirtschaft 14, 106, 146, 169

Garantie 40, 181, 183 f., 191
Gefahrengemeinschaft 42, 222
Gemeinwohl 153 ff., 168
Generationenvertag 33, 38, 40, 222
Gesetze 28, 33, 54, 59 ff., 97, 100, 119, 125, 205, 213
Gewerkschaft 46, 59 ff., 88, 90, 92, 96 ff., 100, 124, 138, 194, 202, 222
Girokonto 19 f.
Gleichberechtigung 127

Globalisierung 68, 144, 147, 196 ff., 205, 1207, 210, 222
Hacking 21, 222
Haushalt 13, 79, 133, 155, 161, 163 f., 176, 178, 183, 187
Hochschulstudium 50, 53 222
Hartz IV 75 f., 78, 145, 214

Identitätsdaten 21, 222
Inflation 43, 147, 152, 189 ff., 209, 223
Informationelle Selbstbestimmung 21, 223
Interessenverband 223
Internetrecherche 214

Jugendarbeitslosigkeit 181 ff.
Jugend- und Auszubildendenvertretung (JAV) 85, 97 f. 100, 115, 139, 223
Jugendarbeitsschutzgesetz (JAarbSchG) 59 ff., 139, 223

Kapital 26, 28 f., 36, 68, 104 f., 130, 132 f., 167, 170 f., 179, 181, 185, 208
Karikaturenanalyse 215
Kartell 15 f.
Kaufkraft 78, 188
Konjunktur 30, 76, 81, 147, 151, 182, 190 f., 223
Konkurrenz 31, 65, 99, 123, 178, 223
Konsum 8, 10 ff., 45, 159, 207
Kredit 18, 26, 125, 188, 191, 194 f.
Kündigungsschutz 61, 85, 223

Markt 14 ff., 25 ff., 66, 101 ff., 111, 126, 146 ff., 164, 185, 223
Marktform 14 ff., 223
Marktversagen 14 ff., 223
Master 49, 53, 223
Mindestlohn 61, 182, 224
Mitbestimmung 46, 86 f., 91, 100, 137 f., 224
Monopol 15 f., 186, 194
Mutterschutzgesetz (MuSchG) 61, 224

Nachfrage 11, 14 ff., 26, 30, 62, 69, 194
Nachhaltigkeit 11, 13 f., 128, 207, 224
Nachhaltiger Konsum 13 f., 44, 224
Normalarbeitsverhältnis 81, 224

Ökologie 12
Ökonomie 12
Ordentliche Kündigung 83, 85, 224

Phishing 21., 224

Prekäre Beschäftigung   72 ff., 81, 224
Polypol   15 f.
Positionslinie   173
Preisbildung   17
Produkte   11, 14, 114 f., 126, 130, 134, 202 ff.

Ressourcen   12, 114, 127, 148, 165, 224
Rollenspiel   220

Schülerfirma   129 ff., 224
Schülergenossenschaft   129 ff., 224
Soziale Gerechtigkeit   161, 169, 207, 224
Soziale Markwirtschaft   146 ff.
Sozialstaat   37, 225
Sozialversicherung   37, 225
Stakeholder   122 ff., 225
Steuern   62 ff., 112, 147, 153 f., 162 ff., 179, 225
Subventionen   167, 169, 225

Tarifautonomie   67, 71, 225
Tarifvertrag   54, 61, 67 ff., 71, 100, 225

Versicherungsbeitrag   35 f., 225

Wertpapiere   25, 39
Wettbewerb   17, 102 f., 106, 111, 198
Wirtschaftskreislauf   13 f., 225
Wirtschaftspolitik   140 ff., 195, 225

Zinsen   26 f., 154, 174, 179, 187, 190 ff., 195

Bildquellen

|akg-images GmbH, Berlin: 189 Mitte li. |alamy images, Abingdon/Oxfordshire: Beznoska, Radim 180 Mitte re.; Uriadnikov, Illia Titel. |Baaske Cartoons, Müllheim: Bengen, Harm 140 unten; Mester, Gerhard 205; Mohr, Burkhard 210; Plaßmann, Thomas 95 oben. |Bleckwedel, Asja, Kaltenkirchen: 197 oben re. |Bundeszentrale für politische Bildung bpb, Bonn: Rechl, Michael 213. |Bürgerinitiative Lebenswertes Langenhorn, Langenhorn: 148 unten li. |Domke Franz-Josef, Hannover: 13 Mitte, 15, 19, 26, 32, 44, 63, 83, 86, 93 unten, 105, 106, 122, 130, 136, 141, 146, 147, 153, 157, 158 oben, 159 Mitte, 159 unten, 162 Mitte, 162 unten, 168, 175, 181 oben, 182, 186, 187, 190 oben, 191, 192, 194, 197, 212, 212, 212. |fotolia.com, New York: 145 Mitte; Alliance 76; Artwell 88; by-studio 10; by-studio busse/yankushev 180 oben re.; contrastwerkstatt 56, 87, 87 oben; Eisenhans 163; eyetronic 9 unten, 196 oben re.; Gina Sanders 9 oben re. industrieblick 54 M2, 86 unten; Kadmy 87; Kaesler Media 76 oben; Kahlmann, Eva 47 oben re.; Kara 35 oben li.; kathrinm 9 Mitte; klickerminth 56; Kneschke, R. 88; Kneschke, Robert 134 unten; Matthias Stolt 54 M4; Picture-Factory 56; racamani 180 oben li.; Rawpixel 47 unten re.; Robert Kneschke 56; Sandor Jackal 145 oben li.; seen0001 46 unten re.; The Photos 187 MS unten; Trueffelpix 47 Mitte li. |Germanwatch e.V., Bonn: 204 unte li. |Getty Images, München: FilmMagic 174 MS oben. |Getty Images (RF), München: SDI Productions Titel. |Haitzinger, Horst, München: 119. |Hans-Böckler-Stiftung/www.boeckler.de, Düsseldorf: 73 unten. |Hardbergschule/Schülerfirma Neonboards, Mosbach: 130 unten. |Haus der Geschichte der Bundesrepublik Deutschland, Bonn: Leger, Peter 65 unten. |Imago, Berlin: 54 M1; Lueger, Ralph 8 unten re.; masterpress 142. |iStockphoto.com, Calgary: domimage 118 links; Matjaz Boncina 56; Sasha_Suzi 54 M5; shapecharge 87; skynesher 115 unten. |Nomos Verlagsgesellschaft mBH & Co. KG, Baden-Baden: 213. |Peter Wirtz Fotografie, Dormagen: 55. |Picture-Alliance GmbH, Frankfurt/M.: Arne Edert 45 unten; Baumgarten, Ulrich 211 unten re.; Boris Roessler 129 oben re.; dpa-infografik 38 unten, 66 unten, 75 unten, 77 unten, 78 unten, 93 oben, 94 oben, 190 oben, 198 oben; dpa-Zentralbild/Schindler, Karlheinz 170 MS 3. von oben, 171 MS oben; dpa/Büttner, Jens 144 unten re.; dpa/Goerlich, Stephan 120 unten li.; dpa/Kalker, Daniel 180 unten re.; dpa/Murat, Marijan 35, 163 oben re.; dpa/Pförtner, Swen 45 oben; dpa/Popp, Peter 39 oben; dpa/ZB/Schmidt, Hendrik 170 MS 4. von oben; dpa/ZB/Skolimowska, Monika 170 MS 1. von oben; Franziska Kraufmann 57; Gambarine, F. 144 unten li.; gbrci/Geisler-Fotopress 143 oben re.; Geisler-Fotop 170 MS 2; Geisler-Fotopress/Hardt, Christoph 148 unten re.; Henning Kaiser 174 MS unten; Hollemann, Holger 47 oben li.; J.W.Alker 196 unten li.; Patrick Pleul/Zentralbild 76; Revierfoto 37 oben; Sueddeutsche Zeitung Photo/Haas, Robert 197 oben li.; Sven Simon/FrankHoermann 174 MS Mitte; Ulrich Baumgarten 8 unten li.; Westend61 54 M3; Westend61/Weinhäupl, Wolfgang 56 MS 2. von unten; ZB 46 unten li.; ZB/Thieme, W. 37 Mitte; ZB/Wüstneck, Bernd 47 Mitte re. |Samurai-Games, Mannheim: 2019 130 MS oben. |Schmidt, Roger - www.Karikatur-Cartoon.de, Brunsbüttel: 171 oben. |Schöpper, Rudolf, Münster: Universitäts- und Landesbibliothek Münster, N. Schöpper K 12,057 38 oben. |Shutterstock.com, New York: Prostock-studio Titel; racorn 82; Rido 118 rechts; © Alohaflaminggo 197 Mitte re. |stock.adobe.com, Dublin: Andrey Popov 176 oben re.; contrastwerkstatt 87 unten; Dan Race 31; ehrenberg-bilder 55; Eisenhans 145 unten li.; Elnur 87 oben; Feng Yu 197; Fouque, Mike 49 obben re.; industrieblick 88 unten; kamonrat 47 unten li.; Kzenon 46 oben re., 196; lassedesignen 139 unten re.; Maskot 158 oben li.; Menzl, Günter 56; Nadezhda 88; Peter Atkins 55; photo 5000 180 unten li.; pikselstock 48 Mitte li.; Raths, Alexander 37 unten; Rawpixel.com 123 oben, 197; slydgo1111 118 Mitte; Stockfotos-MG 180 oben Mi.; SyB 9 oben li.; ThomasSchwerdt 145 oben re.; Tsuboya 196 unten re.; vege 46 Mitte li., 145 unten re.; Volodymyr 202; Wierink, Martin Titel, Titel. |SV SAXONIA VERLAG für Recht, Wirtschaft und Kultur, GmbH, Dresden: 213. |toonpool. com, Berlin, Castrop-Rauxel: HSB-Cartoon 51 unten. |TransFair e.V., Köln: Fairtrade Deutschland (TransFair e.V.) 211 oben. |ullstein bild, Berlin: CARO/Ruppert 76 unten; Oed 180 Mitte li.; Probst 148 unten Mitte. |United Nations Photo Library/Department of Public Information, New York: 197 Mitte re. |Walterichschule, Murrhardt: 129 oben. |© dtv Verlagsgesellschaft mbH & Co. KG, München: Beck Verlag 213, 213.

Wir arbeiten sehr sorgfältig daran, für alle verwendeten Abbildungen die Rechteinhaberinnen und Rechteinhaber zu ermitteln. Sollte uns dies im Einzelfall nicht vollständig gelungen sein, werden berechtigte Ansprüche selbstverständlich im Rahmen der üblichen Vereinbarungen abgegolten.